India Place

Du même auteur
aux Éditions J'ai lu

Semi-poche
Dublin Street
London Road
Jamaica Lane

Numérique
Fountain Bridge

SAMANTHA
YOUNG

India Place

Traduit de l'anglais (Écosse)
par Benjamin Kuntzer

J'AI LU

Titre original
FALL FROM INDIA PLACE

Éditeur original
New American Library, a division of Penguin Group (USA) LLC, New York

Pour Kate et Shanine.
Et pour M. Neil Innes.
Vous êtes les meilleurs profs
que j'aie jamais eus.
Vous m'inspirez.
Vous avez inspiré Hannah.

Souviens-toi de ce soir,
c'est le début de l'éternité.

Citation attribuée à Dante Alighieri

1

Édimbourg. Octobre

En foulant les rues pavées d'Édimbourg pour aller donner mon premier cours, je m'étais promis d'être de ces profs qui font tout leur possible pour capter l'attention de leurs élèves. Pour tenir parole, je me retrouvais depuis régulièrement contrainte de m'humilier en faisant étalage de ma fantastique inaptitude à dessiner.

Je fis disparaître mes ridicules illustrations du rétroprojecteur et les remplaçai par deux phrases.

J'adressai un regard timide aux six adultes de vingt-quatre à cinquante-deux ans qui constituaient ma classe et leur décochai un rictus empreint d'ironie.

— Je déteste vous priver de mon génie artistique, mais il est temps de passer à autre chose.

Portia - mon élève de cinquante-deux ans, qui était toujours d'assez bonne humeur pour dissiper la tension qui régnait souvent dans la salle - me sourit, tandis que Duncan, un mécanicien de trente-trois ans, ricana. Les quatre autres continuèrent de me dévisager, les yeux écarquillés et légèrement effrayés, comme si tout ce que je pouvais dire ou faire était destiné à les mettre à l'épreuve.

— Maintenant que vous avez visualisé ces mots clés et que, je l'espère, vous avez pu les assimiler grâce à mes esquisses maladroites, j'aimerais vous familiariser avec la façon dont on les emploie au quotidien. D'ici la fin du cours, je voudrais donc que vous recopiiez ces deux phrases dix fois.

Je vis Lorraine, mon étudiante de vingt-quatre ans très angoissée et ombrageuse, se mordiller la lèvre, et grimaçai en m'imaginant ce qu'elle allait faire subir à ladite lèvre après avoir reçu ma consigne suivante. :

— J'ai ici deux petites brochures pour chacun d'entre vous. L'une est remplie de mots clés, l'autre de phrases entièrement composées de mots clés. Je veux que vous choisissiez dix d'entre elles et que vous les écriviez dix fois chacune pour la semaine prochaine.

Lorraine blêmit, et je sentis aussitôt ma poitrine se comprimer sous l'effet de l'empathie. C'était précisément pour des gens comme elle que je m'étais portée volontaire afin de donner des cours d'alphabétisation destinés aux adultes dans le foyer municipal de mon quartier. Certains de mes proches, comme mon amie Suzanne, me trouvaient complètement dingue de vouloir faire du bénévolat pendant mon année probatoire en tant que professeur d'anglais au lycée. Ils avaient peut-être raison. Ma charge de travail à l'école était déjà démentielle. Cependant, nous nous relayions avec un autre bénévole pour ces leçons, qui ne m'accaparaient donc qu'une soirée par semaine – et qui me permettaient de me sentir vraiment utile. Parfois, il était difficile de mesurer l'impact que je pouvais avoir sur mes lycéens, et je savais que je connaîtrais de nombreuses périodes au fil de ma carrière durant lesquelles j'aurais le sentiment de ne pas servir à grand-chose. Alors que le bénévolat m'apportait chaque fois ce genre de satisfaction. La plupart des adultes à qui j'enseignais étaient sans emploi, à l'exception de Portia et de Duncan. Le patron de celui-ci lui avait demandé d'améliorer son écriture et sa lecture. Portia avait d'une manière ou d'une autre réussi à vivre sa vie en sachant à peine lire et compter (jusqu'au jour où ça ne lui avait plus suffi), mais les autres peinaient à conserver un job à cause de leurs lacunes en expression et communication.

Je savais que l'illettrisme était un gros problème dans ce pays, mais comme j'avais grandi entourée de livres au sein d'une famille instruite, je ne m'étais jamais réellement sentie concernée. Jusqu'à l'année précédente.

Je n'oublierai jamais un épisode de mon année de stage : j'étais en contact avec le père d'une élève qui avait été visiblement secoué quand je lui avais demandé de jeter un œil au devoir de son enfant. Des perles de sueur étaient apparues sur son front lorsqu'il m'avait avoué d'une voix hésitante qu'il ne savait pas lire. Quand je lui avais par la suite fait signer une décharge nous autorisant à emmener sa fille voir *La Nuit des rois* au théâtre, c'était d'une main tremblante qu'il avait gribouillé son paraphe à l'endroit indiqué.

La peur et l'humiliation qu'il avait éprouvées à cause de son handicap m'avaient profondément bouleversée, si bien que les larmes m'étaient montées aux yeux. Un homme adulte rendu si faible et démuni par quelques lettres inscrites sur une page ? Je n'avais pas aimé assister à son désarroi, et je m'étais mise dès le soir même à chercher des cours d'alphabétisme. J'avais rempli quelques formulaires et, environ un mois plus tard, le centre St Stephen, le foyer municipal de mon quartier, m'avait contactée à la suite du départ de l'un de leurs professeurs volontaires.

En dépit du fait que mes apprenants avaient semblé légèrement dubitatifs en découvrant une femme plus jeune qu'eux, j'avais réellement l'impression que nous faisions de gros progrès.

— Hannah, ta tête nous cache le mot entre « laver » et « froid », me lança Duncan d'un ton taquin.

— Est-ce une façon polie de me faire remarquer que j'ai une grosse tête ? repartis-je en m'écartant pour qu'ils puissent tous voir le tableau.

Il sourit.

— Nan, elle est juste à la bonne taille. C'est une très jolie tête.

— Eh bien, merci. Je l'ai fait pousser moi-même, répliquai-je d'un air amusé.

Il railla ma plaisanterie loufoque, mais ses iris étaient empreints d'hilarité quand Portia m'acclama.

J'observai en souriant les têtes penchées sur les blocs-notes et les stylos s'agiter à des vitesses différentes, certains douloureusement lents et appliqués, d'autres plus rapides et plus fluides. Mon sourire s'évanouit quand je remarquai que Lorraine se tournait vers les autres, paniquée, en se rendant compte qu'ils continuaient de s'affairer.

Elle me surprit à la dévisager et me lança un regard noir avant de baisser les yeux sur sa feuille.

Je la perdais, je le sentais au fond de moi.

À la fin de l'heure, j'allai la voir avant qu'elle puisse s'enfuir à toutes jambes.

— Ça t'embête de rester quelques minutes ?

Elle plissa les paupières et s'humecta les lèvres nerveusement.

— Euh, pourquoi ?

— S'il te plaît ?

Elle ne répondit pas, mais ne partit pas non plus.

— Merci pour le cours, Hannah ! me lança Portia en franchissant la porte.

Sa voix dut porter jusqu'à la réception. Je parlais toujours plus fort que nécessaire en classe, parce que j'avais l'impression que Portia souffrait d'un léger déficit d'audition qu'elle refusait d'admettre. C'était une femme resplendissante qui bénéficiait soit de gènes formidables, soit de crèmes anti-âge de première qualité, et qui, à l'évidence, était très fière de son apparence. Reconnaître son illettrisme était une chose, avouer être dure de la feuille en était une autre, car c'était un signe de vieillesse, et j'étais sûre qu'elle ne voulait pas qu'on la pense plus âgée qu'elle ne se sentait.

— De rien, répondis-je avec affection en adressant à tous mes autres élèves un salut de la main.

Quand je me retournai vers Lorraine, je ne fus pas surprise de la voir croiser les bras et déclarer sèchement :

— J'vois pas l'intérêt d'rester vu qu'j'en ai fini avec ces conneries.

— Je me doutais que tu allais me dire ça.

Elle roula les yeux.

— Ouais, c'est ça. Genre.

Elle se dirigea vers la sortie.

— Si tu pars maintenant, tu seras de retour à la case départ. Incapable de travailler.

— Sauf pour faire des ménages.

— C'est vraiment ce que tu veux ?

Lorraine fit volte-face et cracha en fulminant :

— Quoi ? C'pas assez bien pour toi ? T'es trop bien pour faire l'ménage ? R'garde-toi. T'sais c'que c'est d'travailler dur pour rien gagner ? Et j'suis censée prend' des l'çons d'toi ? J'crois pas, nan.

Calmement, j'étudiai ses cheveux noirs ramassés en une queue de cheval négligée, son maquillage bon marché, ses vêtements bas de gamme et froissés et l'imperméable fin qu'elle portait par-dessus. Je remarquai enfin les bottes éraflées par bien trop de journées difficiles.

Elle n'avait que deux ans de plus que moi, mais il y avait dans son regard une certaine dureté qui la faisait paraître plus âgée. J'ignorais tout de sa vie, mais je savais qu'elle s'en prenait à moi parce qu'elle avait peur.

Qui sait ? Peut-être qu'elle m'attaquait aussi à cause de ma manière de parler, de m'apprêter, de m'habiller ou de me tenir. Parce que j'étais diplômée. Confiante. Tout le contraire d'elle. Parfois, cela suffit pour se faire détester. Lorraine avait-elle besoin d'une enseignante différente ? Sans doute. Mais je n'étais pas prête à baisser les bras.

— Il y a différentes manières de travailler dur, Lorraine, lui dis-je d'un ton posé et dépourvu de gentillesse, afin qu'elle n'estime pas que je me montrais condescendante. Les femmes de ménage du lycée où je bosse se décarcassent pour nettoyer après les gamins. (Je fronçai le nez.) Je n'ose même pas imaginer ce qu'elles peuvent trouver dans les toilettes des garçons.

» Mais moi, je me casse le cul à *enseigner l'anglais* à ces mêmes gamins, à préparer mes cours, à corriger leurs devoirs sur mes soirées et mes week-ends, à payer de ma poche du matériel que l'école ne semble jamais pouvoir budgéter.

Je prépare également ces cours-ci et je les assure bénévolement. Alors oui, je sais ce que c'est de travailler dur. Ce n'est certes pas aussi usant physiquement que les ménages, mais mentalement, c'est éprouvant. (Je fis un pas vers elle.) Tu as l'habitude des tâches fatigantes, Lorraine. Là (je lui désignai le tableau), tu sors complètement de ta zone de confort. J'en ai parfaitement conscience. C'est justement pour ça que je suis ici. Pour vous apprendre à lire et à écrire, afin que vous puissiez postuler à un boulot qui vous plaise réellement, et tu ne te serais pas inscrite à ces cours si tu voulais continuer à faire des ménages.

» Même si, entre parenthèses, je présume que tu as malgré tout besoin de savoir lire et écrire dans ton job actuel. Il y a des formulaires à remplir, des listes de clients à déchiffrer... (En la voyant pincer les lèvres, je m'empressai de revenir au cœur du sujet :) Tu ne m'aimes pas beaucoup, d'accord, à ta guise. Je n'ai pas forcément besoin de ton appréciation. En revanche, j'ai besoin que tu m'écoutes quand je te dis que je ne suis pas ici pour te mettre mal à l'aise ou t'humilier de quelque façon que ce soit. Je suis ici pour te faire part de mes connaissances. Tu n'as pas besoin de m'aimer pour apprendre ce que j'ai à t'enseigner. Par contre, il faut impérativement que tu t'apprécies suffisamment pour te convaincre que tu mérites une vie meilleure.

Un silence s'installa entre nous.

Lentement, ses épaules se détendirent.

— Tu crois que tu peux y arriver ? insistai-je.

Lorraine déglutit et hocha sèchement la tête.

— Ça veut dire que je te revois la semaine prochaine ?

— Ouais.

Je réprimai un soupir, secrètement soulagée.

— Si tu as besoin que je reprenne quelque chose qu'on a déjà traité ou si tu veux discuter en tête à tête, n'hésite pas à venir m'en parler. Personne dans cette classe ne souhaite te voir échouer. Vous êtes tous dans le même bateau. Ils te comprennent, même si tu doutes de moi.

— C'est bon, c'est bon, j'ai capté. (Elle leva les yeux au ciel et tourna les talons pour partir.) Calme ta joie.

Bon, parfois, c'était *exactement* comme enseigner au lycée...

Le sourire aux lèvres, je rangeai mes affaires et sortis à mon tour. En éteignant la pièce, je me félicitai intérieurement. Chaque fois que je quittais ma classe en fin de journée, je voulais avoir l'impression d'avoir remporté une victoire, et donc que mes élèves avaient appris quelque chose. Parfois, malheureusement, j'étais simplement épuisée et à bout de nerfs.

Ce soir-là, j'avais le sentiment que Lorraine et moi avions toutes les deux gagné.

Réjouie, et résolue à prendre un peu de temps pour moi, j'envoyai un SMS à deux amies de fac, Suzanne et Michaela, leur proposant pour le lendemain quelques cocktails spécial vendredi.

Je compris dès que je la retrouvai ce soir-là que Suzanne était d'humeur festive et prête à ramener chez elle n'importe quel inconnu. Depuis notre table du bar sur le pont George IV où nous avions nos habitudes, elle scrutait les hommes comme si elle convoitait le meilleur morceau de viande lors d'un buffet. Quand elle reposa les yeux sur moi, j'éclatai de rire et elle sourit.

Michaela eut une moue désapprobatrice en sirotant silencieusement sa boisson.

Je les avais rencontrées à l'université d'Édimbourg après mon emménagement à Pollock Halls, et nous avions pris une colocation ensemble dès notre deuxième année. L'année suivante, quand Michaela s'était installée avec son petit ami, Colin, Suzanne et moi avions investi un appartement plus petit. Puis, notre diplôme en poche, nous nous étions séparées. Suzanne était originaire d'Aberdeen, mais, après ses études, elle avait décroché un poste en ville, dans une grande agence de comptabilité. Comme elle gagnait plutôt bien sa vie, elle pouvait se permettre un deux-pièces dans Marchmont. Quant à moi, j'avais une chance folle : ma grande sœur, Ellie, et son demi-frère, Braden – que je considérais également comme mon grand frère –, étaient assez aisés et, pour fêter la fin de mes études, ils m'avaient offert un magnifique trois-pièces sur Clarence Street, en plein Stockbridge. Je me retrouvais ainsi à équidistance de chez mes parents, sur St Bernard's Crescent, de chez Braden et sa femme, Joss, sur Dublin Street, et de chez Ellie et son mari, Adam, sur Scotland Street. Nous pouvions tous nous rendre les uns chez les autres à pied.

Ma famille était trop protectrice. Elle l'avait toujours été. Malheureusement, cela impliquait que je ressentais parfois le besoin d'échapper à leur surveillance bienveillante. Pour l'appartement, c'était autre chose. Il s'agissait du plus fabuleux et du plus extravagant cadeau de l'histoire – un cadeau que je n'aurais jamais pu m'autoriser avec mon modeste salaire de prof. J'en avais été submergée de joie et je leur en serai éternellement reconnaissante. En toute honnêteté, j'étais ravie d'être si proche des miens. Je commençais à avoir tout un petit groupe de neveux et de nièces que j'adorais autant que leurs parents.

— Tu vois un truc qui te plaît ? demandai-je à Suzanne tout en passant en revue la clientèle.

Il y avait deux beaux gosses debout au bar.

— Bien sûr que oui, se moqua Michaela. Sans doute même cinq.

Suzanne fit mine d'être outrée.

— Tout le monde n'a pas la chance de trouver le grand amour à dix-huit ans. Certaines d'entre nous doivent embrasser des tas de crapauds avant de trouver leur prince. Et elles estiment que c'est très bien comme ça.

Michaela et moi pouffâmes. Effectivement, Michaela ne nous accompagnait au bar que pour entretenir nos liens. Elle était fiancée à Colin, un étudiant écossais dont elle était tombée amoureuse en première année de fac. Elle avait décidé de ne pas rentrer chez elle, dans le Shropshire, en Angleterre, afin de suivre avec moi la formation de professeur proposée à la Moray House d'Édimbourg. Et, comme moi, elle était sur le point d'être titularisée.

Mes deux amies n'auraient pas pu être plus différentes : Suzanne, grande comédienne et très sûre d'elle, était bruyante et aimait flirter. Michaela était la plus calme de nous trois. Douce et dévouée, elle tenait énormément à ses nouveaux élèves. Si j'avais besoin de me changer les idées et de passer un bon moment, j'appelais plus spontanément Suzanne ; s'il me fallait une oreille attentive, je téléphonais plus volontiers à Michaela.

— Comment vont les enfants ? m'interrogea cette dernière.

Je compris aussitôt qu'elle parlait de ma famille et non de l'école.

— Super bien.

— Et il y en a d'autres qui arrivent.

Elle sourit.

— Pouah, je ne sais pas comment ils font. (Suzanne frémit.) On dirait qu'ils ont suivi des cours exprès.

— Euh, c'est seulement le premier de Jo.

Ce qui ne changerait rien à l'opinion de Suzanne, qui considérait les mioches comme d'atroces petites créatures avec lesquelles elle ne voulait pas avoir affaire.

Johanna MacCabe était l'une de mes plus proches amies, malgré nos sept ans de différence. Quand Braden avait rencontré sa femme, Joss, celle-ci était entrée dans notre petite famille avec sa bonne copine Jo Walker, qui avait bientôt rencontré l'amour de sa vie, Cameron MacCabe. Ils s'étaient mariés deux ans plus tôt et Jo était désormais enceinte.

Elle n'était pas la seule. Ellie, ma sœur, et son mari, Adam, attendaient leur deuxième. Ils avaient déjà un adorable garçonnet de deux ans nommé William, et ils espéraient cette fois une petite fille.

— Elle est folle. (Suzanne grimaça.) Mais regardez à qui je parle. Des profs. Quelle personne saine d'esprit voudrait devenir prof ? Oh... (Elle écarquilla les yeux en avisant quelque chose par-dessus mon épaule.) Celui-ci est craquant.

Michaela et moi échangeâmes un coup d'œil entendu et je me retournai pour reluquer aussi discrètement que possible l'étalon qui avait ainsi attiré l'attention de Suzanne.

— Elle est partie ! gloussa Michaela.

J'arrachai mon regard au grand balèze aux biceps saillants qui correspondait parfaitement aux critères de notre amie, et j'observai Suzanne traverser la salle avec un déhanché spectaculaire.

— Je ne sais pas comment elle fait pour changer de mec tous les quinze jours.

Suzanne avait largement dépassé la dizaine de conquêtes. Mais je ne la jugeais pas. Elle pouvait bien faire ce qui lui chantait, tant qu'elle restait prudente. Pour ma part, je n'avais pas l'habitude de coucher à droite à gauche. En toute honnêteté, j'avais même laissé tomber toute pratique sexuelle. La première et dernière fois que j'avais succombé, je m'étais brûlé les ailes. Je n'avais donc nullement l'intention de me jeter dans un lit avec qui que ce soit avant d'être absolument certaine qu'il existait bien des sentiments entre nous.

Pour l'heure, je me satisfaisais amplement de ma vie actuelle. J'étais bien trop occupée pour aller plus loin qu'un flirt du vendredi soir, et cela me convenait à la perfection. J'étais encore jeune. J'avais tout le temps. Suzanne semblait s'être donné pour mission d'essayer chacun des crapauds existants avant de découvrir ce fameux prince charmant.

Suzanne revint à notre table avec sa target et ses deux amis. Ils s'assirent avec nous et se présentèrent. Malheureusement, celui sur lequel elle avait jeté son dévolu, Seb, se désintéressa rapidement d'elle pour s'adresser à moi. Par chance, l'un de ses compagnons semblait préférer mon amie.

Seb était très gentil. Il me posa des tas de questions sur moi, et j'en fis autant. Nous discutâmes en riant de tout et de rien, et les garçons allèrent chercher une autre tournée.

Au bout de quelques heures, nos nouveaux copains suggérèrent d'aller en boîte. Michaela ne paraissait pas convaincue, et je ne voulais pas la laisser seule. Suzanne et moi allâmes donc nous rafraîchir aux toilettes pour la laisser y réfléchir.

Nous étions debout devant les lavabos, à nous remettre du fard et du rouge à lèvres, quand Suzanne déclara :

— Eh bien... Seb est séduisant. Est-ce qu'il mérite de mettre un terme à la plus longue période d'abstinence de l'histoire ? Ou est-ce que tu comptes lui jouer une version de Hannah l'Allumeuse, à lui aussi ?

— Hannah l'Allumeuse ? grommelai-je.

Elle loucha vers moi d'un air entendu.

— Hannah l'Allumeuse. La fabuleuse Hannah Nichols qui décroche toujours le plus canon du lot, badine avec lui pendant quelques heures, puis le laisse rentrer chez lui avec la queue entre les jambes et sans numéro de téléphone.

— Je n'allume personne, m'offusquai-je. Si je ne suis pas intéressée, je ne fais pas croire que je le suis. Ce sont de simples conversations sans suite, voilà tout.

Cette fois, elle me dévisagea comme elle le faisait de plus en plus souvent. Son air impatient indiquait qu'elle ne me comprenait pas. Pas du tout.

— Mais qu'est-ce qui cloche, chez toi ? Quand vas-tu enfin tourner la page et t'intéresser à quelqu'un d'autre ?

Je secouai la tête, faisant mine de ne pas comprendre à quoi elle faisait allusion.

— Tu ne t'es jamais dit que je pouvais être heureuse ? N'est-ce pas l'objectif de chacun ? Trouver le bonheur ? Et moi, je le suis. J'adore mon job, ma famille et mes amis. J'ai une vie super, Suzanne.

Elle ricana bruyamment.

— Ouais, continue à te raconter des salades.

Je m'empourprai, indignée.

— C'est quoi, ton problème, ce soir ? C'est à cause de Seb ? Parce que je te le laisse volontiers.

Suzanne plissa les paupières.

— Oh, je pourrais me le faire, si je voulais, ne t'en fais pas pour moi.

— Alors pourquoi ce comportement ?

— Ne me parle pas comme à un de tes élèves. Tu sais, tu es devenue vraiment chiante, depuis quelque temps.

Je partis d'un rire incrédule, ne comprenant pas comment la conversation avait pu prendre pareil tour. Suzanne n'était pas la personne la plus délicate au monde, et elle avait tendance à s'emporter un peu vite, mais là elle paraissait résolue à jeter un tas de méchancetés à la figure, chose qu'elle n'avait encore jamais faite.

— À ma décharge, tu agis franchement comme une enfant.

— Ouais, c'est ça. (Elle leva les mains, faisant une fois de plus étalage de ses talents de comédienne.) Allons voir si Michaela veut aller en boîte...

J'étais à peu près sûre qu'elle allait ajouter quelque chose, mais elle se contenta de pincer les lèvres et de sortir en furie des toilettes.

Je m'apprêtais à rejoindre les autres quand je reçus un SMS de Lucy, que j'avais rencontrée à ma formation, qui me proposait de la rejoindre pour boire un verre. Elle était au coin de la rue avec quelques amis dans un pub du Royal Mile, et elle savait que j'étais de sortie. Je lui répondis avant d'aller nonchalamment me réinstaller à table.

— Michaela a décidé de venir ! s'exclama Suzanne avec entrain, comme si elle ne venait pas de m'envoyer bouler.

Je pressai l'épaule de Michaela et leur adressai à tous un sourire.

— Amusez-vous bien. J'ai un truc à faire.

Sans me soucier des bredouillements de Suzanne, qui tentait de m'humilier, je quittai rapidement le bar, la pimbêche et les charmants garçons, pour passer le reste de la soirée à m'enivrer avec des gens qui se fichaient que je sois célibataire ou mariée, maigre ou grosse, ambitieuse ou décontractée. Des gens sortis dans le seul but de se détendre après une semaine de travail ; c'était exactement ce que je souhaitais, moi aussi.

La vie était belle. Je n'avais certainement pas besoin qu'une personne vienne tenter de me convaincre du contraire, sous prétexte qu'elle-même n'était pas bien dans ses baskets.

2

Le matin suivant, je m'apprêtai dès le réveil pour la *baby shower party* de Jo et Ellie. Ma mère, Élodie, l'organisait chez mes parents pour toutes les filles, pendant que les hommes veilleraient sur les enfants.

Je venais d'éteindre mon sèche-cheveux et étais sur le point de me maquiller quand la sonnette retentit. Comme je n'attendais personne, je me demandai si une des filles avait décidé de passer avant la fête.

— Oui ? répondis-je à l'interphone.

— C'est moi, m'informa une voix grave et familière.

Ravie de cette visite inattendue, je m'exclamai :

— Monte !

Quand j'ouvris la porte, Cole Walker me sourit et entra. Je tendis la joue pour l'embrasser et lui proposai un café.

— Je veux bien, accepta-t-il en me suivant vers la cuisine.

Cole était le petit frère de Jo. Il avait un an de moins que moi, mais on ne l'aurait pas cru. Je n'avais jamais rencontré un garçon de mon âge aussi mûr que lui. Il avait toujours été comme ça. Il se comportait plus comme un homme de trente ans que comme un garçon de vingt et un.

Nous étions devenus amis parce que nos familles étaient très fusionnelles, mais nous nous étions considérablement rapprochés l'année de mes dix-sept ans, à tel point que je le considérais comme mon meilleur ami. J'avais souvent trouvé dommage qu'il n'y ait aucune attirance sexuelle entre nous, car Cole était l'un des types les plus gentils que je connaisse et il aurait fait un petit copain hors pair.

Même s'il avait tendance à s'emporter rapidement, surtout si l'on s'en prenait à une personne à laquelle il tenait, Cole ne portait presque jamais de jugement sur les autres. Il pouvait parfois paraître impudent, voire intimidant, mais je le savais pragmatique, attentionné, intelligent, créatif, compatissant, fidèle et raisonnable, malgré ce que pensaient ceux qui se fiaient aux apparences.

Dépassant le mètre quatre-vingts, Cole était carré et sportif – il avait un corps incroyable, sculpté par les arts martiaux et des séances de musculation hebdomadaires. Sa sœur le taquinait toujours pour qu'il se décide à faire couper ses cheveux blond vénitien en bataille, mais ils ne dépareillaient pas avec sa barbe de plusieurs jours. Pour ne rien gâcher, de magnifiques yeux verts venaient illuminer son beau visage. Ce n'était pourtant pas son physique avantageux qui retenait l'attention, même si nombre de filles se retournaient sur lui. Non, c'étaient ses tatouages. Des lettres étaient inscrites à l'intérieur de son poignet droit, et les plumes noires qui s'achevaient derrière son épaule prenaient naissance au niveau de son biceps, où un aigle déployait ses ailes. Le rapace tenait dans ses serres une montre de gousset à l'ancienne. Son bras gauche était encore vierge de toute inscription, mais il planchait d'ores et déjà sur un motif pour le recouvrir.

Il arborait également le même tatouage que Cam, son meilleur ami. Cole l'avait dessiné quand il avait quinze ans. On discernait un J&C dans un enchevêtrement tribal de plantes épineuses et de fioritures. Cam l'arborait sur le torse. À ses dix-huit ans, Cole l'avait fait reproduire sur un côté de son cou, là où on voyait battre son pouls.

Je savais combien ce symbole comptait à ses yeux. Pour Cam, ce J&C n'incarnait pas seulement sa relation avec Jo, mais aussi son amitié avec Cole, qui, lui, y lisait « Jo & Cam ». Cole avait vécu des moments difficiles à l'époque où il vivait encore avec Fiona, sa mère alcoolique. Elle n'était jamais là pour lui. Jo l'avait élevé seule. Quand il avait eu quatorze ans, son aînée avait découvert que leur mère le battait, et ils n'avaient dès lors plus tardé à emménager avec Cameron, la laissant seule dans l'appartement du dessus.

Fiona était désormais morte depuis deux ans ; elle avait succombé à une crise cardiaque. Je supposais que ça n'avait pas été facile pour Cole, pour tout un tas de raisons. J'avais essayé de lui en parler, mais c'était le seul sujet qu'il refusait d'aborder. En ce qui le concernait, Jo était à la fois sa mère et sa sœur, et Cameron leur avait sauvé la vie. Il n'avait besoin de personne d'autre.

— Qu'est-ce que tu fais ici ? lui demandai-je en préparant le café. Tu ne devrais pas être au boulot ?

Cole étudiait aux Beaux-Arts d'Édimbourg, mais il travaillait en parallèle – et depuis ses seize ans – à *INKarnate*, une boutique de tatouage de renom située à Leith. Stu Motherwell dirigeait le salon depuis plus de vingt-cinq ans, et Cole y était entré comme garçon de courses pour s'habituer à l'endroit. À dix-huit ans, il avait ensuite débuté là-bas un apprentissage à temps partiel. Je savais que Stu le considérait comme un fils et se reposait beaucoup sur lui.

Je ne doutais pas qu'il l'aiderait bientôt à gérer l'entreprise.

— Je commence tard, répondit-il en récupérant sa tasse de café affublée d'un MERCI. Dans une demi-heure. Je me suis dit que j'avais le temps de passer te faire un coucou.

Je m'appuyai contre le comptoir et l'étudiai avec attention.

— Pourquoi ? Est-ce que tout va bien ?

Il me considéra à son tour longuement.

— C'est justement ce que je suis venu te demander. Avec tout ce qui se passe...

Comprenant où il voulait en venir, je lui adressai un sourire rassurant.

— Oui, ça va. Sincèrement.

Il fronça les sourcils.

— Tu ne m'as pas donné beaucoup de nouvelles dernièrement, et...

Il haussa les épaules.

— Cole, j'ai du travail par-dessus la tête entre le lycée et le bénévolat. Ça me stresse et je me focalise dessus, au détriment du reste.

— Tu es sûre que c'est tout ?

— Croix de bois, croix de fer.

Il posa alors les yeux sur la table de la cuisine, où les cadeaux pour la fête étaient déjà emballés. Je le vis remarquer la boîte de préservatifs que je comptais offrir à Jo et Ellie pour plaisanter. Il ricana.

— Je ne t'envie pas du tout.

— Deux femmes aux hormones en ébullition et un paquet de capotes ? Ce ne serait pas plutôt un vendredi soir de rêve, pour toi ? le taquinai-je.

Il pouffa, car nous savions tous deux que j'étais loin du compte.

Cole n'était vraiment pas du genre coureur. Certes, il n'était pas non plus un ange, mais il préférait les relations sérieuses. Il sortait d'ailleurs avec une étudiante en histoire de l'art, Steph.

— Au moins, moi, j'ai besoin de capotes.

Il sourit, non sans aménité. Je fis la grimace.

— Oui, ça fait un bail.

— Rectification : ça fait trop longtemps. (Il plissa le front.) Quand vas-tu te décider à laisser une chance à quelqu'un ?

— C'est juste que je ne veux pas coucher avec n'importe qui. Je ne suis pas Suzanne, tu sais ?

— Je n'ai jamais dit le contraire. Mais tous les garçons ne cherchent pas seulement à te sauter pour te plaquer le lendemain. (Il se radoucit.) Tu n'es pas le genre de fille qu'on a envie de quitter, Hannah. Donne à quelqu'un l'occasion de te le prouver. Tu n'as jamais été en couple. Comment peux-tu juger si tu n'en as pas fait l'expérience ?

Je ris doucement.

— Je ne juge pas. Je suis simplement très bien toute seule, pour l'instant. En parlant de couples... comment va ton boulet ?

Cole soupira.

— Elle angoisse. Je lui ai promis de passer chez elle après le boulot pour l'aider à bosser sur sa dissert.

— Oh. (Je me moquai gentiment de lui.) Tu es un petit ami adorable.

Cole avala une dernière gorgée de café et posa sa tasse dans l'évier. Puis il se pencha pour me déposer un baiser sur la joue.

— La prochaine fois que tu verras Steph, tu voudras bien lui répéter ça ?

— Il y a de l'eau dans le gaz ? m'enquis-je en le raccompagnant à la porte.

— Elle n'arrête pas de me faire des réflexions.

— Je suis sûre que ça ira mieux quand elle sera plus détendue.

— Mmm. (Il sortit sur le palier en souriant.) Passe une bonne journée !

— Toi aussi, répliquai-je avec humour. Qui sait ? Après sa rédac, elle aura peut-être besoin de cours particuliers...

Je haussai les sourcils à plusieurs reprises. Cole gloussa et descendit les marches deux à deux.

— L'espoir fait vivre.

Dès que j'eus franchi la porte de chez mes parents, j'entendis une cacophonie de voix féminines émaner du salon.

Mon père apparut dans le couloir alors que je refermais derrière moi, et ses prunelles s'illuminèrent.

— Salut, papa.

J'allai me blottir dans ses bras.

— Salut, ma puce. (Il m'embrassa sur le crâne et recula légèrement pour m'observer en souriant.) Ça faisait longtemps.

Je grimaçai.

— Désolée de ne pas pouvoir passer plus souvent. Je croule sous le boulot.

Mon père était professeur d'histoire antique à l'université d'Édimbourg. Il était intelligent, passionné, décontracté et, surtout, diablement perspicace. Il plissa les paupières en m'examinant.

— Tu es sûre que c'est tout ?

— Oui, oui. Ça va, je te jure.

— Tu me le dirais, si ça n'allait pas ?

Je suppose qu'il avait bien le droit de redouter que je lui taise mes problèmes. J'avais déjà un passif en la matière. Mais pour une fois, je disais vrai.

— C'est du passé.

— Clark ! Tu peux servir ces amuse-bouches, s'il te plaît ?

La voix de ma mère portait depuis la cuisine. Mon père écarquilla les yeux d'horreur feinte.

— J'essaie de m'échapper. Au secours.

J'éclatai de rire.

— File, répliquai-je en désignant la porte. Je fais diversion.

Il poussa un soupir de soulagement, m'embrassa sur la joue et s'éclipsa en hâte. Maman surgit la seconde d'après.

— Oh, Hannah. (Elle me sourit et ouvrit grands les bras.) Je suis tellement contente de te voir, ma chérie. (Elle m'étreignit vigoureusement.) Tu n'aurais pas vu ton père, par hasard ?

— Euh, il vient de partir.

Maman recula, les lèvres pincées.

— Il était censé aider.

— Maman, c'est le seul homme ici. Ce n'est pas très juste de lui demander ce que les autres n'ont pas à faire.

Elle ronchonna mais n'insista pas.

— Tu veux bien me donner un coup de main, dans ce cas ?

Je lui montrai mes paquets.

— Dis-moi d'abord où je peux poser ça.

— Au salon.

Je m'y rendis aussitôt tandis que ma mère retournait à la cuisine. Mes sœurs et amies me sautèrent immédiatement dessus. Ellie fut la première à me rejoindre. Comme lorsqu'elle était enceinte de William, elle avait non seulement un ventre proéminent, mais des joues rebondies et des lèvres plus pleines. Elle était absolument adorable, même si elle s'en défendait.

— Hannah.

Elle m'attira à elle et je l'embrassai maladroitement, m'efforçant de ne pas écraser son bidon.

— Els, tu es resplendissante. (Je lui plantai un baiser sur la joue et reculai pour l'observer.) Tu es encore plus grosse que la dernière fois.

Elle gémit.

— M'en parle pas. À côté de Jo, je ressemble à une génisse.

Jo éclata de rire et repoussa doucement Ellie afin de pouvoir m'embrasser à son tour.

— J'ai l'impression de ne plus t'avoir vue depuis une éternité, se plaignit-elle en m'enlaçant.

En dehors de son ventre clairement dessiné, elle n'avait pas beaucoup changé : elle était plus superbe que jamais. Je me demandais combien de femmes dans cette pièce la détestaient de rester si sexy alors qu'elle était enceinte.

— Je suis tellement occupée. Je suis navrée.

— Pas la peine. (Elle me gratifia d'un sourire rassurant.) Je sais à quel point tu travailles dur.

— Bon, à mon tour. (Un accent chantant américain caressa mes tympans quelques secondes avant qu'Olivia Sawyer me prenne dans ses bras.) Ça fait des siècles, geignit-elle. (À la lueur dans ses prunelles, je compris qu'elle me taquinait surtout.) Tes cheveux ont vachement poussé !

Liv, pour les intimes, une brunette bien roulée et séduisante, était comme une sœur pour Jo. Le père de Liv, Mick, avait servi de figure paternelle à Jo durant son enfance. Il était pourtant reparti aux États-Unis pour y rejoindre sa fille – Liv –, dont il n'avait appris l'existence qu'aux treize ans celle-ci. Il était néanmoins revenu en Écosse sept ans plus tôt, à la mort de sa femme, la mère d'Olivia. Liv l'avait accompagné pour qu'ils puissent reconstruire leur vie après cette perte tragique. Mick et Jo avaient travaillé ensemble dans la société de peinture et de décoration qu'il avait créée, et papa avait décroché à Liv un job dans la principale bibliothèque du campus. Son conte de fées s'était poursuivi quand elle avait épousé l'un des hommes les plus canon de cette planète : Nate Sawyer, le meilleur ami de Cam.

Tous les membres de cette petite bande étaient si étroitement liés qu'on formait une grande fratrie.

— Le travail. (Je haussai tristement les épaules.) Être en période d'essai me pompe toute mon énergie.

Pour ne rien arranger, Liv et Nate s'étaient installés en périphérie d'Édimbourg, dans une maison assez vaste pour leur famille grandissante. Ils avaient une fille de quatre ans, Lily, et une autre d'un an, January.

— J'en déduis que c'est Nate qui garde les enfants ?

— Tous les pères sont ensemble. (Joss s'approcha de moi en souriant, une flûte de Buck's Fizz à la main.) Ma chérie. (Elle m'embrassa avec affection.) Je suis contente de te voir.

— Moi aussi. (L'image qui venait de me traverser l'esprit me mit en joie.) Tous les mecs sont réunis avec les gamins ?

Joss gloussa.

— Ouais. Ils les ont emmenés au zoo.

J'éclatai de rire.

— Quatre hommes et cinq bambins. Ils sont largement en infériorité.

Braden était le père d'une petite Beth de presque six ans et d'un Luke âgé de trois ans. Joss était une Américaine venue étudier à Édimbourg. Elle avait vécu un drame en perdant tous ses proches lorsqu'elle avait quatorze ans - sa mère, Sarah, son père, Luke, et sa petite sœur, Beth. Sa mère ayant été écossaise, Joss avait décidé de repartir de zéro sur sa terre natale. Après avoir obtenu son diplôme, elle avait emménagé avec Ellie, puis rencontré Braden, et leur liaison était rapidement devenue fusionnelle. Ils étaient désormais mariés depuis sept ans, et je n'étais pas certaine de connaître un couple plus heureux.

— On verra s'ils reviennent en un seul morceau, marmonna Joss d'un ton pince-sans-rire.

Après avoir plaisanté quelques minutes avec eux, j'entendis maman m'appeler et je me précipitai dans la cuisine pour l'aider à dresser le buffet.

Puis nous nous installâmes toutes au salon, saluant avec admiration chacun des présents et éclatant de rire quand Jo me lança la boîte de préservatifs.

Je les laissai ensuite discuter, restant assise à profiter de la joyeuse atmosphère et de l'excitation liée aux futures naissances. Jo et Ellie en étaient presque à sept mois toutes les deux. Aucune d'elles n'ayant voulu connaître le sexe du bébé, tout le monde avait choisi des cadeaux neutres.

Quelques heures plus tard, légèrement enivrée par la boisson et ayant grand besoin d'eau, je disparus à la cuisine. Joss me suivit de près.

— Coucou, lui lançai-je par-dessus mon épaule tout en me remplissant un verre bien frais.

Joss me jaugea du regard.

— Tu as l'air fatigué. Est-ce que ça va ?

— Je me suis couchée tard. Et je suis épuisée d'avance avec l'arrivée de ces deux nouveaux nourrissons, répliquai-je un brin moqueuse. Je n'aurai plus une seconde à moi, avec tous ces baby-sittings à venir.

Joss poussa un grognement.

— Je te comprends. Avec toutes les fois où Jo et Cam m'ont dépannée, je vais devoir leur rendre la pareille. Beth, Luke *et* un bébé ? Je ne m'en relèverai pas !

— Arf, laisse Braden gérer.

Elle pouffa, mais une voix masculine retentit :

— Laisser Braden gérer quoi ?

Nous nous tournâmes toutes deux vers la porte et le vîmes qui approchait de nous. Il tenait Luke dans ses bras, tandis que Beth se précipitait vers sa mère.

— Maman, je me suis assise sur un pingouin ! cria-t-elle en lui agrippant les jambes.

Joss caressa sa tignasse déjà ébouriffée, mais garda le regard braqué sur Braden.

Il gloussa.

— Pas un vrai pingouin.

— Merci, mon Dieu. (Elle souleva sa fille maigrelette.) J'ai cru qu'on allait se retrouver avec un procès sur les bras. (Elle frotta son nez contre celui de Beth.) Tu t'es bien amusée avec les animaux, ma poupée ?

Beth hocha la tête, puis se retourna vers son père. Elle s'apprêtait à ajouter quelque chose quand elle me repéra.

— Hannah ! s'exclama-t-elle d'une voix stridente.

Elle se dépêtra aussitôt des bras de sa mère et se précipita dans les miens, tandis que Joss allait embrasser le crâne de son fils et les lèvres de son mari. Je m'accroupis pour attraper Beth, dont le flot de paroles s'accélérait à mesure que le bruit dans la maison augmentait. Il me sembla entendre les pleurs de January et les gloussements de William.

La magnifique Lily, aux cheveux bruns et au teint olivâtre, pointa le bout de son nez derrière la jambe de Joss. Elle courut vers Beth et moi, un tigre en peluche prisonnier de sa minuscule main.

Je la saisis elle aussi, alors que Braden et Joss s'écartaient de la porte pour laisser entrer un Nate à la mine soucieuse. Quand il m'aperçut avec Lily, il se détendit et adressa à Braden un regard soulagé.

— J'ai confié Jan à Liv, la femme qui murmure à l'oreille des bébés.

Un soudain éclat de rire nous parvint depuis le salon.

— William. (Braden sourit.) Un clown en devenir.

— Hannah ! (Beth me tira le poignet pour attirer mon attention.) On a vu des lions.

— Et des tigres, Nanna, ajouta doucement Lily avant de mordiller la patte de sa peluche.

Mon prénom était encore trop compliqué à prononcer pour elle.

— Qu'est-ce que... s'exclama une voix puissante, à la fois confuse et consternée.

Quelques secondes plus tard, mon cadet Declan fit son entrée dans la cuisine, main dans la main avec sa petite amie. Dec avait dix-huit ans et sortait avec Penny depuis deux ans. Je n'étais pas aussi proche de lui que je l'aurais souhaité, mais je pense que c'était surtout dû à son âge et au temps qu'il consacrait à sa copine.

Il balaya la pièce du regard, complètement dérouté.

— Est-ce qu'on est dimanche ?

Je me mis à rire. Il faisait allusion aux célèbres repas dominicaux de ma mère. Tout le monde ne pouvait pas venir chaque semaine, mais lorsque nous étions tous réunis, la maison était pleine à craquer, terriblement bruyante.

— Non. C'est juste la *baby shower party* d'Ellie et Jo.

— Comme si on n'était pas déjà assez nombreux, grommela-t-il d'un ton maussade.

— Hé, le réprimanda Joss, tu devrais te réjouir.

— Ouais, ouais. (Il se fendit d'un demi-sourire.) Ça doit juste être sympa de trouver la maison déserte en rentrant, une fois de temps en temps.

— Mmm. (Je me levai sans lâcher les petites.) On a tous compris pourquoi.

Je louchai vers Penny d'un air lourd de sous-entendus et décochai un clin d'œil à mon frère.

Il eut une moue exaspérée.

— Tu as vraiment un truc qui débloque. (Il entraîna tendrement vers la porte une Penny, toujours si silencieuse et désormais rougissante.) On est à l'étage.

— Ne faites rien que je pourrais faire ! lui lançai-je sous les rires de Braden, Nate et Joss.

Nate secoua le chef à mon intention.

— Tu es vraiment sadique avec lui.

Je réagis d'une grimace faussement outrée et baissai les yeux vers les filles.

— Vous avez entendu ? Tata Hannah n'est pas sadique, si ?

Beth secoua résolument la tête pendant que Lily opinait, n'ayant naturellement pas compris la question.

3

La maison sembla étrangement vide quand tout le monde, excepté Declan et Penny, eut décampé. Malgré les propositions d'aide, maman et moi avions mis les invités dehors et je lui avais proposé de faire le ménage avec elle, en dépit de la pile de copies à corriger qui m'attendait chez moi.

J'étais en train de ranger de la vaisselle propre quand ma mère prononça mon nom du bout des lèvres. Me méfiant de son ton hésitant, je me retournai et haussai les sourcils en signe d'interrogation. Elle triturait nerveusement l'éponge dont elle s'était servie pour nettoyer les plans de travail.

— Ton père et moi avons une question à te poser.

Je poussai un soupir et croisai les bras.

— Si vous voulez encore vous débarrasser d'un cadavre, je t'ai déjà dit que je ne le ferais plus.

Elle se fendit d'un léger sourire.

— Très drôle, répondit-elle d'un ton léger. Non... Euh...

— Allez, maman, crache le morceau.

Elle expira longuement.

— J'ai peur de t'en parler, parce que je ne voudrais pas que tu te sentes mise à l'écart.

— Tu vois ça ? (Je lui désignai mon visage.) C'est mon air « perplexe ».

Elle réprima un gloussement.

— Ce que j'essaie de te dire, c'est qu'on a transformé ta chambre en nursery.

Je haussai les épaules.

— C'est logique. Les petits viennent dormir ici plus souvent que moi.

Elle sembla se dégonfler telle une baudruche.

— Tu n'es pas fâchée ?

— Non, maman, m'esclaffai-je. Je suis une adulte avec un très bel appartement juste au bout de la rue. J'y ai même une chambre, voire deux !

Elle leva les yeux au ciel.

— Tu peux bien te moquer, mais je suis ta mère, et tu restes mon bébé, je ne voudrais pas que tu aies l'impression que je te mets dehors. On a un lit dans la nursery, tu pourras donc rester chaque fois que tu voudras, surtout pendant les fêtes.

Je secouai la tête et allai la serrer dans mes bras pour la rassurer.

— Je n'arrive pas à croire que tu aies eu peur de m'annoncer ça.

Elle se détendit enfin complètement.

— C'est ce que font les mamans.

Après quelques secondes d'étreinte, je la relâchai.

— Je suppose que vous ne vous êtes pas débarrassés de mes affaires, par contre ?

— Non. On a tout mis dans des cartons. Je me disais que tu voudrais peut-être faire le tri avant de partir ?

Il fallait vraiment que je rentre pour me mettre au travail, mais mes parents ne me demandaient jamais rien et je savais que ça leur rendrait service si je pouvais les désencombrer rapidement.

— D'accord. Oh, je risque de ne pas pouvoir venir demain. J'ai une tonne de copies à corriger.

— Oh, ne t'embête pas avec les cartons ce soir, alors.

— Mais si, ne t'inquiète pas. De toute façon, je n'aurais probablement pas pu me libérer.

Je me dirigeai alors vers l'escalier. Même si je savais que j'allais entrer dans une chambre qui n'aurait plus rien à voir avec celle que j'avais laissée, je fus étourdie par le jaune vif ayant remplacé les murs crème et le changement de lit. Mes posters avaient tous été décrochés et mes livres empaquetés, à l'instar des photos de mes amis.

Je considérai les cartons empilés au bout de la pièce. Toute mon enfance se trouvait à l'intérieur, ma personnalité en développement, mes années d'adolescence. Je m'en approchai avec un sourire.

Environ une heure plus tard, j'avais mis de côté les vêtements à donner aux associations. Papa était de retour et il était monté m'apporter une tasse de thé et des gâteaux secs. Je me décidai à ouvrir un carton si lourd qu'il devait être rempli de bouquins.

Il y en avait effectivement quelques-uns à l'intérieur, mais j'y retrouvai également plusieurs carnets. Mon cœur s'accéléra un peu quand je les aperçus, et je les sortis pour les mettre de côté sans avoir l'intention de les relire. Jamais. Je m'apprêtais néanmoins à les poser sur la pile « à garder » quand une photo glissa de l'un d'eux, un journal à la reliure noire datant de mes années lycée.

Mon cœur ne battait plus.

Il tambourinait.

Huit ans plus tôt,

Ma prof d'anglais m'avait retenue après les cours pour m'encourager à présenter ma nouvelle dans un concours local. Ça m'avait fait flipper. Mon écriture... montrée à des gens afin qu'ils jugent sa qualité ? J'avais dit non, merci.

Alors pourquoi avais-je eu envie de me gifler en me dépêchant de sortir de l'école ? Je m'étais retournée pour constater que tout le monde ou presque était parti. J'avais loupé le bus. J'allais devoir rentrer à pied.

La tête basse, je poussai un long soupir.

Pourquoi avais-je dit non à Mme Ellis ? Si elle jugeait ma nouvelle assez bonne pour être présentée, je n'avais pas à hésiter. Aaah... Parfois, je me détestais d'être aussi timide. Je me demandais pourquoi je n'arrivais pas à changer. Ça ne m'apportait rien de bon.

Furieuse après moi-même, je franchis le portail et aperçus trois garçons plus âgés en train de jouer au foot contre le mur de l'établissement en rigolant. Je reconnus l'un d'eux.

Marco.

J'ignorais son nom de famille, car il était en première et moi en troisième. Cependant, il était tellement populaire que son prénom avait circulé de classe en classe. Et puis, il était facilement reconnaissable. Très grand. Très beau. J'avais entendu dire qu'il était étranger, mais tant de rumeurs circulaient sur ses origines que je n'en étais pas certaine.

Je me détournai rapidement pour qu'il ne me surprenne pas à l'épier, bifurquai à gauche et pris le chemin de la maison. Je n'avais fait que quelques pas quand je chancelai soudain.

Un peu plus loin se trouvaient Jenks et sa bande, occupés à fumer, brailler, ricaner et s'insulter mutuellement. Ils étaient eux aussi en troisième. On était dans la même classe en sixième, puis on avait été séparés quand il avait fallu choisir nos matières principales. Mes amies et moi étions intelligentes, et on ne se donnait pas la peine d'essayer de le cacher. Jenks et ses potes nous avaient donc pris en grippe dès la première année. Pour commencer, ils se contentaient de nous insulter en cours, nous traitant de fayotes, d'intellos ou de bêcheuses. Plus récemment, comme ils ne pouvaient plus nous ridiculiser pendant la classe, ils s'étaient mis à nous harceler dans le bus ou dans les couloirs. Peu à peu, les injures étaient devenues plus vulgaires et plus méchantes.

Je jetai un coup d'œil à la route pour m'assurer qu'aucune voiture n'arrivait et je traversai en trottinant pour éviter les garçons.

Malheureusement, Jenks n'était pas d'humeur à m'épargner.

J'avais les yeux rivés sur mes chaussures quand je l'entendis hurler mon nom.

Comme s'il savait mieux que moi ce qui allait se produire, mon cœur s'emballa.

Je redressai lentement le menton et fus soudain terrorisée quand un Jenks tout sourire traversa la rue en bombant le torse suivi de deux de ses sales copains hilares.

— Quoi d'neuf, l'intello ?

Il s'arrêta devant moi et je le contournai.

Il me saisit le bras pour m'immobiliser.

Je fis de mon mieux pour ne pas lui montrer ma peur quand il envahit mon espace et laissa courir son regard sur mon corps avec une insistance qui me donna la nausée.

— J'ai dit, quoi d'neuf, l'intello ?

— Rien. (Je secouai la tête et essayai de reprendre ma route, mais ces trois brutes m'en empêchèrent.) Faut que je rentre, je suis en retard.

J'aurais aimé parler d'une voix plus ferme. J'aurais aimé pouvoir les mettre à terre, les tabasser ou simplement trouver le moyen de les convaincre d'arrêter d'essayer de m'intimider.

— On veut juste causer, gloussa Jenks. T'es tellement coincée. T'as pas changé.

Aaron, l'un de ses comparses, lui décocha un coup de poing amical dans le bras.

— Sauf qu'elle est d'venue carrément bonne. Bien baisable.

Je blêmis et reculai d'un pas.

Jenks grogna en me fusillant des yeux.

— Ça reste une putain de bêcheuse. (Il s'approcha.) Mais p't'être qu'un p'tit coup la détendrait.

Il voulut m'attraper par la taille, mais je me reculai hors de sa portée. Le sang me monta aux oreilles tant leurs brimades prenaient un mauvais tour.

— Je rentre chez moi.

J'avais voulu me montrer autoritaire, mais un simple chevrotement était sorti de ma bouche.

Ils éclatèrent tous de rire et Jenks fit de nouveau mine de m'agripper.

Mon cri d'alarme s'évanouit aussitôt que Jenks vint s'effondrer sur Aaron telle une poupée de chiffon. Ils se raccrochèrent l'un à l'autre pour ne pas tomber au sol. Le troisième larron, Rube, recula en chancelant. J'avisai seulement alors celui qui avait bousculé mon tortionnaire.

J'écarquillais les yeux.

Marco était là, qui nous dominait tous.

Un Marco très en colère.

Ses prunelles menaçantes étaient rivées sur Jenks.

— Putain ! (Jenks se redressa tant bien que mal et alla défier Marco.) Pour qui tu te prends, bordel ?

Je ne m'attendais pas à ce qu'il soit aussi agressif avec lui. Même Rube et Aaron avaient perdu de leur superbe.

— Dégagez d'ici, rétorqua calmement Marco, d'une voix paisible à l'accent prononcé. Si je vous vois recommencer un truc pareil, vous aurez affaire à moi.

Jenks ouvrit la bouche pour répliquer, mais Marco se retrouva soudain flanqué de deux amis. Comprenant qu'il n'avait aucune chance contre trois types plus âgés, Jenks cracha aux pieds de Marco et s'éloigna, les poings serrés.

Je frémis de soulagement.

— Tu as raté ton bus ?

Quand je compris que c'était à moi que Marco s'adressait, je fus complètement prise au dépourvu. Son timbre était rude, râpeux. Je plongeai le regard dans ses yeux bleu-vert qui ressortaient incroyablement derrière ses longs cils noirs et sur son teint hâlé. Je crois que j'en oubliai de respirer pendant une minute.

Il était superbe. Et il émanait de lui quelque chose… une aura qui me donnait envie de me blottir dans ses bras.

J'acquiesçai, toujours trop stupéfaite pour parler.

Il fronça les sourcils.

— Tu habites où ?

Stupéfaite, mais pas stupide. J'adressai un regard lourd de soupçons à cette personne que je ne connaissais pas, après tout. À mon grand étonnement, il pinça les lèvres comme pour s'empêcher d'exploser de rire. Il leva les mains en signe d'apaisement.

— Je ne vais pas te faire de mal.

Me fiant à mon instinct, je répondis finalement :
— À Stockbridge. St Bernard's Crescent.
Il se retourna vers ses amis.
— Je vous retrouve plus tard.
Ils semblèrent surpris mais hochèrent la tête et tournèrent les talons, repartant dans la direction opposée.
Je restai seule avec Marco – seule avec un garçon de dix-sept ans de plus d'un mètre quatre-vingts, après avoir été accostée par trois brutes. J'aurais dû être effrayée ; pourtant, quand nos regards se croisèrent derechef, ce fut tout le contraire. Je me sentais en sécurité.
— Viens, dit-il d'un ton bourru en ouvrant la voie.
Déroutée par mes sentiments, je m'empressai de le suivre.
— Qu'est-ce que tu fais ?
— Je te raccompagne. Je ne voudrais pas que ces crétins recommencent. Ils t'ennuient souvent ?
— Parfois, à l'école. Ils s'en prennent à moi et mes copines, mais ils n'ont jamais essayé de…
Je me tus, incapable de prononcer ces mots à voix haute. J'avais encore du mal à croire qu'ils m'avaient menacée de viol, surtout qu'ils semblaient prêts à passer à l'acte.
Je levai les yeux vers Marco, qui m'adressa un regard noir, lourd d'avertissement.
— Tu dois faire attention. Jenks est une petite merde qui ne recule devant rien. Il n'aurait même pas dû être là. Il a été exclu de l'école.
— Ah bon ? Pour quoi ?
Il m'étudia un instant, puis choisit de me répondre.
— Les flics mènent une enquête sur lui. Il est soupçonné d'avoir violé une fille.

Ma mâchoire se décrocha et mon cœur s'emballa.

— Sérieux ? Comment se fait-il que je n'en aie jamais entendu parler ?

Marco haussa les épaules.

— Je ne sais pas. Mais sois prudente, d'accord ?

J'acquiesçai. J'allais réellement faire plus attention, dorénavant. Je me sentais un peu nauséeuse.

Nous continuâmes à marcher silencieusement en direction de chez moi. J'étais assez grande pour mon âge, mais Marco me dominait largement. Il avait l'allure d'un sportif, avec ses avant-bras musclés mis en valeur par les manches retroussées de sa chemise. À côté de lui, je me sentais à la fois en parfaite sécurité et, pour la première fois de mon existence, fragile et délicate.

Intriguée par l'humeur maussade de mon sauveur, je fus surprise de constater que ma curiosité l'emporta sur la réserve qui me caractérisait généralement en présence de personnes inconnues. Je rabattis une courte mèche de cheveux blonds derrière mon oreille et posai les yeux sur son visage.

— Tu viens d'où ? États-Unis ou Canada ?

Marco me gratifia d'une moue espiègle.

— La plupart des gens me pensent simplement américain.

Comprenant la question sous-jacente, je répondis :

— Je lis beaucoup et, tu sais, des tas d'Écossais ont émigré au Canada, alors il ne serait pas complètement illogique que tu sois canadien-écossais.

Il m'observa d'un air amusé.

— Tu as quel âge ?

— Quatorze ans.

— Tu es maligne.

J'eus un large sourire.

— C'est ce que tout le monde dit.

Cela le fit rire. Un sentiment de triomphe me gagna. Je ne l'avais jamais vu rire, et j'étais à peu près sûre que cela ne lui arrivait pas souvent, car il avait une lueur triste au fond des yeux.

— Tu fais plus. (Il me détailla rapidement.) On n'a aucun cours en commun, donc je me doutais bien que tu étais plus jeune, mais pas à ce point.

J'étais heureuse de savoir que je faisais plus âgée. Mais cela me déplaisait qu'il trouve que quatorze ans soit trop jeune. Techniquement, j'avais quatorze ans et demi. Je voulus le lui préciser, mais j'eus peur que cela paraisse puéril. Je cherchai un moyen subtil de le glisser dans la conversation, en vain.

Consciente de n'avoir pas pipé mot depuis trente secondes au moins, je repris :

— Et donc... tu es canadien ?

— Nan, américain. Selon les régions, les accents se ressemblent plus ou moins. Il y en a plein de différents aux États-Unis, il faut juste apprendre à les reconnaître. Je suis de Chicago.

Intégrant cette nouvelle information, je déclarai :

— C'est trop cool.

Il haussa les épaules avant de fourrer les mains dans ses poches.

— Pourquoi as-tu emménagé ici ?

Marco resta muet si longtemps que je crus qu'il ne répondrait pas. J'en éprouvai une déception irrationnelle. Il finit toutefois par déclarer :

— Mes grands-parents m'ont envoyé vivre chez mon oncle et sa femme.

Cette phrase en disait beaucoup sans toutefois me révéler grand-chose. J'en déduisis que ses parents ne faisaient plus partie de sa vie, et je me demandai pourquoi. Toutes mes hypothèses étaient si tristes que j'en étais malheureuse pour lui. J'aurais aussi aimé savoir pour quelle raison il avait été envoyé en Europe. Pressentant que la première question le dérangerait plus que la seconde, j'optai pour celle-ci.

— Tu as eu de gros ennuis, là-bas ?

Il leva un sourcil.

— Tu comptes écrire ma biographie ?

Ayant été toute ma vie entourée d'adultes sarcastiques, j'étais complètement immunisée à ce genre de réplique. Je plantai mon regard dans le sien.

— Peut-être, et alors ?

Ma réponse le fit pouffer.

— Ouais, j'avais des ennuis. Ils se sont dit que je serais mieux ici.

— Et c'est le cas ?

Il haussa les épaules, le front légèrement plissé.

Comprenant qu'il ne souhaitait pas en discuter, je me résolus à changer de sujet.

— Tu t'appelles Marco, c'est ça ?

— D'Alessandro, précisa-t-il. Je vois que ma réputation me précède.

Un sourire satisfait vint étirer ses lèvres parfaites.

Je pris alors conscience qu'il ne s'exprimait pas comme les garçons avec lesquels il traînait à l'école. Et ce n'était pas seulement une question d'accent. Je les avais suffisamment entendus pour savoir qu'ils éprouvaient une certaine fierté à employer un langage grossier, quitte à surjouer l'argot écossais et à jurer, au point que les oreilles de leurs mères auraient sans doute saigné si elles les avaient surpris. Ils évitaient d'avoir l'air intelligent, que ce soit volontairement ou à cause d'une carence collective en neurones.

— Ce n'est pas pour faire ma pimbêche, mais je ne crois pas avoir entendu quelqu'un dans ton groupe d'amis utiliser des mots comme « précède ».

— Il en faut bien un qui sache lire et écrire, grommela-t-il. Les criminels ont aussi parfois besoin de ces outils de communication.

Même s'il plaisantait, je perçus son petit ton cassant et me sentis stupide.

— Pardon, je ne voulais pas critiquer.

— Je sais. Mais tu n'as pas tout à fait tort. (Il coula un regard vers moi, et j'eus l'impression qu'il lisait dans mon esprit.) Tout le monde n'est pas doué à l'école. Moi, je ne le suis pas.

Une nouvelle question me vint en tête, que je ne pus m'empêcher de poser. Je ne m'étais encore jamais montrée si curieuse avec qui que ce soit. D'un autre côté, je n'avais jamais eu des papillons dans le ventre rien qu'en marchant avec quelqu'un.

— En quoi l'es-tu, alors ?

Ses traits s'assombrirent.

— Je ne sais pas.

— Tu dois bien être bon dans un domaine, insistai-je.

Je ne pouvais pas concevoir que Marco n'ait aucun talent. Il émanait de lui une aura si spéciale... Bien qu'ignorant quoi, je savais qu'il avait un truc. Je le savais.

— En design et en techno.

Je considérai ses mains avec envie. J'étais nulle en travaux manuels. J'avais essayé de fabriquer une horloge en plexiglas en forme d'étoile, et j'avais obtenu... euh... une étoile qui s'était mangé un mur ? Mes patères métalliques avaient failli entraîner l'amputation d'un pouce, et ma boîte à crayons en bois ne fermait pas correctement.

— Tu dois être excellent, si tu continues en première.

Il ne répondit rien, observant pensivement une feuille sur le trottoir.

Hum.

— Et tu veux faire quoi, dans la vie ?

Il m'adressa un coup d'œil interrogateur.

— Et toi ?

— Ça change d'un mois sur l'autre, répondis-je, consternée.

Mes copains savaient tous vers quoi se diriger. J'hésitais encore entre devenir écrivain, professeur, docteur ou bibliothécaire.

— Il va falloir que j'y réfléchisse sérieusement.

— Pourquoi pas journaliste ?

Sa pique me fit ricaner.

— À cause de mes cinquante mille questions ? Je sais. Désolée.

— Ça ne me dérange pas.

Il fronça les sourcils, comme surpris par son propre aveu.

Ainsi encouragée, j'embrayai aussitôt :

— D'Alessandro comme le resto ?

C'était en effet le nom d'un petit italien à cinq minutes de chez moi.

— Mon oncle en est le patron.

— On y mange super bien, déclarai-je en toute honnêteté.

Une fois encore, il resta muet.

J'avais l'impression qu'il ne voulait aborder aucun sujet ayant trait à sa famille.

— Il paraît que les pizzas de Chicago sont les meilleures du monde.

Cela me valut un sourire.

— C'est exact.

— Tes potes de là-bas te manquent beaucoup ?

Nouveau silence qui me poussa à croire qu'il ne répondrait pas non plus à celle-ci. Je commençais à me dire que les questions personnelles ne me mèneraient nulle part, quand...

— Je n'avais pas vraiment d'amis. Pas des vrais, en tout cas.

Nous ralentîmes le pas quand nous fûmes dans ma rue. Je plissai les paupières pour l'observer malgré le soleil qui perçait à travers un nuage.

— J'espère que tu en as de meilleurs ici.

Quand il me scruta à son tour, son regard était si chaleureux que mon cœur manqua un battement.

— Comment tu t'appelles ? me demanda-t-il doucement.

Je fus prise d'un frisson, une fois de plus déboussolée par la manière dont mon corps réagissait à sa présence.

— Hannah Nichols.

Il sourit, s'arrêta et me tendit sa main puissante.

Mille papillons s'élancèrent dans mon ventre. Déterminée à les calmer, je plaçai ma petite paume dans la sienne. Je m'efforçai de ne pas réagir à ce contact quand une décharge électrique me parcourut tout le bras. Je voulus serrer plus fort et dus fournir un gros effort de volonté pour m'en empêcher.

— Ravi d'avoir fait ta connaissance, Hannah.

— Moi aussi. Et merci de m'avoir aidée avec Jenks. Et de m'avoir raccompagnée.

— Aucun souci.

Il lâcha ma main, et son contact me manqua aussitôt. Il recula d'un pas, s'apprêtant à partir, mais je me figeai en découvrant son expression soudain sévère.

— Essaie de ne plus louper le bus.

Il disparut au coin de la rue sans me laisser le temps de répondre, et je contemplai son dos musclé, bouleversée par une multitude d'émotions que je n'avais encore jamais éprouvées.

Une fois chez moi, et après avoir passé ma soirée à rêvasser, la conclusion s'imposa à moi : je venais d'avoir mon premier coup de cœur. Pour Marco D'Alessandro.

J'aurais dû rejoindre le club de débat. Je secouai la tête, me dirigeant vers la sortie principale et me maudissant d'être si timide. En début d'année, mon prof de sciences politiques m'avait demandé de rejoindre l'équipe de l'école, mais comme j'étais certaine d'être incapable de prendre la parole en public pour convaincre, alors que je savais si bien le faire sur papier, j'avais décliné la proposition.

Et voilà que je venais de louper le bus parce que j'avais surpris le groupe dans une salle de musique vide et que je m'étais arrêtée pour les écouter. J'avais ressenti le besoin urgent de m'approcher, de me présenter et d'exposer mes opinions. J'en avais des tonnes à défendre. J'avais aussi terriblement peur qu'elles me submergent un jour et explosent, semant le chaos dans leur sillage.

Je me privais de tant de choses à cause de cette fichue réserve qui me handicapait. D'autant que, en vérité, je n'étais plus aussi timide qu'avant. À la maison, je n'hésitais pas à dire ce que je pensais, sans me soucier des conséquences.

Avec un soupir de regret, je repris mon chemin, cherchant Marco du regard et le trouvant seul, debout près du portail.

Pour une raison inexplicable, depuis près d'un an, Marco attendait tous les jours ou presque de me voir monter dans le bus. J'étais sortie tardivement à plusieurs reprises, et il m'avait chaque fois raccompagnée à la maison. La plupart du temps, le retard n'était pas de mon fait, mais je dois bien admettre avoir volontairement manqué le car à quelques reprises afin de profiter d'un moment privilégié avec lui.

J'étais accro aux sensations que j'éprouvais en sa compagnie, ou même quand je pensais à lui – et cela m'arrivait souvent. Avec lui, je ne me sentais pas comme une intello timide et gauche. Et à mon immense satisfaction, je m'étais découvert une certaine faculté à faire rire Marco – qui semblait pourtant enclin à broyer du noir en permanence. Il s'esclaffait à mes blagues ou taquineries et me complimentait sans arrêt sur mon intelligence, comme s'il s'agissait là d'une qualité respectable et non risible. Quand je le regardais, mon cœur faisait des bonds, mon pouls s'accélérait et des fourmillements m'envahissaient.

Je mourais d'envie de l'embrasser.

Je n'arrivais pas à savoir si la réciproque était vraie. J'avais désormais quinze ans, et je mesurais un mètre soixante-quinze. Les garçons de l'école m'accordaient davantage d'attention maintenant que j'avais un peu de poitrine et que mes hanches s'étaient formées. J'ignorais toutefois si Marco avait remarqué ces changements.

Il m'avait surprise au cours de l'année écoulée. Il n'était pas l'homme le plus bavard qui soit, mais il écoutait patiemment chacune de mes questions, sans pour autant y répondre nécessairement. Il me laissait parler des livres que je dévorais, de la musique que j'écoutais, et paraissait même s'y intéresser.

Il avait aussi été là pour moi quand je lui avais parlé des événements tragiques que ma famille avait eu à surmonter. Quand j'avais treize ans, on avait diagnostiqué à ma grande sœur, Ellie, une tumeur au cerveau, et même si elle s'était révélée bénigne, cela nous avait tous fait flipper. De même que l'opération chirurgicale qu'elle avait dû subir pour la retirer. Je ne m'en étais jamais véritablement ouverte à quiconque, n'avais jamais évoqué l'effet que cela avait eu sur moi, mais Marco m'avait écoutée et était parvenu à me réconforter par son silence.

En plus d'être un super confident, il n'était pas aussi nul à l'école qu'il l'avait laissé entendre. Même si la plupart de ses amis étaient en difficulté, Marco restait en retrait et ne faisait pas d'histoires. Sa taille et sa carrure faisaient de lui un jeune homme redouté. Son apparence et le fait qu'il soit américain l'avaient rendu populaire. Et son air grave et sérieux était perçu comme extraordinairement cool. Tout cela combiné faisait de lui quelqu'un d'extrêmement respecté. Je savais que ce n'était pas un bad boy, contrairement aux rumeurs qui couraient sur son compte. Il travaillait dur, ayant même recours à un prof particulier. Il avait passé ses examens en fin d'année, excellant en design, en techno, en maths et en sport. En anglais, malgré les cours de soutien, ses résultats étaient passables.

— Pourquoi tu es en retard, cette fois ? me demanda-t-il en marchant à mon côté.

Je haussai les épaules, rechignant à lui avouer que ma vie était un échec.

— Je dois m'inquiéter ?

Le fait qu'il tienne suffisamment à moi pour se faire du souci me fit fondre. Je lui adressai un léger sourire.

— Non.

Il haussa les sourcils.

— Tu ne comptes vraiment pas me le dire ?

Je gloussai et donnai un coup de pied dans un caillou.

— Tu ne me révèles jamais rien.

Marco sembla y réfléchir.

— Bon, qu'est-ce que tu veux savoir ?

Décidant que c'était la journée idéale pour faire preuve de courage, je demandai :

— Pourquoi tu ne parles jamais de ta famille ?

Il m'adressa un regard paraissant signifier « j'aurais dû m'en douter ».

— Je ne m'entends pas très bien avec eux, admit-il.

— Avec aucun d'entre eux ?

Étant moi-même au sein d'une famille extrêmement soudée, je n'arrivais pas à comprendre qu'on puisse être en froid avec ses proches. Je savais à quel point ma famille me rendait heureuse. Et j'aurais aimé que Marco le soit autant que moi.

— À part peut-être Nonna... ma grand-mère, précisa-t-il. Mais pas Nonno, mon grand-père. Ni mon oncle Gio. Sa femme est gentille, mais lui, pas vraiment.

J'avais envie d'en savoir plus, mais je n'avais jusqu'alors jamais réussi à lui arracher autant d'informations d'un coup, je décidai donc de ne pas abuser de ma chance.

— J'étais en retard parce que j'écoutais l'équipe de débat. Mon prof de sciences politiques m'a proposé d'en faire partie en début d'année, mais j'ai refusé et, maintenant, je le regrette. Je suis une grosse trouillarde, Marco.

— Mais non. Cette prétendue timidité, c'est juste dans ta tête.

— Comment es-tu devenu aussi intelligent ?

Marco laissa échapper un éclat de rire et s'immobilisa. Je m'arrêtai près de lui, les yeux légèrement écarquillés tant il me dévisageait avec intensité.

— Personne ne m'avait encore jamais dit ça. (Il secoua la tête.) Je ne suis pas très intelligent, Hannah.

Réprimant le frisson qui me dévalait l'échine chaque fois que je l'entendais prononcer mon prénom, je lui lançai un regard désapprobateur et le contournai pour aller m'asseoir sur les marches de l'immeuble géorgien devant lequel nous nous trouvions. Je l'examinai par en dessous, l'air on ne peut plus sérieux.

— On peut être instruit sans être en permanence plongé dans un livre, Marco.

Il me considéra pendant quelques secondes, puis poussa un soupir en s'installant près de moi. Son bras effleura le mien, et une vague de chaleur déferla dans mon corps. Je m'empourprai fiévreusement, mais il ne s'en rendit pas compte. Il avait les yeux rivés sur la rue, semblant perdu dans ses pensées. Il finit par demander :

— Et tu me crois intelligent ?

— Oui, répondis-je sans l'ombre d'une hésitation.

Je le pensais sincèrement. Et je le savais talentueux. Bien plus qu'il ne l'imaginait.

Ses lèvres tressaillirent.

— Je ne crois pourtant pas t'avoir déjà dit quelque chose de profond.

— Tu as un sens de l'humour fin et pince-sans-rire. Tu comprends mes blagues, poursuivis-je en lui décochant un petit coup de coude. (Le voyant sourire, je poursuivis :) Tu réfléchis toujours avant de parler. Certaines des personnes les plus avisées de ce monde n'ont pas ce réflexe…

Il reposa alors les yeux sur moi et mon estomac remua comme sur des montagnes russes. Nous n'avions encore jamais été si proches l'un de l'autre.

— Je parie que tes parents te disent sans arrêt que tu es brillante, marmonna-t-il.

— Ouais, ils veulent que je croie en moi.

— C'est bien. Ils ont raison.

Je pris alors une décision brutale qui me fit les mains moites et les oreilles rouges.

— Je pense que croire en soi implique parfois d'être courageux.

Sans lui laisser le temps de répliquer, je me penchai vers lui pour l'embrasser. Mon cœur tambourinait si fort que je n'entendais rien d'autre que ses battements. Marco se contracta, mais je ne reculai pas. Au contraire, j'ajoutai un peu de pression. Quelques instants plus tard, je sentis sa main chaude sur ma taille et sa bouche remuer.

Je n'eus pas le temps de me sentir soulagée ni triomphante, car dès qu'il prit le contrôle de notre baiser, mes hormones se retrouvèrent en ébullition. Ma peau me brûlait, mes lèvres me picotaient, et j'avais envie de me fondre en lui et de sentir ses mains partout sur mon corps.

Soudain, mes doigts agirent d'autorité. Ceux de ma main droite allèrent se poser sur son genou, tandis que ceux de ma main gauche se refermèrent derrière sa nuque.

Il me serra la taille et je poussai un soupir involontaire qui me fit ouvrir la bouche. Je sentis presque instantanément sa langue sur la mienne, et la bouffée soudaine de désir qui naquit entre mes cuisses me tétanisa.

Soudain, Marco me repoussa pour se lever.

Je le dévisageai, pantelante. Il se passa les mains dans les cheveux et quelques mèches retombèrent sur sa figure. Puis ses bras redescendirent le long de son corps et je remarquai ses traits crispés en même temps que son regard incrédule.

Avant que je puisse dire un mot, il dévala les quelques marches et disparut au bout de la rue.

4

Mes élèves de seconde se mirent tous à parler en même temps dès que la sonnerie retentit. Des chaises crissèrent sur le parquet, des blocs-notes disparurent subitement dans les sacs à dos, et les amis séparés par mon plan de classe se retrouvèrent en se dirigeant vers la porte.

J'avais achevé mon année de stage au début de l'été et étais désormais en probation depuis deux mois. À la fin de cette année, je serais officiellement apte au service. Me resterait alors le plus difficile : trouver un poste de titulaire quelque part.

J'étais relativement confiante, pensant savoir ce que je faisais, mais occasionnellement quelqu'un venait me rappeler que je débutais à peine et je subissais alors un instant de panique. Toutefois, je ne pouvais pas laisser le doute l'emporter, et encore moins le laisser paraître. Les enfants étaient de véritables prédateurs : au moindre signe de faiblesse, ils vous dévoraient.

J'observai Jarrod Fisher ranger paresseusement ses affaires. Ses amis, deux des garçons difficiles de ma classe, l'attendaient près de son bureau. D'après les échos que j'en avais eus, ils suivaient l'exemple de Jarrod mais, avec moi, celui-ci était loin d'être pénible, alors que ses copains étaient odieux. Cependant, d'autres enseignants affirmaient que Jarrod n'était pas un tendre. Il jurait, était insolent et perturbait les cours.

Je me demandais pourquoi il était en conflit avec ces profs-là. J'avais déjà eu un aperçu de son côté impertinent, mais jamais de son agressivité.

— Jarrod, je peux te voir une minute, s'il te plaît ?

Je fis signe à ses camarades de sortir rejoindre le reste des élèves.

Comme à leur habitude, ils firent mine de ne pas m'avoir entendue, attendant les ordres de leur meneur.

Et comme à mon habitude, je ne laissai pas couler.

— Les garçons. Dehors. Tout de suite.

Malgré leurs œillades noires, ils obéirent et tournèrent les talons. Jarrod se leva, dépliant son grand corps. Il saisit son sac à dos et s'approcha de moi en traînant les pieds, un petit sourire aux lèvres. À quinze ans, il dépassait déjà allègrement le mètre quatre-vingts. Sa peau mate et ses yeux clairs m'avaient paru familiers dès l'instant où il avait franchi la porte de ma classe. Après avoir retrouvé la photo deux soirs plus tôt, la ressemblance n'était que plus flagrante. Naturellement, Jarrod paraissait moins maussade, mais peut-être tout aussi furieux derrière son charme impudent. Parfois, il était difficile de ne pas s'interroger sur ce qui pouvait provoquer une telle colère chez un si jeune garçon. Difficile de ne pas s'en soucier et de se contenter de lui enseigner l'anglais.

— Quoi de neuf, mademoiselle Nichols ?

Il s'avachit contre mon bureau, parfaitement à l'aise avec moi.

— Je vais vous rendre demain vos rédactions, mais je voulais te dire que la tienne était particulièrement remarquable.

Je l'étudiai longuement, sachant que l'air effronté de cet élève cachait autre chose. Forcément. J'en avais eu la conviction en lisant son texte si merveilleux consacré à son petit frère.

— Tu es très perspicace, Jarrod.

Ses yeux s'arrondirent de surprise.

— C'est vrai ?

— J'ai pris des notes. Tu verras demain. Je voulais juste que tu saches qu'elle m'avait plu. (Je le dévisageai d'un air entendu.) Si tu te donnais autant de mal dans toutes les matières, tu réussirais bien. Tu devrais commencer à réfléchir à ton avenir.

L'étincelle que mes compliments avaient fait naître dans ses prunelles s'éteignit, mais il me gratifia d'un sourire narquois.

— Pourquoi je ferais ça ? Les profs auraient la vie trop belle.

J'eus un air de reproche.

— Jarrod.

Il haussa les épaules.

— Ils m'emmerdent tous. Et M. Rutherford le fait exprès. Je ne vais pas me laisser faire sans réagir.

J'ignorais à quel point c'était vrai, mais ledit Rutherford, un prof de maths, me prenant à rebrousse-poil chaque fois que je le croisais, je ne trouvai pas les mots pour contredire Jarrod.

Je me contentai donc de :

— Arrête de jurer. Et ne laisse jamais personne gâcher ton futur. Tu es un garçon brillant. Profites-en.

— Si vous le dites...

— Je le dis. Et tes autres professeurs en feraient peut-être autant si tu arrêtais de faire le con avec eux.

Il inclina la tête de côté.

— Vous venez de jurer ! me taquina-t-il.

Sachant que je risquais d'avoir des problèmes s'il me dénonçait, je me maudis intérieurement. J'avais parfois du mal à faire le distinguo entre mes lycéens et les adultes que j'avais en bénévolat. Quand je m'égarais devant ces derniers, ce n'était pas bien grave. Mais devant un ado ? Pas très professionnel. Je secouai la tête en toute innocence.

— Je ne crois pas, non.

Jarrod éclata de rire.

— Écoutez, les autres profs ne sont pas comme vous. Ils sont immunisés contre mon charme. C'est le problème. Point final.

— Oh, Jarrod. (Je lui adressai un regard faussement moqueur.) Je ne suis pas sous le charme. Tu n'es pas si irrésistible. En revanche, je suis agréablement surprise par tes facultés.

— Si vous le dites, mademoiselle.

Il me décocha un clin d'œil et quitta la salle d'une démarche assurée, comme si la vie n'était qu'une vaste plaisanterie. Tout ça n'était qu'illusion. J'y voyais clair dans son jeu.

Même si nous avions de bonnes relations, je m'inquiétais de savoir si mes conseils et mes encouragements parviendraient à franchir les barrières qu'il avait érigées autour de lui. Parfois, on en avait besoin pour se protéger des autres, car les laisser nous atteindre pouvait faire s'écrouler les pièces maîtresses de notre existence... mais d'autres fois, il fallait apprendre à s'ouvrir, à laisser les autres entrer, car c'étaient justement eux qui nous permettaient de garder un certain équilibre.

J'aurais peut-être eu moins de mal à toucher Jarrod si je n'avais pas moi-même autant de peine à le faire. J'avais appris bien jeune qu'il existait un gouffre entre la théorie et la pratique.

Et je n'arrivais pas toujours à m'extraire de la théorie.

J'avais mes raisons.

Je ramassai mon sac, me préparant à rentrer chez moi pour y corriger mes copies. En fourrant un classeur à l'intérieur, j'entendis un bruissement et compris immédiatement ce qui s'était produit. J'avais froissé la photo.

Les mains tremblantes, je la sortis pour la lisser du bout des doigts. Pourquoi l'avais-je gardée ? Pourquoi l'avais-je apportée à l'école ?

En observant mon portrait – la version romantique et insolente de moi à seize ans – souriant à l'objectif pour ce selfie pris avec Marco, l'homme dont j'étais éperdument amoureuse, je me demandai une fois encore où cette version de moi avait échoué.

Curieusement, je soupçonnais parfois que je l'avais perdue justement à cause de Marco. Pourtant, je demeure convaincue que je ne l'avais découverte qu'en le rencontrant.

Je ne saurais expliquer pourquoi, mais je sus que quelque chose clochait quand Marco m'envoya un SMS pour me voir. Ce n'était pas comme s'il ne l'avait jamais fait. Je l'avais retrouvé plusieurs fois à la bibliothèque pour l'aider en vue de son cours de lettres – un cours qu'il n'était pas obligé de suivre, car il travaillait déjà en apprentissage chez un menuisier d'Édimbourg. Cela ne semblait toutefois pas lui suffire. C'était comme s'il avait besoin de défis, de se prouver qu'il était capable d'accomplir ce que les autres le pensaient inapte à réaliser. Il m'avait maintes fois surprise, au cours de l'année écoulée, avec sa détermination silencieuse.

Il n'était pas toujours question de travail scolaire. Parfois, il me demandait de le rejoindre devant une boutique ou un restaurant, seulement pour le plaisir de se balader quelques heures dans les rues à m'écouter parler. Ce baiser, ce baiser impulsif donné il y avait si longtemps, n'avait jamais été évoqué. Il m'avait ensuite évitée pendant près d'un mois. D'une certaine manière, pourtant, l'embrasser et être ainsi repoussée avait été plutôt libérateur. D'accord, cela m'avait fait horriblement souffrir et je m'étais sentie humiliée, mais j'avais fini par me rendre compte que le monde ne s'écroulait pas pour autant. J'avais enfin fait quelque chose pour moi, quelque chose de courageux, et je ne m'en étais pas trop mal tirée. Cela avait changé ma vision des choses. Désormais, j'intervenais en classe et je n'hésitais plus à prendre ma défense ou celle de mes amis quand nous subissions des insultes. J'avais proposé ma nouvelle au concours d'écriture vers lequel mes professeurs d'anglais m'avaient toujours poussée et je m'étais inscrite au club de débat.

C'est à peu près à ce moment-là que Marco s'était mis à me reparler. J'avais bien sûr loupé le bus après ma première réunion avec l'équipe, et quand j'étais sortie de l'école, je l'avais trouvé là. Il n'avait même pas fait allusion à notre baiser, comme s'il ne s'était jamais rien passé.

Toutefois, tant que cela me permettait de passer du temps avec lui, j'arrivais à dissimuler ma déception.

Généralement, j'étais hyper excitée quand je m'apprêtais à le rejoindre. Cette fois, cependant, un mauvais pressentiment me tiraillait tandis qu'en début de soirée je me dirigeais au Douglas Gardens.

Le petit parc qui longeait le Water of Leith était désert. En dehors de la large silhouette installée sur un banc.

— Marco ? l'appelai-je doucement.

Il me salua d'un signe de la tête en me voyant approcher, et quand je pus le distinguer mieux, je remarquai l'enflure rouge sous son œil gauche. J'inspirai brusquement et me mis à courir vers lui. Dès que je fus assise, je portai sans réfléchir une main à son visage, parcourant du bout des doigts les contours de l'hématome gonflé.

— Qu'est-ce qui s'est passé ?

Il semblait perdu. J'en avais mal au cœur pour lui.

— Certaines personnes ont peur de moi. À cause de ma taille, de ma carrure, des rumeurs ou de ma réputation. (Il eut une petite moue dédaigneuse.) D'autres voient ça comme un défi. Et veulent m'affronter.

Furieuse, je retirai ma main et la posai sur son épaule.

— Qu'a dit ton oncle quand il t'a vu ?

Marco ricana.

— Hannah, à ton avis, qui m'a fait ça ?

J'hésitai entre pleurer ou infliger mille et un supplices à son oncle. Je n'arrivais pas à comprendre comment un adulte pouvait battre un enfant qu'il était censé protéger, car je n'avais rien connu d'autre qu'amour et dévotion absolus. Je savais que Cole avait été frappé par sa mère, et Jo par son père. Je m'étais sentie complètement démunie en l'apprenant. J'éprouvais exactement la même chose à cet instant.

— Est-ce qu'il… est-ce qu'il avait déjà fait ça ?

Il secoua la tête.

— Et il ne recommencera sans doute jamais. Tante Gabby a piqué une crise. Elle lui a dit qu'elle le quitterait s'il s'avisait de relever la main sur moi.

Je lui massai brièvement l'épaule.

— J'aime bien ta tante Gabby.

Cela lui arracha un sourire.

— Ouais, elle est cool.

— Tu en as parlé à tes grands-parents ?

— Hannah... (Son sourire se fit triste.) Nonno me déteste. Il n'en aurait rien à foutre. Je n'étais pas le bienvenu à Chicago. Je traînais avec des types qui trempaient dans de sales affaires. C'est pour ça qu'ils m'ont envoyé en Écosse.

Intriguée, je me penchai vers lui.

— Qu'est-ce qui t'amène à penser que ton grand-père te déteste ?

Le père de ma mère était mort avant ma naissance, mais celui de papa était encore en vie et m'avait toujours comblée d'amour, même si je n'avais l'occasion de le voir que quelques fois par an. Je n'imaginais pas un grand-père détester son petit-fils.

— Je suis à moitié afro-américain. Mon grand-père italien n'a jamais digéré le fait que sa si précieuse fille ait pu coucher avec un Noir.

J'en restai bouche bée.

— Il est raciste ?

Marco haussa les épaules.

— Mon père aurait pu être japonais, juif ou mexicain, ça aurait été pareil. Tout ce qui comptait, c'était qu'il n'était pas italien. Et que mes parents n'étaient pas mariés quand ma mère est tombée enceinte. Nono est vraiment de la vieille école, extrêmement conservateur.

Il pouvait appeler ça comme il voulait, rien n'excusait la violence, et certainement pas des critères génétiques. J'étais de plus en plus furieuse.

— Il était méchant avec toi ?

Marco haussa une fois de plus les épaules, mais il soutint cette fois mon regard en déclarant :

— Ma mère a plus ou moins renié mon père, et mes grands-parents lui ont interdit de m'approcher. Il a fini par capituler et est sorti de ma vie avant mon premier anniversaire. Ma mère s'est accrochée un peu plus longtemps, mais elle ne supportait pas d'avoir un enfant. Elle m'a eu à dix-sept ans. Et elle n'arrivait pas à avaler le fait que son propre père, qu'elle avait idolâtré, ne voulait plus la voir tant elle l'avait déçu. Donc elle a mis les voiles, elle aussi. Et elle m'a laissé avec eux.

Mon ventre se noua.

— C'était très difficile ?

Il continua de me regarder droit dans les yeux, et je compris à son expression qu'il ne me répondrait pas. J'en voulais terriblement à son grand-père et je ressentis un besoin impérieux de protéger Marco.

— Nonna est quelqu'un de super. Elle a essayé de compenser… tout le reste. Et la plupart des Italiens de la famille sont top aussi. Malheureusement, ce n'est pas avec eux que j'ai grandi.

— Et donc, tu as eu des ennuis, et ils ont décidé de t'envoyer ici, vivre chez ton oncle ?

Il acquiesça en fronçant les sourcils.

— C'est le grand frère de ma mère. Ma tante Gabby est italo-écossaise, mais son père est né à Chicago. Elle lui a rendu visite un jour, et Gio est tombé sous le charme. Ils ont eu l'idée d'ouvrir un resto, les parents de ma tante avaient un capital, et il est venu s'installer ici avec elle pour ouvrir le D'Alessandro's.

Un silence s'installa entre nous, et je trouvai soudain bizarre de le toucher. Je laissai tomber ma main et m'adossai au banc. J'examinai ses longues jambes en me disant que, s'il l'avait voulu, Marco aurait pu se défendre. Il n'en avait rien fait. Par respect pour son oncle, ou pour ne pas s'abaisser à son niveau. Je n'en tenais que plus à lui.

— C'est pour ça que tu m'as envoyé un SMS ?

Ma voix me parut soudain puissante, dans le parc désormais sombre.

— Nan. J'avais juste envie de traîner avec toi. De discuter.

Je pouffai doucement.

— Toi ? Discuter ?

Son sourire me réchauffa le cœur.

— Ça m'arrive. Je viens de le faire, pas vrai ?

— Oui... Mais tu es plus du genre à écouter.

— Peu importe.

Il secoua la tête, un sourire jusqu'aux oreilles.

Ne voulant surtout pas voir disparaître cet air enjoué, j'embrayai sur une conversation plus légère :

— Bon, puisque tu voulais discuter, je vais te faire parler.

— Ah ouais ?

J'opinai du chef et pivotai face à lui, étendant mon bras sur le dossier. Il se tourna à son tour.

— Voyons... Ah, ça y est. Quelle est ta chanson préférée ?

— Dirt Off Your Shoulder, *de Jay Z.*

J'éclatai de rire, et son sourire s'élargit.

— Tu mens.

Il haussa les épaules.

— Sérieux ? Ta chanson préférée ?

Il soupira et se passa la main dans les cheveux. Il répliqua presque honteusement :

— Hurt, *de Nine Inch Nails.*

— Jamais entendue.

Mais je ne manquerais pas de la chercher sur YouTube en rentrant à la maison.

— Elle est super. Elle me parle, tu comprends ? (Il pivota davantage, pour pouvoir me regarder en face.) La voisine de ma mère est morte, et son fils a hérité de sa maison. C'était un grand fan de Nine Inch Nails. Il les écoutait à fond, ce qui faisait enrager Nonno et le reste du voisinage. Quand j'avais douze ans, Nonno m'a envoyé chez lui un après-midi pour lui faire couper sa musique. Quand je suis arrivé, il écoutait Hurt. *Je n'avais encore jamais prêté autant d'attention à des paroles. Je ne m'étais jamais rendu compte qu'elles pouvaient être interprétées comme une lettre que quelqu'un m'aurait envoyée... pour me faire savoir que je n'étais pas seul.*

Pour une raison inexplicable, cela me mit les larmes aux yeux. Je n'avais jamais voulu protéger quelqu'un comme je voulais le protéger, lui. Je pensais que, s'il comprenait, il m'en voudrait. Mais alors que nous nous trouvions là, les yeux dans les yeux, je savais qu'il pouvait voir très clairement mes pensées. Et pour une fois, il ne s'en alla pas. Au contraire, son expression s'adoucit, ses prunelles se réchauffèrent et il me demanda :

— Et toi, ta chanson préférée ?

Je réprimai mes larmes et souris.

— J'ai été bercée à Bob Dylan. Ma mère est une grande fan. Tu connais ?

Marco secoua la tête.

— Pas trop.

— Blowin' in the Wind. *C'est ma chanson préférée. Elle est un peu triste, mais ça ne m'évoque pas une période sombre. Elle me rappelle nos séjours en famille dans les Highlands, ou les dimanches après-midi passés à ne rien faire, juste avec maman. Ce sont sans doute les souvenirs que j'associe à ce morceau plutôt que le morceau en lui-même qui en font mon préféré.*

— Ça a l'air cool. Je suis content que tu aies une famille aussi chouette, Hannah. Tu le mérites.

Je fronçai les sourcils en percevant un sens caché derrière ses paroles.

— Toi aussi, Marco.

Comme il ne répondait pas, je tâchai d'oublier mon incapacité à l'aider avec ses proches et lui demandai :

— Ton film favori ?

Son demi-sourire me rassura.

— Training Day.

— Je ne l'ai pas vu.

— Il va falloir y remédier. Et toi ?

— Mon film préféré ? Ou mon vrai film préféré ?

Il gloussa.

— Les deux.

— Officiellement, c'est Le Cercle des poètes disparus. *C'est certes un film génial, mais c'est plutôt le préféré de ma mère.*

— Et le tien ?

Je me sentis rosir.

— Tu dois me jurer de ne le répéter à personne.

Il rit.

— C'est grave à ce point ?

— Le Monde de Nemo.

Il sourit.

— Ça aurait pu être pire.

— Parmi tous ceux de l'histoire du cinéma, je choisis Le Monde de Nemo. *Un film d'animation, lui rappelai-je.*

Il haussa les épaules.

— Et moi Training Day. *Ce n'est pas ce que la plupart des gens considèrent être un chef-d'œuvre. Ton film préféré est forcément un film que tu as adoré. Un film que tu ne te lasses pas de revoir, parce qu'il t'apporte chaque fois quelque chose.*

— Tu as parfaitement raison. Dorénavant, j'assumerai totalement mon Nemo.

— Non, je n'ai pas dit ça non plus ! me taquina-t-il. Ne l'avoue à personne avant d'avoir quitté le lycée.

— Hé !

Je lui décochai un coup de poing joueur dans le bras et il rit. À le voir ainsi, d'humeur plus légère, j'eus l'impression que quelqu'un nous avait enveloppés dans un cocon bien chaud. Le lien qui nous unissait s'était renforcé.

— Question suivante. Ton livre de prédilection ?

Il eut une grimace hilarante.

— Comme si j'étais du genre à lire !

— Tu as bien déjà lu quelque chose, non ?

Il rit de nouveau et me retourna la question.

— Et toi, c'est lequel ?

— Ne tirez pas sur l'oiseau moqueur.

Une lueur indéchiffrable apparut au fond de son regard.

— Bon choix.

— Ah, ah, tu l'as lu !

Il me sourit et haussa les épaules.

— Je ne sais pas si un haussement d'épaules constitue une réponse là d'où tu viens, Chicago Boy, mais ici, ça ne veut rien dire.

— Ça y en a beaucoup de mots compliqués, fille savante. Moi petit cerveau pas comprendre.

J'éclatai d'un rire surpris. Marco se montrait souvent sarcastique et il aimait bien pratiquer l'ironie, mais cette facette de sa personnalité, ce côté clown n'apparaissait pas souvent.

— Arrête d'esquiver la question.

J'attendis qu'il recouvre son sérieux. Quand son sourire déserta son visage, son expression eut quelque chose de nouveau et d'intense. Je soutins son regard et l'air sembla s'épaissir entre nous.

— Ne tirez pas sur l'oiseau moqueur, *répondit-il doucement.*

Cette révélation me marqua au plus profond de mon âme. Avoir le même livre préféré ne signifiait probablement pas grand-chose pour la plupart des gens, mais ici, dans la pénombre grandissante, cela voulait tout dire.

— Quel serait ton rencard idéal ?

Ma question portait évidemment sur sa cavalière rêvée, plus que sur le déroulement de la soirée. Je savais que cela le mettrait mal à l'aise, mais je crois que j'essayais justement de le désarçonner. Pour obtenir des réponses sur la nature exacte de notre relation.

Il fronça les sourcils sans me quitter des yeux.

— Je t'ai déjà dit que je ne sortais jamais, répliqua-t-il à voix basse.

Sa réponse était prévisible, mais elle me déçut néanmoins.

— Et toi ?

Je fus étonnée qu'il me renvoie la balle.

Je me fendis d'un semblant de sourire. Mon parfait rencard ? Lui. Où ?

— Tu vas trouver ça niais, mais dans une romance pour ados qu'Ellie m'a offerte, une fille rencontre un vrai prince et tout se passe si idéalement que c'en est parfaitement stupide. (J'eus un rire nerveux.) Des tas d'obstacles se dressent entre eux, mais dans une scène il la prend par la main et l'emmène dans un minuscule cottage sur ses terres, loin de tout et des autres. Là, ils s'installent devant un bon feu pour boire et manger ; parfois ils parlent, parfois pas. Comme s'ils étaient seuls au monde et…

Ma voix se brisa et je me sentis rougir de honte. Un lourd silence s'imposa de nouveau.

— Pourquoi m'as-tu réellement demandé de te rejoindre ce soir, Marco ? chuchotai-je après quelques instants.

Pour une fois, il n'éluda pas la question.

— Parce que, répondit-il sur le même ton, quand je suis avec toi, j'ai l'impression que tout va s'arranger. Je n'arrive pas à l'expliquer.

Cet aveu fit palpiter mon cœur, et je parvins miraculeusement à conserver une voix douce et régulière :

— Surtout, ne cherche pas d'explication.

— Le film était trop pourri... se plaignit Sadie alors que nous regagnions le hall du cinéma. Vraiment un truc de mecs.

— C'est toi qui as fait pencher la balance en leur faveur, lui rappelai-je.

— Ouais, parce que je voulais qu'ils m'aiment bien, rétorqua-t-elle comme si c'était l'évidence.

Je n'étais franchement pas prête à changer ma personnalité pour plaire à un garçon. Beurk. Pitié. S'il fallait ça pour être populaire, je m'en passais volontiers.

Mon année de première se révélait très différente des précédentes. Mes anciennes amies s'étaient éloignées tandis que je m'ouvrais et gagnais en confiance ; les nouvelles étaient plus extraverties – elles étaient inscrites à des tas d'activités extrascolaires –, mais surtout elles étaient entièrement, complètement, totalement obsédées par les garçons.

Pour ma part, je n'étais dingue que d'un seul, mais il était déjà diplômé.

— Eh, Hannah ? (Kieran, l'un des gars du groupe, se rapprocha de moi, l'air un peu nerveux.) Je peux te parler ?

Il me désigna un coin où nous pourrions discuter plus au calme.

Sadie eut un sourire malicieux. Mon ventre se noua quand je compris ce qu'il avait à me dire.

Je le suivis néanmoins à contrecœur.

Il fourra les mains dans ses poches, se retourna vers notre bande de copains, puis m'adressa un sourire tremblant.

— En fait, je… euh… je me demandais si tu voudrais bien sortir avec moi ?

Merde. Je détestais ça. J'avais horreur de repousser les gens.

— Oh, Kieran, je suis très flattée. (Je haussai les épaules en souriant.) Mais je préfère qu'on reste amis.

Il fronça les sourcils.

J'acquiesçai, me demandant bien ce qu'il pouvait attendre de plus.

Il ricana, tourna les talons et alla rejoindre ses potes d'un air furibond. J'ignore ce qu'il leur dit, mais ils me dévisagèrent tous avec étonnement.

Je grinçai des dents brièvement avant de décider de les planter tous là ; Sadie me rattrapa en courant, manifestement furieuse.

— C'est quoi, ton problème ? me lança-t-elle en croisant les bras devant elle. Trois garçons t'ont proposé de sortir avec eux au cours des deux derniers mois, et tu les as tous envoyés paître. Ils te prennent pour une lesbienne.

Je roulai les yeux.

— Évidemment. C'est plus facile de se dire ça que d'admettre qu'ils ne me plaisent pas.

— Kieran est canon. (Sadie fit la moue.) Tu te crois trop bien pour lui ?

Pourquoi étions-nous amies, déjà ?

— Non. C'est juste que… je préfère les garçons plus âgés.

C'était partiellement vrai, et j'espérais que cela suffirait à lui faire lâcher l'affaire.

Par chance, j'avais vu juste. C'était un argument qu'elle jugeait recevable. Elle se détendit et ouvrit la bouche pour ajouter quelque chose quand une grande silhouette capta mon attention.

Mon cœur se mit immédiatement à battre plus fort.

Marco était debout à la fenêtre, près des escalators. J'observai ses larges épaules avant de laisser mes yeux vagabonder jusqu'à son visage. Mon rythme cardiaque s'accéléra encore, et une douleur me transperça quand je me rendis compte qu'il plaquait une fille contre la barrière devant la baie vitrée. La souffrance s'intensifia quand il se pencha pour l'embrasser.

Fougueusement.

Mon cœur se brisa en un million de morceaux.

Je fixai alors mes pieds du regard, tâchant d'oublier ces images et de reprendre mon souffle.

Marco et moi étions restés en contact depuis son entrée à la fac d'Édimbourg. Il était toujours en apprentissage à temps partiel et suivait parallèlement des cours de charpenterie et de menuiserie. Je le savais parce qu'on traînait encore ensemble. On communiquait sur Facebook ou par SMS, et de temps à autre il me passait un coup de fil pour que j'aille le rejoindre quelque part, comme à Douglas Gardens. Il ne se passait jamais rien, et il ne m'avait jamais redit des choses aussi tendres que cette fois-là, mais j'avais commencé à espérer que la tension sexuelle que je ressentais était partagée. J'avais seize ans, désormais. Les mecs me disaient que j'étais belle et je savais que ma taille et mes formes me rendaient plus âgée que bien des filles. J'espérais que Marco me percevrait différemment, mais rien n'avait changé.

Je n'étais pas stupide. Je me doutais qu'il y avait d'autres copines, d'autant que certaines s'étaient vantées à l'école d'être sorties avec lui.

Toutefois, en avoir la confirmation visuelle me fit un choc.

Sadie claqua des doigts devant mon nez.

Je cillai, tentant de respirer malgré la douleur d'un amour non partagé qui me torturait.

— Quoi ? demandai-je sèchement.

— Je te disais que j'avais entendu des rumeurs selon lesquelles tu plairais à Scott Wilder. Il est plus âgé.

— Scott Wilder ? Le terminale ?

Elle acquiesça avec excitation.

— Il l'a dit à Jamie, le grand frère d'Amanda Eaton. Jamie l'a répété à sa sœur, qui l'a répété à Vicky, qui me l'a répété. Scott est vraiment canon, Hannah. Tu as trop de chance !

Ce fut donc les entrailles déchirées par la déception que je m'entendis répondre :

— Ouais, c'est vrai.

Sadie écarquilla les yeux.

— Oh, mon Dieu ! Je vais vite demander à Vicky de le dire à Amanda.

Ma déception se mua en colère, et je lançai un regard noir à Marco qui passait le bras autour des épaules de sa conquête pour l'entraîner vers l'escalator.

— Ne t'embête pas, répliquai-je. Je vais demander Scott en ami sur Facebook, on verra où ça mène.

Je fis jurer à mes parents de ne révéler à personne que j'avais un rencard. Ma famille – du moins Braden et Adam – pouvait se montrer ultra-protectrice, et je ne savais pas comment elle réagirait en apprenant que je voyais quelqu'un. À ma grande surprise, papa et maman acceptèrent, et malgré les coups d'œil furieux que mon père adressa à Scott quand celui-ci vint me chercher, ils restèrent relativement sobres face aux événements. Du moins, ma mère.

— Tu es magnifique, me dit Scott alors que nous nous éloignions de la maison.

Je me sentais mal de me servir de lui pour oublier Marco, mais nous ne discutions presque plus depuis quelque temps et Scott m'avait toujours semblé être quelqu'un de bien. Et seule une aveugle n'aurait pas admis qu'il était sexy en diable. Il était beau et plus grand que moi. C'était toujours un plus. J'étais résolue à lui laisser une vraie chance ce soir, et puisqu'il m'emmenait au D'Alessandro's, *j'avais également décidé de faire un effort vestimentaire. Je portais une robe droite qui s'arrêtait juste au-dessus des genoux et une ceinture nouée à ma taille mettait ma silhouette en valeur. Des talons n'auraient pas juré avec le reste de ma tenue, mais j'avais finalement opté pour des chaussures plates pour ne pas le dépasser. Cela me faisait bizarre d'aller chez l'oncle de Marco pour mon premier rendez-vous, mais je savais que je n'avais aucune chance de l'y croiser.*

— Merci. Toi aussi.

C'était sincère : il était très élégant avec son pantalon de costume, sa chemise et son gilet.

Quand il me sourit, je regrettai du fond du cœur que cela ne me fasse pas le même effet que le sourire de Marco.

— Ça fait des siècles que j'ai envie de te proposer de sortir.

Je souris à mon tour.

— Eh bien, te voilà exaucé.

— Tu n'es pas comme les autres filles, Hannah. Tu es tellement confiante, si intelligente et si belle... C'est un peu intimidant.

Je fis la moue.

— Je ne suis pas intimidante.

Scott ne sembla pas convaincu.

Je n'aimais pas qu'on me mette sur un piédestal. Jamais.

— Ah bon ? Je ronfle. (Je hochai la tête pour appuyer mon propos.) Ça m'empêche de dormir sur le dos quand je ne suis pas seule. Et quand je dis ça je te parle d'étranges bruits sifflants qui sont aussi insupportables que des ronflements d'éléphant. Je le sais parce que ma sœur m'a enregistrée un jour sur son téléphone. Depuis, je suis terrorisée à l'idée de dormir dans la même chambre que quelqu'un d'autre.

Il rejeta la tête en arrière pour s'esclaffer, comme je l'avais espéré.

— Quand j'étais petite, j'ai appelé Vagina la grand-tante Virginia de mon père pendant tout notre séjour chez elle. Mes parents étaient mortifiés et ne savaient pas du tout comment m'expliquer mon erreur, si bien que j'ai continué à l'appeler ainsi jusqu'à ce que je sois en âge de comprendre.

Cette fois, Scott s'étranglait littéralement de rire. Quand nous arrivâmes au restaurant, il leva les mains en signe de capitulation.

— C'est bon, je ne suis plus intimidé !

— Tant mieux.

Il m'ouvrit la porte et nous nous engouffrâmes à l'intérieur.

Scott s'annonça à l'hôtesse d'accueil, qui nous fit traverser la salle pour nous mener à une table fort confortable, à l'arrière de l'établissement.

Il y eut un instant de gêne lorsque nous fûmes assis, que je dissipai en le charriant :

— Alors, vieux pervers, qu'est-ce que ça te fait de sortir avec une gamine de seize ans ?

— Ça m'aide que tu fasses plus. D'ailleurs, mon petit doigt m'a dit que tu en aurais bientôt dix-sept.

— Dans quelques mois.

— On les fêtera ensemble, alors. Je suis de la fin de l'année scolaire, m'expliqua-t-il. Je n'aurai dix-huit ans qu'une fois à la fac.

— Tu as postulé où ?

— Aux mêmes universités que tout le monde, mais on vise surtout St Andrews.

— On ?

— Mes parents s'impliquent vraiment beaucoup dans mon parcours.

— C'est une bonne chose. Parfois...

Ma langue se noua quand mon regard croisa celui de Marco.

Oh, punaise.

Je l'observai longuement, remarquant le tablier taché noué autour de sa taille et le plateau couvert de vaisselle sale qu'il tenait dans les mains. Marco servait d'aide à son oncle ? Depuis quand ?

Je remuai les lèvres, les étirant en un sourire qui s'évapora sitôt que j'avisai l'expression de Marco. Il loucha vers Scott avant de reposer les yeux sur moi.

Il serra les dents et ses phalanges blanchirent tant il serrait le plateau. Une fureur non dissimulée brûlait dans ses prunelles.

Je restai muette de stupéfaction quand il tourna les talons et disparut.

— Hannah ? s'inquiéta Scott.

— Désolée, j'ai cru voir... (Je souris faiblement.) Laisse tomber. Qu'est-ce qu'on disait ?

Je me donnai beaucoup de mal pour m'intéresser à la conversation, car Scott était quelqu'un de gentil, charmant et pragmatique. Rien à voir avec un grand Américain boudeur qui me lançait des œillades assassines chaque fois qu'il passait dans les parages.

Après le plat principal, Scott prit congé pour aller aux toilettes ; dès qu'il ne put plus m'entendre, je me tournai vers Marco. Il y avait trop de clients pour que je le hèle, j'attendis donc qu'il sente mon regard. Quand il me remarqua enfin, je lui fis signe d'approcher.

Il secoua négativement le chef et s'éclipsa.

Son rejet était si brutal qu'il me coupa le souffle.

Je ne le revis pas de la soirée, mais ne parvins pas non plus à rester concentrée tant mes pensées s'orientaient vers Marco. Je n'arrivais pas à comprendre ce qui venait de se passer. Était-il jaloux ? Dans ce cas, pourquoi ne m'avait-il plus contactée depuis si longtemps ? Ce n'était pas comme si je ne lui avais pas clairement fait comprendre qu'il me plaisait, si ?

Scott me raccompagna chez moi et je m'efforçai de répondre au moins par monosyllabes chaque fois qu'il tenta de lancer une conversation. Lorsque nous fûmes à ma porte, je l'embrassai distraitement sur la joue et rentrai en hâte, me sentant aussi confuse que coupable. Toute cette histoire m'avait épuisée.

5

— Mademoiselle ?

— Mademoiselle Nichols ?

— Mademoiselle !

Je redressai brusquement la tête, focalisant sur ma classe mon regard jusqu'à présent dans le vague. Ils me dévisageaient tous d'un air interrogateur.

Merde. J'avais complètement déconnecté. Malheureusement, cela m'arrivait de plus en plus souvent ces derniers temps. Depuis que j'avais retrouvé cette fichue photo de Marco et moi, je n'arrêtais pas d'être assaillie de souvenirs de cette époque. Ça allait même bien au-delà de la simple distraction et de l'agacement.

Je cillai à plusieurs reprises, tâchant de chasser le spectre de Marco en scrutant mon bureau dans l'espoir de me rappeler ce que je disais.

Ah oui. *Des souris et des hommes* et le symbolisme.

Faisant mine de ne pas m'être égarée dans les « Limbes de la Jeunesse Oubliée », je poursuivis comme si j'étais parfaitement consciente de mon environnement et de ce que nous étudiions :

— Alors ? (Je m'assis sur le bord de mon bureau.) Pour conclure sur le symbolisme dans cet ouvrage, pourquoi pensez-vous que Steinbeck l'ait intitulé *Des souris et des hommes* ?

En observant ma classe de troisième, je remarquai de nombreux sourcils froncés. La seule de mes élèves qui se perdait habituellement dans ses réflexions ne l'était cependant pas ce jour-là. Tabitha Bell faisait partie de ces enfants qui répondent systématiquement aux questions. Elle était pétillante d'intelligence, et je savais pouvoir compter sur elle pour combler les silences gênants. Durant les quelques minutes où j'avais été pleinement concentrée sur mon travail, j'avais constaté qu'elle gardait les yeux rivés sur sa table sans piper mot. J'avais préféré ne pas la forcer à participer. Quelque chose n'allait manifestement pas.

— Allez, tout le monde, on réfléchit ! les encourageai-je.

La sonnerie les libéra.

— Très bien, dis-je assez fort pour couvrir le bruit des sacs que l'on remplit. Écoutez-moi ! criai-je pour regagner leur attention. J'aimerais que vous arriviez demain avec une réponse à ma question. Pourquoi pensez-vous que Steinbeck ait intitulé son roman *Des souris et des hommes* ?

Je m'en voulais considérablement. C'était ma faute si nous n'avions pas pu en discuter en classe, et je savais qu'au moins quatre-vingt-dix pour cent d'entre eux allaient se précipiter sur Google et faire leur choix entre une multitude de réponses exactes qu'ils n'auraient pas trouvées eux-mêmes.

En les regardant se précipiter en pause déjeuner, je remarquai Tabby.

— Tabitha.

Elle leva la tête vers moi, les yeux ronds de surprise.

Je lui fis signe de s'approcher de mon bureau, avant d'attendre silencieusement que la salle se vide.

— Est-ce que tout va bien ? lui demandai-je, inquiète. Tu n'as pas dit un mot de tout le cours. Ça ne te ressemble pas.

Des larmes firent soudain scintiller ses prunelles.

— Ça va.

— On ne dirait pas. Si tu as des problèmes avec tes devoirs, j'aimerais le savoir pour pouvoir t'aider.

— Ce n'est pas l'école, renifla-t-elle. C'est juste… (Ses lèvres se mirent à trembler.) J'ai vu Jack Ryan embrasser Natasha Dingwall ce matin.

Je retins *in extremis* une moue agacée. Jack Ryan était dans ma classe de seconde, avec Jarrod. Si ce dernier se contentait d'être insolent, Jack était de surcroît grande gueule, irrespectueux et misogyne. Un vrai petit merdeux.

— Tu sors avec lui ?

Tabby secoua la tête et je manquai pousser un soupir de soulagement.

— Non… mais je croyais…

Elle essuya les larmes qui avaient coulé sur ses joues et je dus m'empêcher de faire le tour du bureau pour la prendre dans mes bras.

— Tabby… (Je plantai mon regard dans le sien.) Aujourd'hui, tu dois avoir l'impression que c'est la fin du monde. Demain ? Ça ira déjà beaucoup mieux. Tu t'en remettras. Je te le promets.

Dubitative, elle marmonna malgré tout quelques remerciements et quitta la salle discrètement.

Je la regardai partir, la gorge nouée, mais sachant qu'elle surmonterait cette épreuve. Je le savais car j'étais moi aussi passée par là. À ce moment, j'avais cru subir l'enfer, mais le temps aide à panser toutes les blessures.

Cependant, quand on tombe sur des photos débiles, il arrive parfois que la cicatrice se rouvre légèrement.

— Te voilà !

Anisha Patel, une collègue d'anglais, se précipita vers moi dès que j'entrai dans la salle des profs. Elle avait un sourire jusqu'aux oreilles et ses prunelles sombres pétillaient d'excitation.

— Pitié, dis-moi que tu n'as pas de cavalier pour mon mariage, car j'aimerais te présenter quelqu'un.

Je la dévisageai avec perplexité.

— Je suis invitée ?

Nish était adorable. En fait, je m'entendais bien avec tous les professeurs qui enseignaient la même matière que moi. Ils ne me prenaient pas de haut sous prétexte que j'étais en année de probation ; au contraire, ils m'avaient accueillie volontiers dans la famille. Toutefois, Nish et moi ne nous connaissions que depuis quelques mois, je ne m'attendais donc pas à être conviée à ses noces. Elle en parlait tous les jours, tout comme elle évoquait Andrew, son fiancé ouvrier en bâtiment, un type dont le boss travaillait souvent pour Braden et Adam.

Nish sembla honteuse.

— Je ne t'ai pas invitée ? Bien sûr que si. Non ? (Elle balaya le sujet d'un geste de la main.) Eh bien, tu es invitée, évidemment. (Elle retourna chercher son sac, fouilla à l'intérieur et en tira une enveloppe qu'elle me tendit.) Tiens, un faire-part.

Je m'en saisis en souriant.

— C'est très gentil, Nish, mais tu n'es pas obligée.

— Arrête, ça me fait plaisir. Je peux te présenter quelqu'un, alors ? (Elle applaudit avec enthousiasme.) J'ai un ami à qui j'ai vanté ta beauté, ton humour et ton intelligence, et après le manque de bol qu'il a eu jusqu'à présent, il a vraiment besoin d'une fille comme toi.

Bien que flattée...

— Merci, Nish, mais je ne suis pas...

— Depuis quand n'es-tu plus sortie avec personne ? Je ne t'entends jamais parler de mecs. Oh. (Elle ouvrit grand les yeux et se pencha vers moi pour me chuchoter :) Tu préfères les femmes ?

— Non, je ne suis pas lesbienne, répliquai-je, légèrement offusquée.

Je ne m'agaçai pas du fait qu'elle me pense homosexuelle, mais du fait que mon célibat prolongé pousse ainsi les gens à le supposer, au lieu d'envisager que je puisse être plus heureuse seule en attendant de rencontrer la bonne personne.

— Je viendrai avec Cole.

— Ah, il y a donc bien quelque chose entre vous. J'en étais sûre !

Je me tournai vers ma collègue Barbara, que toute l'affaire semblait amuser au plus haut point, et déclarai :

— Pourquoi tout le monde devient dingue, en ce moment ? Il n'y a quand même pas que ça, dans la vie.

— Tu prêches une convertie, grommela Barbara.

Je poussai un soupir et répondis à Nish :

— Cole et moi ne sommes qu'amis, mais c'est avec lui que je viendrai au mariage. Pas de rendez-vous arrangé.

— En parlant de garçons, intervint tout sourire Eric, le chef de département. Apparemment, tu as un paquet d'admirateurs, Hannah.

Je fis la grimace.

— Tu parles d'étudiants ? (Je secouai la tête en me dirigeant vers le frigo pour y récupérer mon casse-croûte.) C'est parce qu'on a presque le même âge.

— Je crois que c'est plutôt parce que tu portes des jupes fourreaux, des talons hauts et des chemisiers de secrétaire sexy, pouffa Nish. Et parce que tu en as l'air.

Mes collègues éclatèrent de rire en me voyant me rembrunir.

— Tu sais donc à qui tu plais ? insista Eric, hilare.

— Non, pas du tout.

— Jarrod Fisher est dans la classe de Rutherford. Il en est venu aux mains avec un autre élève qui a dit des choses déplacées sur toi. Ils ont tous deux écopé d'une punition. Et puis il y a un de mes terminales. Il m'a demandé ce matin devant tous ses camarades si je pensais qu'il pouvait avoir la moindre chance avec vous.

Je bougonnai dans mon sandwich, ce qui les fit rire de plus belle, mais je n'étais honnêtement pas très à l'aise de savoir que j'éveillais chez certains des mineurs à qui j'enseignais des pensées salaces.

— On peut changer de sujet ?

— D'accord, consentit Nish, revenons-en à Cole. Tu es absolument certaine que vous n'êtes qu'amis ? Car sur la photo que tu m'as montrée... si j'avais dix ans de moins...

Je souris.

— Il est mignon. Mais c'est mon meilleur ami. Il n'y a rien d'autre entre nous. De toute façon, je suis bien trop occupée en ce moment pour me lancer dans une relation. Ne joue pas les entremetteuses, Nish. Sérieux.

Assise sur le lit simple dans mon ancienne chambre, je contemplais les cartons empilés dans le coin. J'avais fourré la photo de Marco dans l'un d'eux. Depuis que je l'avais retrouvée, elle me hantait, et la seule manière de m'en débarrasser avait été de la glisser dans les affaires que j'emporterais chez moi un jour.

L'éclat de rire qui monta du rez-de-chaussée me mit en joie. Nous étions dimanche. La maison de mon enfance avait toujours respiré la gaieté. J'avais de la chance d'avoir des parents qui s'aimaient et se respectaient. Ils ne se disputaient que rarement. Chaque fois que le ton montait, c'était plutôt entre Dec et moi. Je gloussai. Cela n'avait pas beaucoup changé.

Je lissai l'édredon de mon nouveau lit. Malgré les changements opérés, cette pièce me faisait encore l'effet d'un refuge.

Un coup frappé à la porte me tira de ma rêverie. La tête de Jo apparut dans l'embrasure, suivie de son ventre et du reste de son corps. Elle sourit en lançant un regard circulaire, ses longs cheveux blond vénitien ramassés en une queue de cheval.

— Ça me rappelle des souvenirs.

Quand j'étais plus jeune, quand Jo et Cole avaient commencé à assister à nos repas dominicaux, je m'étais vite liée d'amitié avec elle. Ellie était la grande sœur rêvée, mais elle me protégeait énormément, et elle était trop idéaliste et romantique pour que je me confie à elle. Force est de reconnaître que j'avais moi aussi hérité de maman un petit côté fleur bleue, mais je ne croyais pas aux contes de fées. Jo me ressemblait davantage de ce point de vue-là. Elle avait les pieds fermement ancrés sur terre, même lorsque sa tête s'égarait dans les nuages. Avant de passer à table, elle se glissait discrètement dans ma chambre pour que je lui révèle tous les secrets que je rechignais à dévoiler à ma famille trop envahissante.

— Tu te souviens de Marco ? me surpris-je à lui demander.

Ses yeux verts s'écarquillèrent de surprise.

— Comment l'oublier ? Ton premier coup de cœur.

C'était bien plus que ça.

Je me détournai, tâchant de réprimer une pointe de douleur.

— Hannah ?

Quand j'osai soutenir son regard, je la vis qui fronçait les sourcils.

— Qu'est-ce qui t'a fait penser à lui ?

Je haussai les épaules, espérant paraître aussi détachée que possible.

— Maman m'a demandé de faire du tri dans mes affaires. J'ai retrouvé une photo dans l'un des cartons. Ça a dû faire remonter de vieux souvenirs.

Jo s'approcha de moi, l'air pensif, et s'assit à son tour sur le lit.

— Pas étonnant, répondit-elle d'une voix paisible. J'imagine que tu nourris quelques regrets à cet égard. Il a quitté l'Écosse avant qu'il puisse se passer quoi que ce soit entre vous.

Mon estomac se noua. Je m'en voulais quand je ne disais pas tout à mes proches.

— Tu as vraiment changé après son départ, poursuivit-elle. Tu es devenue encore plus sérieuse…

Nos regards se croisèrent.

— C'est sans doute l'une des conséquences du chagrin.

Jo me prit la main.

— Tu as à peine dépassé la vingtaine, Hannah. Tu as tout le temps de trouver le bon.

Ravalant un sanglot, je lui souris.

— Je sais.

Les fragments du passé peuvent devenir des fantômes insatiables, vous hantant sans cesse jusqu'à ce que vous décidiez de les exorciser. Je crois que j'avais juste besoin de dire le nom de Marco à quelqu'un, d'admettre que je pensais à lui. Cela aurait sans doute eu davantage de sens si Jo avait su toute la vérité, tous les détails de notre histoire, mais cela me suffit à comprendre que ce qu'elle avait dit était vrai. J'étais trop jeune pour me laisser dominer par la nostalgie. Je ne pouvais pas laisser cette résurgence d'une vie qu'il valait mieux oublier gâcher l'existence que j'essayais de me construire.

Je m'efforçai donc de chasser ces souvenirs, de les abandonner dans mon ancienne chambre et de regagner le présent en descendant rejoindre les autres.

La salle à manger regorgeait de conversations, même si tout le monde n'avait pas pu se libérer. Ellie et Adam étaient restés chez eux, épuisés à cause de William, qui avait eu de la fièvre durant la nuit. Mick, l'oncle de Jo, et sa femme, Dee, étaient en vacances à Las Vegas. En revanche, Jo, Cam et Cole étaient bien présents, de même que Liv, Nate, Lily et January. Joss et Braden étaient venus, eux aussi, avec Beth et Luke.

Maman avait dressé une table d'enfants au bout de la pièce, où Lily, Beth et Luke étaient installés avec elle, car c'était son tour de chaperonner. Elle tenait January dans ses bras tout en surveillant les petits et en essayant de se nourrir.

— Alors, j'ai besoin d'un service, et c'est un peu au dernier moment, dis-je à Cole d'une voix assez forte pour couvrir le bruit des enfants.

Par chance, nous étions attablés côte à côte.

— Vous m'intriguez. (Il arqua un sourcil.) Poursuivez.

Je souris en roulant les yeux.

— Eh bien, Votre Honneur, je viens moi-même d'être invitée au mariage d'une collègue, et j'ai besoin d'un cavalier. C'est samedi prochain.

— À quelle heure ?

— C'est juste pour la soirée, alors j'imagine qu'on n'aura pas besoin d'y être avant huit heures.

— Pas de problème.

— Tu me sauves la vie.

— Tu supplies Cole de sortir avec toi ? intervint Declan depuis l'autre bout de la table. (Il avait vraiment une ouïe surdéveloppée.) C'est assez navrant, Hannah.

— Serais-tu de mauvaise humeur parce qu'on t'a décollé de ta siamoise ? le vannai-je en retour. Dis-moi, Dec, ça fait quoi d'être mené à la baguette à dix-huit ans ?

Que voulez-vous que je vous dise ? Mon petit frère savait faire ressortir mon côté le plus mature.

Il me lança un regard assassin.

— Penny est chez sa mamie, aujourd'hui.

— Avec sa baguette ?

— Ah, ah, tu es tellement marrante.

— Et immunisée contre les coups de baguette.

J'entendis Cole glousser près de moi, ce qui mit mon frère encore plus en rage.

— Sérieux, ricana-t-il. Depuis quand personne ne t'a proposé de sortir ? Si tu as besoin de conseils, je veux bien t'en donner. Commence par ton visage, il y a un gros chantier. Tu as déjà pensé à la chirurgie esthétique ?

— Oh. (Je fis la grimace, comme si je venais de croquer un fruit tourné à l'aigre.) Si tu veux me charrier, fais-le intelligemment. Je refuse de me lancer dans des jeux d'esprit avec quelqu'un qui en manque cruellement. Ce serait trop facile. Et un peu dégradant.

— Les enfants, nous morigéna notre mère. Ne m'obligez pas à vous rappeler que l'un de vous a dix-huit ans et que sa sœur est une prof d'anglais guère plus âgée que lui.

— Élodie, ne gâchez pas mon plaisir, se plaignit Cam. Ces deux-là sont ma distraction du week-end.

— J'envisage de les filmer pour créer un blog, renchérit Joss.

Avant que je puisse me fendre d'une repartie bien sentie, maman fit un nouveau bruit de réprobation et dit :

— Beth, mange tes légumes. C'est bon pour la santé. Allez, finis tes petits pois.

— Mais j'aime pas, geignit-elle en repoussant son assiette. Ce sont des petits enfoirés.

La pièce sembla se figer ; le hoquet de surprise de ma mère flotta longuement dans l'air.

Le rire qui se forma dans ma gorge ne manqua pas d'exploser quand Cole ne put plus se retenir. Je m'effondrai sur lui, la tête sur son épaule, et ris à m'en faire mal au ventre.

Tout le monde était plié en deux, sauf Joss, qui semblait morte de honte.

J'essuyai mes larmes avant de l'interroger :

— Comment ? dis-je seulement en espérant qu'elle comprendrait le sens de ma phrase.

— Ça m'a échappé une fois, se lamenta-t-elle. Et maintenant, elle n'arrête pas de le répéter.

— Maman ? demanda Beth, surprise par notre réaction.

— Je ne comprends toujours pas, reprit maman en pinçant les lèvres face à l'affront.

Joss soupira.

— J'ai fait tomber une boîte de petits pois un jour, et je croyais les avoir tous ramassés quand j'ai repéré quelques rebelles un peu plus tard. J'avais oublié que Beth était là.

— Petits enfoirés, s'empressa de compléter Beth, qui se souvenait manifestement très bien de l'instant où sa mère les avait retrouvés.

Cela nous provoqua un nouveau fou rire.

J'avais les joues trempées de larmes.

— Ma chérie, je t'ai dit de ne pas répéter ce mot, la gronda gentiment Joss comme si elles n'étaient que toutes les deux. C'est un vilain mot et maman n'aurait pas dû le prononcer.

Beth coula vers elle un regard infiniment rusé, qui semblait indiquer qu'elle était plus curieuse que prudente.

Cette fois, le rire de Braden couvrit tous les nôtres.

— Bon Dieu, bientôt, elle va aussi le dire à l'école. (Il se frotta les yeux, hilare.) Si ça arrive, je te laisse gérer.

— Je croyais qu'on était dans la même galère ? grommela Joss.

— Elle tient ça de toi, vous êtes sur la même longueur d'onde.

Le regard que lui retourna Joss n'avait rien d'amusé.

— C'est clairement ta fille, intervins-je en ramassant ma fourchette.

— Tu parles à Jocelyn ? demanda Braden tandis que Joss rétorquait :

— Tu parles à Braden ?

— Exactement.

6

La semaine suivante passa en un éclair, entre le travail, le bénévolat, la salle de sport et le club de lecture. Le samedi, j'aspirais à prendre du bon temps, à passer la soirée avec Cole en compagnie de gens que nous ne connaîtrions pas, à faire des blagues et à inventer des histoires pour les inconnus avec qui nous aurions l'occasion de discuter.

Quand je montai dans le taxi qu'il avait réservé pour nous conduire juste en dehors du centre-ville, je ne pus m'empêcher de détailler Cole avec admiration. Il avait fait dans le classique, optant pour un costume trois-pièces qui dissimulait l'essentiel de ses tatouages. Il y avait adjoint une touche personnelle avec une chaîne qui pendait de sa taille et remontait à sa ceinture.

— Tu es très beau, dis-je avec un sourire.

— Tu es resplendissante, murmura-t-il en me déposant un rapide baiser sur la joue.

J'avais choisi une robe noire moulante et des escarpins bleu vif à semelle compensée.

— Stephanie était d'accord pour que tu m'accompagnes ce soir ?

Cole haussa un sourcil quand je fis allusion à sa petite amie. Il semblait agacé.

— Non.

Je fis la grimace.
— Désolée.
— Ne le sois pas. Elle est d'une jalousie maladive, depuis quelque temps. Pas seulement avec toi, mais avec les filles de la fac ou même les clientes du salon. Je pense que ça ne va pas durer entre nous.
— Cole, je suis sincèrement navrée. (Je me serrai contre lui tandis que le taxi avançait vers notre destination.) Ce serait tellement plus simple si on était attirés l'un par l'autre...
— Je ne te le fais pas dire, admit-il. Hélas, tu sembles imperméable à mes charmes.
— Et toi aux miens.
Il gloussa en me passant un bras autour des épaules.
— Un jour, tu rencontreras quelqu'un avec qui tu accepteras de t'engager, et je tomberai sur une fille qui ne sera pas folle à lier.
— Oh, quel rêveur tu fais !

La réception battait son plein à notre arrivée. Une personne que je ne connaissais pas nous orienta directement vers le tas où étaient rassemblés tous les cadeaux de mariage, et je donnai le mien avant de saisir Cole par la main pour l'entraîner dans la salle principale. La plupart des tables et des chaises avaient été repoussées contre les murs, et les lumières étaient tamisées. Certains convives dansaient au son des mix réalisés par un DJ, d'autres se mélangeaient près du bar et des tables dressées au fond. Je remarquai sans mal la jeune mariée, et nous nous frayâmes un chemin jusqu'à elle.
— Oh, mon Dieu ! s'exclama Nish en m'apercevant. Tu es splendide.

J'éclatai de rire.

— Je te retourne le compliment. Et le mot est faible. Tu es éblouissante. Voici Cole, lui dis-je en le désignant.

— Ah, le fameux, répondit-elle en le prenant dans ses bras pour partager son bonheur. (Cole lui tapota le dos d'un air gêné et chercha poliment à se défaire de son étreinte.) Dis donc. (Elle lui adressa un large sourire.) Tu es encore plus beau en vrai. (Elle fronça les sourcils à mon intention.) Qu'est-ce qui cloche, chez toi ? Seulement amis... Pff... Bref. (Elle fit volte-face.) Andrew !

Un charmant jeune homme en kilt se retourna en souriant et s'approcha d'une démarche assurée. Nish lui saisit le bras et le serra contre elle.

— Hannah, je te présente mon mari, Andrew.

Une fois les présentations faites, nous laissâmes le couple de la soirée s'occuper de ses invités et nous dirigeâmes vers le bar. Je saluai mes collègues en passant devant leur table.

— Tu veux aller t'asseoir ? me proposa Cole en suivant mon regard.

— Nan, on va faire un peu le tour. Se moquer des gens. Et de l'amour, plaisantai-je.

— Commençons par vous, mademoiselle Cynique.

Je levai les yeux au ciel tandis qu'il commandait nos boissons. Dès que nous les eûmes récupérées, nous allâmes nous installer à une table presque vide. J'avais oublié combien il était curieux de se retrouver dans une pièce remplie d'étrangers qui se connaissaient tous.

— On ne reste pas longtemps, lui promis-je.

Il haussa les épaules.

— Ça ne me gêne pas. Nish a l'air sympa.

— Elle est dingue.

Je secouai la tête en la voyant attirer Barbara sur la piste de danse. Je tentai de disparaître sur ma chaise, craignant d'être sa prochaine cible.

Nous restâmes là un moment, à rire, plaisanter et nous raconter les dernières nouvelles. Un bon moment s'était écoulé quand je commençai à sentir une brûlure sur le côté gauche de mon visage, un picotement sur ma peau. Je tournai la tête dans cette direction, examinant les invités sans reconnaître personne. *Connais pas, connais pas, connais pas, connais pas, Marco, connais p...*

Mes yeux revinrent en arrière et ma respiration se coupa quand je croisai le regard de Marco.

J'eus l'impression d'avoir reçu un coup de batte dans l'estomac.

Je n'avais plus de souffle.

C'était Marco.

Il était plus âgé, peut-être encore plus carré, mais je l'aurais reconnu entre mille. Comment aurais-je pu me tromper, d'ailleurs ?

— Hannah ?

La voix inquiète de Cole me tira de ma torpeur, et je pivotai vers lui, sous le choc.

— Est-ce que tu vas bien ?

— Ou-oui, bredouillai-je en me levant lentement. J'ai juste... Il faut que j'aille aux toilettes. Je reviens tout de suite.

Je me précipitai par la porte la plus proche et débouchai dans la fraîcheur d'un couloir. J'inhalai profondément afin de recouvrer mon calme.

J'examinai les lieux d'un air un peu stupide, cherchant un panneau indiquant les petits coins.

Je finis par repérer une flèche que je suivis en me posant mille questions.

— Hannah.

Sa voix profonde et râpeuse, avec son accent prononcé, me fit m'arrêter net.

C'était lui. Pour de vrai. D'une manière ou d'une autre, il était là, lui aussi.

Lentement, je me retournai face au garçon dont je m'étais languie durant tant d'années, le dévorant des yeux malgré moi. Il portait un pantalon de costume et une chemise mettant délicieusement son torse en valeur. Il avait toujours été musclé, mais il avait encore pris de la masse, ses biceps saillant encore plus qu'avant. Son visage s'était légèrement épaissi, lui aussi, tout en restant anguleux ; sa mâchoire carrée et ses pommettes affirmées contrastaient toujours autant avec ses prunelles exotiques et ses lèvres sensuelles. Il était réellement magnifique.

J'avais envie de le haïr.

— Qu'est-ce que tu fais ici ? lui demandai-je d'un ton cassant.

Comme il ne répondait pas, je l'examinai de plus près et me rendis compte qu'il était stupéfait de me trouver là. Il finit par se racler la gorge et s'approcha d'un pas. Je reculai. Un sentiment de contrariété se lut dans son regard quand il me vit battre en retraite.

— Andrew est un collègue. On fait des chantiers ensemble. Surtout des immeubles.

Je compris que cela signifiait sans doute qu'il travaillait pour Braden. Heureusement que ni celui-ci ni Adam n'avaient eu vent de l'existence de Marco. Marco D'Alessandro n'était pas un patronyme très répandu par chez nous.

— Je veux dire en Écosse, répliquai-je d'un ton neutre. Aux dernières nouvelles, tu étais reparti à Chicago.

Il acquiesça et mon cœur s'accéléra, tandis que le surréalisme de la scène se dissipait. Il se trouvait vraiment là devant moi. En chair et en os. À portée de main.

— Un court moment. Puis je suis revenu.

Mon estomac se noua quand une question franchit mes lèvres avant que je puisse la retenir.

— Quand ? Quand es-tu rentré ?

— Un an après mon départ.

Cette révélation me coupa le souffle.

Ces cinq mots suffirent à quadrupler l'ampleur de la trahison que j'avais éprouvée.

— Tu es revenu il y a quatre ans ? demandai-je, incrédule, incapable d'éteindre la colère qui perçait dans ma voix. Ça ne t'a pas effleuré l'esprit de m'appeler ?

Il fit un nouveau pas en avant, et moi en arrière. Marco se frotta le visage ainsi qu'il le faisait toujours quand il ne savait pas quoi dire. Son regard était presque suppliant.

— À l'époque, tu étais mieux sans moi, Hannah. Après ce que j'ai fait...

Dégoûtée, je cessai brusquement de me replier et allai l'affronter.

— Mieux sans toi ? Oh, que oui.

Incapable de rester une seconde de plus en sa présence, je voulus le contourner, mais fus surprise de sentir sa main chaude sur mon bras nu. Il m'immobilisa et je me retournai vers lui, stupéfaite, ne pouvant m'empêcher de remarquer l'odeur étonnamment musquée de son parfum ni de me rappeler qu'il était le seul homme qui me faisait me sentir à la fois féminine et fragile.

Autrefois, j'aimais cette sensation.

Ce n'était plus tellement le cas. Quand je voulus me libérer, il m'attira vers lui.

— Lâche-moi, crachai-je.

— Hannah, laisse-moi au moins te parler. (Quand il pencha la tête vers moi, je sentis une nuée de papillons s'envoler traîtreusement au creux de mon ventre.) Putain, je suis tellement content de te voir, chuchota-t-il avec tendresse.

Je m'ébrouai pour échapper au sort qu'il me lançait.

— Dommage que je ne puisse pas en dire autant. Maintenant, lâche-moi.

— Hannah...

— Il y a un problème ?

La voix de Cole m'emplit d'un profond soulagement. Je me retournai vers lui et le vis fulminer. Il était plus jeune et moins carré que Marco, mais son corps élancé et athlétique était tout en muscles. Sans oublier qu'il faisait du judo et du kickboxing. Il n'était pas à prendre à la légère.

Marco me libéra à contrecœur.

— Non.

Je ne lui accordai pas le moindre coup d'œil. J'en étais incapable. Au lieu de quoi, je m'éloignai de lui, me blottissant contre le torse de Cole en guise de remerciement. Il décocha un dernier regard menaçant à Marco avant de me passer le bras autour de la taille et de m'entraîner avec lui.

— Ça va ? me demanda-t-il doucement.

J'acquiesçai. *Menteuse, menteuse, menteuse.*

— Il me rappelle quelqu'un.

— C'était un copain du lycée. J'avais le béguin pour lui.

— Je crois que ça me rev... (Il inspira entre ses dents serrées, et ses traits se contractèrent.) Est-ce qu'il t'a fait du mal ?

— Non, mentis-je de façon relativement convaincante. Il m'a mis un râteau, c'est tout. Je ne veux pas repenser à tout ça ce soir.

— Tu veux rentrer maintenant ?

Je pris une longue inspiration, me sachant incapable de retourner dans la salle alors que Marco était présent.

— Ouais.

Nous repartîmes donc, et Cole me déposa à contrecœur à mon appartement. Je voyais bien qu'il sentait que je n'allais pas bien et qu'il ne voulait pas me laisser seule, mais j'avais *besoin* de cette solitude.

Je me débarrassai de mes chaussures qui me serraient les orteils et me laissai tomber sur le canapé sans même allumer.

Je n'arrivais pas à croire que Marco vivait à Édimbourg depuis tout ce temps. Tout ce temps…

La douleur que j'avais enfouie en moi tant d'années plus tôt ressurgit, décuplée. Les larmes me brûlèrent les yeux et la gorge quand je me souvins de cette soirée-là.

La soirée qui avait tout changé.

En entrant dans l'appartement, je savais que je n'avais rien à faire ici. L'air était saturé de fumée et de l'odeur épaisse du cannabis. Les rares meubles étaient vieux et miteux. Pour ce que j'en voyais, en tout cas, car il y avait tant de monde qu'on se marchait dessus.

Nous étions en début de terminale et Sadie voulait que cette année soit la meilleure d'entre toutes. Même si je ne comprenais pas en quoi nous incruster à la soirée organisée par un loser sur India Place allait nous y aider. Alors que je la suivais à travers la foule, je giflais les mains qui me touchaient les hanches ou me caressaient les fesses. Super.

— Dave est ici ! s'écria Sadie à mon intention.

C'était pour lui qu'elle m'avait traînée ici. Dave avait quelques années de plus que nous et elle en pinçait pour lui.

— Je reviens tout de suite, m'informa-t-elle.

Avant que je puisse répondre, elle avait disparu et je me retrouvai plantée dans l'embrasure de la porte d'un salon. Les basses résonnaient de façon désagréable dans ma poitrine. Quand les voisins allaient-ils se plaindre ? Que faisait la police ?

Je fus plus ou moins forcée d'entrer dans la pièce quand un groupe compact me bouscula pour passer. Et tandis que j'essayais de revenir sur mes pas, j'avisai du coin de l'œil les trois lignes de poudre blanche sur la table basse en verre.

Je fus stupéfaite de voir une fille en sniffer une.

Merde, il fallait vraiment que je dégage de là.

Je fis volte-face mais me heurtai à un torse.

Je remontai les yeux et croisai des prunelles sombres que je ne connaissais pas. Le type me détailla de pied en cap, les prunelles pétillant d'un désir sexuel, et il me plaqua contre le mur.

— Je ne t'avais jamais vu avant, me glisse-t-il la bouche contre mon oreille.

Je penchai la tête, tremblant de révulsion en sentant le contact de ses lèvres sur ma peau.

— J'étais sur le point de partir, hurlai-je en réponse avant d'essayer de passer sous son bras.

Il m'en empêcha et je fermai les paupières pour ne pas céder à la panique. Nous étions dans une pièce bondée. Ce n'était pas comme s'il pouvait tenter quoi que ce soit. Pourtant, je me maudissais d'avoir emprunté la robe bleue moulante de Sadie – ce n'était pas le genre d'attention que j'espérais obtenir en choisissant de la porter.

— Attends, reste un peu. (Il sourit, me colla davantage.) On peut faire connaissance.

— Je n'ai aucune envie de te connaître. J'ai envie de rentrer. Dégage.

— Ce n'est pas très sympa.

Il se mordit la lèvre d'une manière que les femmes devaient, selon lui, trouver sexy. Il se trompait.

— Tu es belle. Sois joueuse.

Je le fusillai des yeux.

— Lâche-moi. Tout de suite.

Avant qu'il ait eu le temps de me répondre, un poing énorme le saisit au col et le repoussa. Il trébucha sur le pied d'une fille et s'écrasa par terre. Je pivotai vers celui qui l'avait bousculé et une vague de soulagement me parcourut.

Marco toisait l'inconnu de toute sa hauteur. L'autre se leva sans un mot, l'air apeuré, et disparut dans la pièce voisine.

Marco se tourna alors vers moi. Mon « coucou » et mes remerciements moururent dans ma gorge quand il referma sa main sur mon bras pour me faire passer devant lui sans ménagement et remonter le couloir.

Il irradiait de colère.

Troublée, je restai silencieuse, le regardai sortir une clé de sa poche et ouvrir la porte au bout du couloir. Il me fit entrer à l'intérieur de la pièce et m'emboîta le pas avant de refermer derrière nous et de mettre le verrou. La musique étouffée nous parvenait en pulsations rythmées.

J'examinai la chambre exiguë. Il y avait un lit, un bureau usé sur lequel était posé un ordinateur portable, et une commode.

— Qu'est-ce que tu fais ici ? me demanda-t-il d'un ton bourru.

Ses sourcils froncés et son regard noir trahissaient son énervement.

Je ne l'avais plus vu depuis des semaines. Après le fiasco de mon rencard avec Scott, et avec l'aide de Jo et Liv, j'étais parvenue à le recroiser au D'Alessandro's et à le convaincre de me revoir. Néanmoins, la tension existant entre nous s'était accrue, et il s'était bientôt mis à s'inventer des excuses pour ne pas me voir.

Il me manquait sans arrêt.

Dissimulant ma peine, j'observai les lieux.

— Tu habites ici ?

— Comme si tu l'ignorais.

Blessée, je répliquai d'un petit rire amer.

— Contrairement à ce que tu peux t'imaginer, je sais quand je ne suis pas la bienvenue. J'ignorais que tu vivais là. Comment l'aurais-je su ? Tu ne m'as plus donné de nouvelles depuis des siècles.

Il se radoucit.

— Désolé. Je n'aurais pas dû dire ça.

— Pourquoi es-tu venu vivre ici ?

Je ne pus masquer mon dégoût.

Marco fit la grimace et se laissa tomber sur le bord de son lit.

— Il fallait que je me trouve une piaule, mais je ne roule pas sur l'or. J'ai un pote qui connaît le propriétaire de cet appart. Le loyer est bas. Mon coloc, en revanche, n'est pas top. (Il désigna la porte et tout ce qui se déroulait au-delà.) Je compte déménager dès que possible. (Il plissa les paupières.) Ce qui ne me dit pas comment, toi, tu as pu aboutir dans un endroit pareil ?

— Comment, moi, j'ai abouti ici ? J'ai été invitée à une fête, Marco. Ça m'arrive, de temps à autre.

— Non. (Il secoua la tête.) Pas ce genre de fête. Hannah, il faut que tu rentres. Tu ne dois pas rester ici.

— Je suis venue avec Sadie.

— Ça m'aurait étonné. (Marco ne l'aimait pas trop.) On va la chercher et on part.

— Ou alors... (Je fis un pas vers lui et remarquai comment son regard se porta naturellement sur mes jambes.) On pourrait rester. Discuter un peu. On ne l'a plus fait depuis une éternité.

Il serra les dents.

— Hannah, va-t'en.

Des semaines de colère refoulée rejaillirent d'un coup.

— D'accord ! Reste ici, je retourne faire la fête.

— Tu n'as pas intérêt.

Il se leva brusquement.

— Sinon quoi ? le provoquai-je. Tu vas me jeter dehors ? Comme tu m'as éjectée de ta vie ?

— Tu n'as rien à faire ici ! beugla-t-il, me prenant de court.

Je tressaillis, mais restai campée sur ma position.

— Si tu restes, moi aussi.

Cela lui coupa le sifflet.

Il contempla longuement ses pieds.

— Nos conversations me manquent, chuchotai-je tristement.

Il reporta les yeux sur moi, et j'y lus un mélange de remords et de tendresse. Je fermai presque les paupières de soulagement.

— Comment te portes-tu ? demanda-t-il sèchement.

Je haussai les épaules.

— On n'a qu'à dire que ça va. Tout se passe bien à l'école. J'ai reçu une offre de la fac d'Édimbourg.

Cela lui arracha un sourire.

— C'est génial. Je suis fier de toi.

Je souris à mon tour, réconfortée par ses paroles. Je fis un pas vers lui.

— Comment se passe ton boulot ?

— Bien. Je fais encore des services au resto.

Je lui avais révélé des mois plus tôt avoir été surprise de découvrir qu'il travaillait pour son oncle. Je lui avais demandé pourquoi il me l'avait caché. Il m'avait répondu que c'était une situation de merde et qu'il n'avait aucune envie d'en parler.

— Tu n'as pas coupé les ponts ?

Il secoua la tête.

— Ils m'ont adopté pour que je puisse vivre au Royaume-Uni. C'est eux qui m'ont tiré d'un sale pas à Chicago. Je dois beaucoup à ma tante. Elle a été bonne avec moi.

— Mais tu ne vis plus chez eux ?

Il m'observa d'un air solennel.

— J'ai eu peur de ce que je pourrais faire si je restais là-bas. Il fallait que je parte.

— Marco, soufflai-je.

J'avais de la peine pour lui et aurais aimé le prendre dans mes bras.

— Je ne veux pas de ta compassion, rétorqua-t-il. Aujourd'hui pas plus qu'hier.

— Oh, arrête ton char, gros bébé. J'ai le droit d'être contrariée pour toi. C'est parce que je tiens à toi.

Il grommela.

— Dis-moi ce que tu as sur le cœur, Hannah.

Je soutins alors son regard, et l'air entre nous se chargea d'électricité.

— Tu en es sûr ?

Il savait où cela nous mènerait. Il secoua la tête.

— Non.

— Pourquoi ? lui demandai-je doucement, échouant à dissimuler mon agacement. Tu sais que je tiens à toi, et tu sais que… tu sais que je veux être avec toi. Tu ne peux pas continuer à faire comme si de rien n'était. (Je pris une brusque inspiration.)

Pourquoi as-tu réagi comme ça quand tu m'as vue avec Scott ? Pourquoi m'as-tu dit ce que tu m'as dit à Douglas Gardens ? Et surtout, pourquoi as-tu veillé sur moi pendant toutes ces années si tu ne ressens pas la même chose que moi ?

Il serra fermement les paupières et se pinça l'arête du nez. Puis il laissa retomber sa tête avec un grognement.

Je faillis rire.

— Ce n'est pas une réponse.

— Hannah, soupira-t-il, fuyant mon regard. J'ai veillé sur toi parce que tu es une fille sympa et que je ne voulais pas que des ordures comme Jenks te tripotent. Et si je t'ai dit ce que je t'ai dit à Douglas Gardens, c'est parce que je le pensais. Parce que tu comptes beaucoup pour moi. Tu es mon amie, et je n'en ai pas énormément. Quant à Scott... (Il secoua la tête.) Je n'en sais rien.

Je m'approchai encore, le cœur battant la chamade.

— Je pense que si.

Ses prunelles s'embrasèrent.

— Ce n'est pas ce que tu crois.

Je comblai la distance qui nous séparait et levai la tête pour le regarder dans les yeux. Il ne recula pas. Je pris ça pour un bon signe.

— C'est exactement ce que je crois.

Le muscle de sa mâchoire tressaillit et il émana de lui quelque chose de puissant, presque dangereux.

— Tu dois partir.

— Non.

— Hannah, va-t'en tout de suite.

— Marco...

— Hannah, va-t'en ! gronda-t-il.

La chaleur de son corps me brûla.

Je frémis, endurant un mélange de colère et de rejet.

— Tu es un vrai froussard !

— Et toi, un boulet ! s'écria-t-il en retour.

— J'ai compris ! Je te laisse tranquille. Je vais aller faire chier quelqu'un d'autre !

Mon souffle était erratique. Je perdais la maîtrise de mes nerfs.

— Je n'ai pas besoin de toi, ajoutai-je. Il y a des tas de garçons dehors prêts à m'embrasser et à me toucher.

Je tournai les talons sur ces grandes déclarations arrogantes, comptant quitter la chambre en furie.

Sauf que Marco m'attrapa le haut du bras ; je me sentis alors partir en arrière, jusqu'à m'effondrer contre lui. Je n'eus pas le temps de réfléchir à ce qui se passait que sa bouche était plaquée sur la mienne.

Je me laissai immédiatement emporter par son baiser, à la fois soulagée et pleine de désir ; mon corps se fondait au sien tandis que j'ouvrais plus grande la bouche pour le laisser me dévorer. Ce baiser, brutal et désespéré, m'excita comme je ne l'aurais jamais cru possible. J'adorais l'arôme de son haleine, la sensation de sa langue sur la mienne, le fait d'être submergée par sa force. Ses bras étaient deux cercles d'acier me maintenant en place, ses mains des étaux refermés sur le tissu à l'arrière de ma robe. Je lui saisis le cou et son baiser se fit plus lent mais s'approfondit ; j'étais électrisée par la sensation de mes mamelons pointant contre son torse musclé. Je pouvais le sentir, le goûter, subir la chaleur de sa peau. Il était tout et partout. C'était sensationnel.

J'ignore combien de temps nous restâmes ainsi. Cela me parut une éternité. Mes lèvres étaient gonflées, mon corps en réclamait davantage. Pour le supplier de continuer, je lui caressai le torse, les hanches, puis glissai les mains sous sa chemise, poussant un gémissement en sentant le galbe de ses muscles lisses sous mes doigts.

Soudain, il me repoussa.

Haletant, Marco me dévisagea comme s'il ne m'avait jamais vue. La stupeur sembla le paralyser un instant et je restai tétanisée, tremblant de tous mes membres, frustrée et incapable d'aligner deux mots.

Je le vis se laisser tomber sur son lit et baisser la tête de nouveau, cherchant son souffle.

Sachant qu'il se réprimandait pour quelque raison idiote que je n'étais pas sûre de comprendre, il m'apparut évident que si je ne passais pas tout de suite à la vitesse supérieure avec lui je n'en aurais plus jamais l'occasion. J'avançai donc de quelques petits pas.

Je m'immobilisai quand mes jambes effleurèrent ses genoux. Je tendis la main et caressai ses cheveux bruns et rasés. Il redressa le menton pour m'examiner. Il avait dans les prunelles comme une lueur d'avertissement ; il s'efforçait de se retenir, légèrement en colère.

Je passai outre sa menace silencieuse.

— Je vais te faire une promesse, annonçai-je. J'accepte de continuer à être ton amie et de ne jamais plus reparler de ce soir… à condition que tu parviennes à me regarder dans les yeux en m'assurant que tu ne me désires pas.

— Hannah.

Sa voix était rauque, ses yeux de plus en plus brûlants.

J'avais du mal à respirer.

— On a toujours été honnêtes l'un envers l'autre, pas vrai ?

Il secoua légèrement la tête.

— Je ne peux pas.

— Pourquoi ?

— Je ne peux pas… je ne peux pas te dire que je n'ai pas envie de toi.

Il étudia mon visage avant d'examiner d'autres parties de mon anatomie, et partout où son regard se posa je me sentis prendre vie.

Je n'étais jamais allée bien plus loin qu'un baiser avec un garçon, non pas parce que je m'en sentais incapable, mais parce que je ne voulais pas vivre cette expérience avec quelqu'un d'autre que Marco. J'avais entendu Ellie, Joss, Jo et Liv parler de leur première expérience merdique, et je m'étais promis que je n'offrirais ma virginité qu'à quelqu'un que j'aimais vraiment.

Et j'aimais Marco.

J'étais amoureuse de lui depuis qu'il m'avait sauvée à mes quatorze ans.

Excitée, électrisée, je pris mon courage et l'ourlet de ma robe à deux mains. Je remontai lentement le tissu, lui révélant peu à peu mon corps jusqu'à me retrouver en sous-vêtements. Je secouai la tête pour libérer mes cheveux et lâchai ma robe par terre.

Je restai debout devant lui, seulement vêtue d'un adorable ensemble turquoise et de mes talons. Je ne m'étais jamais sentie aussi vulnérable de toute mon existence.

Puis il me toucha. Quand il posa les doigts sur mon ventre, une flèche de désir me frappa entre les cuisses. Soudain, il me saisit par la taille et je chancelai vers lui.

Nos yeux se croisèrent et ce que je vis dans les siens me fit me sentir plus belle et plus désirée que jamais.

— Regarde-toi, murmura-t-il d'une voix rauque, presque avec déférence. Regarde-toi.

— Marco…

Je pris son visage entre mes mains.

Il ferma les paupières et arbora un air si tendre que j'eus de nouveau envie de fondre. Je soupirai quand il m'attira contre lui pour m'embrasser tendrement le ventre. Ses lèvres descendirent ensuite, longeant la ceinture de ma culotte, et je frissonnai quand ses doigts parcoururent le bas de mon dos.

Je posai les mains sur ses épaules pour garder l'équilibre.

Quelques secondes plus tard, je sentis une pression sur mon soutien-gorge, juste avant qu'il s'ouvre et glisse le long de mes bras. La chaleur me suffoquait. Personne ne m'avait encore jamais vue nue.

Un coup d'œil au regard de Marco dissipa ma gêne.

Il gémit, me dévorant des yeux, et me fit poser les genoux sur le lit, afin que je me retrouve à califourchon sur lui. En posant les fesses dans son giron, je sentis son érection à travers son pantalon et une vague de passion inédite me submergea. Mes seins enflèrent, mes mamelons durcirent et Marco prit ces signes pour une invitation.

Il enveloppa mon téton de sa bouche et cette sensation... ces picotements, ce besoin soudain si intense qui me fit onduler des hanches contre lui... j'en voulais plus. J'en voulais tellement plus...

Je gémis son nom, brûlante de désir.

Marco recula, m'observant par en dessous sans me lâcher.

— Je ne devrais pas faire ça.

Je lui soulevai le menton pour qu'il me regarde dans les yeux.

— Tu préférerais qu'un autre prenne ta place ?

C'est alors que je repérai de nouveau cette étincelle de rage et de possessivité qui m'avait poussée à l'embrasser. Triomphante, j'appliquai mes lèvres contre les siennes, gémissant de plaisir quand il me rendit mon baiser. Férocement. Nos langues se mêlèrent, faisant crépiter en moi des étincelles d'excitation. Après des mois, même des années d'attente, la récompense était là. Nous nous écartâmes brièvement l'un de l'autre, le temps pour moi de lui retirer son tee-shirt en tâchant de mémoriser du bout des doigts chaque contour de son torse magnifique.

Soudain, je me retrouvai sur le dos et Marco se redressa.

Je l'observai par en dessous, pantelante, priant silencieusement pour qu'il ne mette pas un terme à nos ébats.

Je fus exaucée.

Il me dominait de toute sa hauteur, un fantasme devenu réalité. Sa peau caramel, ses épaules puissantes et ses abdos bien dessinés me mettaient l'eau à la bouche. Sa taille parfaitement sculptée et son érection plaquée contre la braguette de son jean me provoquèrent un nouvel accès de chaleur.

Ses prunelles bleu-vert brillaient d'une telle intensité que j'en eus le frisson.

Il se saisit de mon pied pour me retirer délicatement ma chaussure. Puis il s'attaqua à l'autre. Ses yeux remontèrent sur toute la longueur de mes jambes en me caressant le mollet.

— J'ai rêvé de cet instant, admit-il à mi-voix. Un million de fois plus que je ne l'aurais dû.

Sans me laisser le temps de répondre, il posa une main sur le matelas, près de mon genou, et se pencha vers moi tout en agrippant le haut de ma culotte. Il m'interrogea du regard, ce à quoi je répondis en soulevant les fesses.

Il me dépouilla de mon sous-vêtement, puis prit une minute pour me détailler.

Je me sentis rougir sous cet examen.

— Marco… ?

Il m'embrassa la cheville et m'écarta les jambes. Mon bas-ventre se contractait nerveusement, mais je me laissai faire, rendue docile par le désir.

Son souffle me réchauffa la peau sur son passage. Il posa un de mes pieds sur son épaule et appliqua un baiser sur l'intérieur de ma cuisse. Puis il atteignit son but.

J'arquai le dos, gémissant sous la sensation de sa bouche sur mon sexe, sa langue décrivant d'abord de petits cercles autour de mon clitoris avant de redescendre pour me lécher l'intérieur. J'avançai les hanches pour l'inviter plus loin, mes cris de plaisirs noyés par les bruits de la fête, isolés que nous étions dans ce petit paradis d'intimité incarné par sa chambre.

Marco continua de me titiller du bout de la langue, ses grognements de ravissement se répercutant en moi de la plus délicieuse des manières.

Je sentis la pression croître, mon corps se raidir à mesure que la tension augmentait, augmentait, augmentait... avant d'éclater en mille morceaux.

Mon premier orgasme.

Une joie profonde et une étrange sensation de libération me parcoururent, tandis que je m'alanguissais sur le matelas. Je rouvris les yeux, un léger sourire aux lèvres, et le vis qui retirait son jean.

Je me crispai en découvrant la taille de son membre érigé.

Il était énorme.

Comment allais-je... ?

— Chut, me souffla-t-il d'un ton apaisant et rassurant, tout en me caressant la hanche.

Il m'embrassa tout en s'allongeant sur moi, et je refermai mes bras autour de son dos pour l'attirer plus près.

Rien ne m'avait jamais paru plus parfait que le contact de ses muscles sur ma peau délicate. Je voulais être en lui et je le voulais en moi. De toutes les manières possibles.

Il introduisit d'abord deux doigts.

Son souffle se bloqua.

— Tu es si mouillée. Et si serrée.

Il enfouit sa tête dans mon cou pour m'embrasser là.

Je tendis les hanches vers les siennes, me sentant soudain très impatiente.

— Marco, s'il te plaît.

Il redressa le menton pour soutenir mon regard.

Il était là. Ce lien. Cette connexion.

Son bassin glissa sur le mien et je sentis son sexe turgescent s'ouvrir un passage entre mes cuisses. J'étreignis ses hanches de mes jambes et m'arcboutai. Il poussa en avant, pénétrant mon corps vierge et résistant.

J'essayai de reprendre mon souffle en me sentant soudain si entière.

Marco serra les dents, m'attrapa les fesses. Il changea d'angle et s'enfonça plus loin.

Je laissai échapper un petit cri de douleur et me contractai.

— Hannah, haleta-t-il, manifestement inquiet.

J'ouvris les paupières. Il me dévisageait avec une mine coupable.

Cela dissipa la douleur.

— Ne t'arrête pas, le suppliai-je, ne voulant surtout pas qu'il regrette cet instant.

Il secoua la tête.

— Tu es tellement étroite...

— Continue.

Je lui saisis la nuque pour le forcer à m'embrasser profondément. Un râle irrésistible naquit au fond de sa gorge quand il commença à remuer les hanches.

J'éprouvais encore une forme de douleur résiduelle, mais l'inconfort disparut quand je me concentrai sur les va-et-vient de sa queue dressée. Il raffermit sa prise sur mes cuisses sans jamais me quitter des yeux et accéléra la cadence, allant et venant de plus en plus loin, faisant remonter la tension initiale.

— Je ne peux plus attendre, dit-il en secouant la tête. Je suis désolé...

Il serra de nouveau les dents, les tendons de son cou saillirent quand il s'immobilisa en moi un instant avant de frémir sous la délivrance.

Marco s'effondra sur moi, et tout en lui caressant le dos, je me laissai submerger par l'émerveillement de ce moment qui me laissait absolument béate.

Je souris, des larmes plein les yeux.

— Je t'aime, chuchotai-je.

Il se crispa.

Une profonde inquiétude m'envahit, sombre et hideuse, et je patientai en retenant mon souffle.

Il se redressa et me dévisagea, l'air incrédule.

— Qu'est-ce que tu... (Il se retira soudain, comme si je l'avais brûlé.) On n'a pas... Qu'est-ce...

Il s'empressa de se rhabiller.

— Marco ?

Je m'assis, les lèvres tremblantes, au bord des larmes.

Il m'observa longuement, et ce qu'il vit lui fit sceller la bouche de désespoir. De désespoir !

Je me mis à pleurer.

— On n'aurait pas dû.

— Marco.

— Je n'aurais pas dû.

Il enfila son tee-shirt et chaussa ses tennis. Il me regarda par-dessus son épaule tout en déverrouillant sa porte.

— Je suis désolé, Hannah. Bon Dieu, tellement désolé...

Et il me planta là.

La vision troublée par les larmes, je me dépêchai de rassembler mes affaires de peur que quelqu'un entre. Une fois vêtue, je me retournai vers le lit, remarquant aussitôt la tache de sang sur les draps.

Du désespoir ? À cet instant, j'avais toutes les raisons d'en ressentir. Pas lui.

Je ne l'avais plus jamais revu. Pas avant il y a quelques heures, quand j'étais fortuitement tombée sur lui à un mariage. Mon premier coup de cœur. Ma première fois.

Mon premier chagrin d'amour.

Des larmes me montèrent aux yeux, mais je ne les laissai pas couler. J'en avais trop versé des années auparavant.

7

Je crois que c'était la colère qui prédominait. Pas seulement à cause de ce que Marco m'avait infligé en me quittant, mais aussi de l'effet que sa réapparition me faisait. Je m'étais longtemps sentie perdue après son départ. Il m'avait fallu du temps pour retrouver force et indépendance. J'avais dû m'endurcir et ériger quelques barrières mentales que seuls des gens en qui j'aurais toute confiance pourraient éventuellement franchir.

Debout face à lui, à observer ce visage magnifique et ces yeux peut-être encore plus expressifs qu'avant, j'étais redevenue cette gamine de dix-sept ans. Complètement paumée.

Cela me mettait en rage.

Comment osait-il reparaître dans ma vie et me faire me sentir de la sorte ? Je n'étais plus cette personne. J'étais devenue moi, et je savais parfaitement qui j'étais et ce à quoi j'aspirais. J'avais une famille, des amis, des élèves et des collègues qui me connaissaient et me respectaient.

Cette personne, cette fille blessée, contusionnée, égarée... ce n'était pas celle qu'ils connaissaient.

Cela me mettait hors de moi.

Je me tournai et me retournai toute la nuit, consumée par la rage. Je savais en sortant du lit le dimanche que je n'étais pas en état d'affronter ma famille. Ils comprendraient au premier regard que quelque chose n'allait pas. Cole avait déjà des soupçons. J'envoyai donc un SMS à maman pour lui dire que j'étais submergée de travail et que je ne pourrais pas participer au repas dominical. En vérité, j'avais surtout besoin de me calmer, de réfléchir et de trouver le moyen de redevenir moi.

Pour y parvenir, je m'installai dans mon salon et passai ma journée à corriger mes copies. Au bout d'un moment, la colère commença à se dissiper.

J'étais tellement concentrée sur mon activité que je faillis tomber du canapé quand on sonna à la porte. Il était dix-huit heures passées, le ciel s'assombrissait et j'avais dû allumer plusieurs lampes pour réussir à lire. Je ne voyais pas du tout qui pouvait me rendre visite. À la réflexion, vu la propension à me surprotéger qu'avait toute ma famille, cela pouvait être n'importe qui. Je ne comprenais même pas pourquoi cela m'avait surprise. Ça devait être la quatrième fois en autant de mois que je manquais le repas dominical, j'aurais dû me douter que cela les inquiéterait.

Ce quelqu'un était Ellie.

— Qu'est-ce que tu fais ici ? lui demandai-je en la suivant dans le salon.

Je la vis examiner mon travail d'un air pensif.

— Ellie ?

Elle se tourna vers moi, les sourcils froncés.

— Tu as loupé le déjeuner. Encore.

Je lui désignai mes copies.

— J'ai dit à maman que j'avais une tonne de boulot en retard.

Malgré les preuves étalées sous ses yeux, ma sœur n'y croyait pas. Elle me connaissait trop bien.

— Tu es sûre que c'est tout ? Cole semblait inquiet de ne pas te voir.

Ellie continuerait à fouiner jusqu'à découvrir le pot aux roses, je déjouai donc ses plans en lui servant une version de la vérité. Je poussai un soupir en croisant les bras devant moi.

— Très bien. Cole et moi étions au mariage d'Anisha, hier soir, et... je suis tombée sur Marco D'Alessandro.

Les yeux bleus de ma sœur s'écarquillèrent de surprise.

— Mon Dieu. Comment ça s'est passé ?

Toute tentative de dissimuler mon amertume tomba à l'eau quand j'eus une moue dédaigneuse.

— J'ai appris qu'il était de retour à Édimbourg depuis quatre ans et qu'il ne s'était même pas donné la peine de me contacter.

— Aïe.

Elle fit une grimace de compassion.

— Ça ne devrait rien me faire, pas vrai ? (Je m'avachis sur le canapé.) C'est juste que... (Je secouai la tête, tristement perplexe, tandis qu'Ellie s'installait dans le fauteuil.) J'ai retrouvé une photo de lui la semaine dernière, et c'était la première fois depuis je ne sais combien de temps que je pensais à lui. Et pouf ! Il réapparaît soudainement juste devant moi. Ça m'a décontenancée. Mais ça va mieux, maintenant.

Ellie plissa les paupières pour tenter de me percer à jour.

— J'espère que tu me dis la vérité.

Je fis la moue.

— Oui.

— Hannah, tu es ma petite sœur et je t'aime. Toute la famille t'aime. Il y a cinq ans, tu as commencé à nous exclure peu à peu de ta vie, faisant bonne figure en voulant régler tes problèmes seule. Il faut que ça cesse. Pas seulement pour toi, mais pour nous tous. Nous sommes là pour toi et, très franchement, on a besoin que tu aies besoin de nous.

Me sentant subitement coupable, je détournai les yeux pour les poser sur mes copies.

— Je ne vous exclus pas du tout, Els. Je te promets que tout va bien.

— Je ne te crois pas, répliqua-t-elle d'un ton posé. Je n'ai pas oublié nos conversations de l'époque. Ni tes sentiments pour lui. Marco est ton Adam. Tu as été dévastée par son départ. Je sais que tout ne va pas bien.

Je restai coite. Je ne savais pas quoi ajouter, ni si je parviendrais à le faire en dépit de la douloureuse boule de chagrin qui m'obstruait la gorge. Confrontée à mon silence prolongé, Ellie finit par soupirer tristement et prendre congé. Le fait qu'elle ne me dise pas au revoir m'indiqua combien elle était blessée et agacée.

Ma rage à l'encontre de Marco redoubla d'intensité.

Je ruminai quelque temps, jusqu'à ce que mon téléphone se mette à sonner, m'arrachant à mes sinistres pensées. Je considérai le numéro inconnu avec lassitude. Espérant - surtout pour son bien - qu'il ne s'agissait pas d'un démarcheur, je décrochai.

— Hannah, c'est moi.

La voix grave et familière de Marco me frappa avec la violence d'un boulet de canon.

Mon corps tout entier s'écarta en tremblant du téléphone, et je lorgnai l'appareil pendant plusieurs secondes, furieuse d'une telle audace.

Je l'entendis répéter mon nom de manière interrogative.

Reportant le combiné à mon oreille, j'aboyai :

— Comment as-tu eu ce numéro ?

— C'est Anisha qui me l'a donné. Je lui ai dit qu'on était de vieux amis. Je voudrais juste discuter. Laisse-moi une chance de m'expliquer.

Je m'étais maintes fois imaginé cette situation au fil des années et, chaque fois, je lui raccrochais au nez ou tournai les talons sans mot dire. Je me surpris cependant à hésiter, car dans la réalité sa voix n'était plus celle du jeune garçon que j'avais autrefois connu. C'était difficile à décrire, mais même avec moi, qu'il considérait pourtant comme sa meilleure amie, il n'abaissait jamais complètement ses défenses.

Là, il s'exprimait sans réserve. J'ignorais comment je le savais, je le... sentais, tout simplement.

Et cela me stupéfia quelques secondes. Quelques secondes pleines de curiosité et d'indécision.

Puis les souvenirs de ce que j'avais enduré refirent surface.

— Hannah ?

— Je ne veux pas t'écouter, rétorquai-je. J'ai tourné la page.

Sans lui laisser le temps d'argumenter, je raccrochai et j'éteignis mon téléphone.

— On dirait que je vais devoir changer de numéro, dis-je avec désinvolture.

Mais mon ton n'aurait dupé personne, pas même moi. Mes mains tremblaient comme des feuilles et mon cœur battait la chamade quand je reposai mon portable sur la table.

Mon année de probation était souvent difficile : les journées pouvaient se révéler stressantes, et je n'avais que peu de temps libre. Pour une fois, cela m'arrangea pendant quelques jours. J'étais par ailleurs heureuse de m'être lancée dans les cours pour adulte et dans le club de lecture qui se réunissait tous les mercredis soir au centre St Stephen. Tout ce qui me permettait de rester active et de ne pas penser à Marco était une bénédiction.

J'avais ma classe de seconde cet après-midi-là, et je ne risquais pas de m'ennuyer avec elle. Bizarrement, tous mes élèves ne semblaient pas emballés à l'idée de découvrir le *Pygmalion* de George Bernard Shaw.

Pendant toute l'heure de cours, Jack Ryan, la petite teigne qui avait mis Tabitha Bell dans tous ses états, n'avait cessé de soupirer tandis que nous lisions des passages et discutions de la pièce. Je dus lui demander à cinq reprises de se tenir correctement et de cesser de se balancer sur sa chaise. Je l'imaginais basculer en arrière et se fracturer le crâne sur le bureau de derrière, avant de me voir reprocher son imbécillité.

Il me rendait dingue, mais je m'efforçais de ne pas me laisser déconcentrer pour mener ma leçon à bien.

— Putain, sans déc, c'est quoi cette merde ? grommela-t-il suffisamment fort pour que je l'entende.

Jarrod ne me laissa pas le temps de le réprimander.

— Et si tu fermais ta grande gueule, gros gamin ?

— Jarrod, intervins-je.

— Quoi ? (Il se tourna vers moi avec une grimace.) Il joue au con.

— Tu n'es pas obligé de t'abaisser à son niveau.

La chaise de Jack retomba sur ses quatre pieds avec fracas.

— Vous venez de me traiter de con, mademoiselle ?

Je le dévisageai longuement en retour. Jarrod se détendit, gloussant triomphalement.

Jack rougit. Par chance, la sonnerie m'épargna une repartie qui n'aurait sûrement pas été tendre.

Alors que les élèves se levaient, je demandai à Jarrod d'approcher, fait qui n'avait désormais plus rien d'extraordinaire. Il arriva d'une démarche assurée, tout sourire.

— Si vous voulez me faire la leçon, ne vous fatiguez pas.

Je haussai les sourcils.

— Parce que tu sais déjà que tu as eu tort ?

Il haussa les épaules.

— J'ai juste dit ce que vous ne pouviez pas dire.

Il avait tellement raison que je dus fournir un gros effort pour ne pas le lui avouer.

— Jarrod, tu es un garçon intelligent et doué, il faut que tu apprennes à ne pas t'en prendre aux imbéciles qui ne le méritent pas. Serre les dents et laisse courir.

— Vous parlez de qui ? Ryan et M. Rutherford ? ricana-t-il.

Cette fois, je haussai les épaules, et il sourit en comprenant que j'étais d'accord avec lui. Je voulais qu'il canalise son tempérament pour que les gens comme Jack Ryan ou Rutherford ne puissent plus avoir le dessus sur lui. Il observa pensivement le sol tandis que je le lui expliquais.

Après quelques secondes de silence, comme je ne voulais pas lui donner l'impression d'être toujours sur son dos, je changeai de sujet.

— As-tu regardé mes commentaires sur ta rédaction ?

Il acquiesça.

— Tu as fait des progrès ?

— On dirait que oui.

— Même si elle a beaucoup de qualités, elle aurait encore plus d'impact si ton lecteur pouvait avoir un aperçu de tes parents et de leur influence sur la relation entre ton frère et toi.

Le regard de Jarrod se durcit.

— En fait, il n'y a que maman, moi et le chiard. Mon père s'est barré à la naissance de mon frangin.

Me sentant aussitôt mal à l'aise, et sachant que je ne pouvais pas prodiguer de conseils étant donné que je n'avais aucune expérience en termes de parents abandonnant leurs enfants, je me contentai d'un piteux :

— Navrée de l'apprendre.

— C'est pas grave.

Il haussa les épaules, faussement nonchalant.

— Si, ça l'est. Essaie de l'écrire. Ça pourrait t'aider.

Il roula les yeux avant de m'adresser un sourire triste.

— Pourquoi a-t-il fallu que vous gâchiez un bon moment avec cette foutue rédac autobiographique, mademoiselle Nichols ?

Le gratifiant d'un regard lui indiquant clairement que je n'étais pas dupe de son détachement apparent, je m'apprêtais à le laisser partir quand on frappa à la porte avec force.

J'inspirai profondément, tétanisée par la surprise.

La silhouette imposante de Marco se dessinait dans l'embrasure. Il portait une polaire à capuche noire et un jean sombre rentré dans ses bottes de chantier. Je posai les yeux sur son visage et éprouvai un pincement au cœur en redécouvrant sa grande beauté.

Qu'est-ce qu'il venait foutre ici ?

Jarrod sentit ma tension soudaine.

— Tout va bien, mademoiselle Nichols ?

Il plissa les paupières et braqua ses yeux suspicieux sur Marco.

Le cœur tambourinant, je tâchai de lui répondre aussi posément que possible.

— Oui, tout va bien, Jarrod. On se voit au prochain cours.

— Je peux rester, insista-t-il obstinément.

Son dévouement me fit sourire, mais je secouai la tête.

— Ça va aller.

Il ne semblait pas convaincu, ni ravi de me laisser seule avec l'armoire à glace à l'air maussade qui se tenait sur le seuil, mais il me salua d'un geste du menton et traversa la pièce, adressant à Marco un regard de défi en dépit de la différence de taille.

Marco le regarda partir, attendit qu'il eût quitté la salle. Puis il se retourna vers moi, ses prunelles magnifiques pétillant d'amusement.

— Tu as un fan, on dirait.

Non, non. Il ne pouvait pas plaisanter alors qu'il venait de me tendre une embuscade.

— Qu'est-ce que tu fais ici ?

Ma question ne fit qu'ajouter à sa détermination, et il vint me rejoindre, parvenant à occuper l'espace de sa présence plus imposante que jamais. Je le dévisageai avec méfiance.

— Nish a laissé mon nom à la réception pour que je puisse entrer. Mon chef d'équipe m'a autorisé à partir plus tôt. Je me disais que ma seule chance de te voir serait à l'école.

Mon pouls battait douloureusement à mon cou et cela devait se voir, j'étais donc heureuse d'avoir laissé mes cheveux détachés. Il était si tenace que j'étais tout aussi résolue à lui prouver que ça me laissait de marbre. Je tendis le menton avec obstination.

— Pourquoi ? Je t'ai déjà dit que je ne voulais pas t'écouter.

Il haussa les épaules, fourrant les mains dans les poches de son jean.

— Ton comportement me laisse penser l'inverse.

Je fulminai.

— Qu'est-ce qui te fait croire ça ?

Si sa lèvre avait de nouveau ce tic amusé, je n'hésiterais pas à le tuer. Il pointa deux doigts en direction des rides d'expression sur mon front.

— Ça ?

Il était grand temps de changer de tactique.

— Mais de quoi tu voudrais parler ? Tu détestes ça.

Il gloussa.

— J'ai changé, Hannah. J'aimerais juste que tu m'offres une chance de te l'expliquer. Je voudrais aussi pouvoir justifier mon comportement. Et te présenter mes excuses.

Une partie de moi mourait d'envie de céder, comme je l'aurais fait étant enfant, quand je cherchais son respect et son affection. Mais j'avais moi aussi changé. Il y avait veillé. Je m'appuyai sur mon bureau et croisai les bras sur ma poitrine.

— Me présenter tes excuses ?

Son regard trahissait un remords évident.

— Bien sûr.

— Est-ce que tu tenais sincèrement à moi ?

Une lueur intense illumina ses prunelles. Il répondit d'une voix plus profonde :

— Oui.

— D'accord. Dans ce cas, prouve-le-moi en sortant immédiatement de cette pièce.

Il se rembrunit aussitôt.

— Hannah...

— Prouve-le-moi, insistai-je avec force.

Il me dévisagea longuement, serrant les dents comme il le faisait toujours quand quelque chose le chagrinait. À ma grande surprise, et à mon immense soulagement, mais aussi à mon intense déception, il me salua d'un signe de tête et tourna les talons. Je le regardai s'en aller, la gorge asséchée par la soif, la faim et l'envie de pleurer.

8

Le jeudi soir, après mon cours pour adultes, je me rendis, comme à mon habitude, à la salle de sport. Je n'avais plus le temps de m'entraîner autant qu'à la fac, mais je me sentais toujours mieux quand je m'imposais au moins deux séances par semaine. Parfois, quand j'étais vraiment occupée, je n'en faisais qu'une seule. Toujours le jeudi soir. Comme pour les réunions du club de lecture du mercredi, j'attendais cette soirée avec impatience car, pendant une heure complète, j'arrivais à déconnecter du travail, de mes amis et de ma famille et à tout évacuer en suant un bon coup.

De temps à autre, bien que rarement, des gars se pensant irrésistibles tentaient de m'accoster alors que je me consacrais à mon exercice. Dans la plupart des cas, un silence prolongé suffisait à les décourager assez rapidement.

J'étais sur un tapis de course, lancée à un bon rythme, quand j'avisai du coin de l'œil un grand costaud prendre place sur l'appareil voisin. Ma peau brûla sous son examen insistant, mais je ne réagis pas.

Cependant… la sensation ne disparut pas, car il ne se détourna pas.

Agacée, je dardai sur lui un regard excédé et manquai tomber de mon tapis en me rendant compte qu'il s'agissait de Marco.

Il tendit la main pour me rattraper, mais je m'agrippai plutôt aux barrières, soulagée qu'il ne m'ait pas touchée. Je m'empressai de ralentir le rythme de la machine jusqu'à l'arrêter complètement afin de pouvoir braquer sur lui mes yeux furieux.

Il me dévisagea en retour, sans piper mot, tandis que j'essayais de comprendre la situation – tout en tâchant de ne pas remarquer combien il était beau avec son tee-shirt blanc et son pantalon de survêtement. À l'évidence, c'était un habitué des salles de sport.

Mais pas de la mienne !

— Qu'est-ce que tu viens foutre ici ? sifflai-je en refaisant ma queue de cheval, consciente que je devais avoir une allure atroce.

Il me décocha un sourire de petit garçon.

— Je m'entraîne.

Furieuse de me sentir bouleversée par ce sourire, je plissai les paupières et crachai, sans desserrer les dents :

— Je ne t'avais encore jamais vu ici.

— C'est parce que je n'étais jamais venu. Je viens de m'inscrire.

J'étais à peu près certaine qu'une veine venait de palpiter sous mon œil droit.

— Pourquoi ? Et pas de réponse évasive, cette fois.

Il sourit de nouveau, croisant les bras de manière à faire gonfler ses biceps. *Oh, mamma mia.*

C'était officiel. Je le détestais.

— Accouche ! m'exclamai-je, incapable de m'empêcher de le reluquer.

Il répliqua en gloussant :

— Anisha m'a dit que tu faisais du sport ici, alors moi aussi.

— Tu as décidé de me harceler partout ?

— Je préfère le terme « suivre activement ». Je te l'ai dit, je voudrais juste une chance de pouvoir m'expliquer.

Je secouai la tête, incrédule, avant de demander :

— Qui es-tu vraiment ?

— Plus celui que j'étais.

— Laisse tomber ma question, ça ne m'intéresse pas !

Je regrettai immédiatement d'avoir hurlé, car l'un des entraîneurs me décocha un regard d'avertissement. Je n'aimais pas du tout la mine triomphante de Marco. Je n'arrivais pas à lui cacher qu'il ne me laissait pas indifférente. Je reniflai d'un air dédaigneux et descendis de mon tapis.

— Je n'attends pas d'explication, et je me fous de savoir à quelle salle de sport tu es abonné. Je suis ici pour faire de l'exercice. Amuse-toi comme tu veux.

Je m'éloignai alors, raide comme un piquet, tout en me demandant si c'était ce short qui me faisait un cul tout plat. Je jurerais que mes fesses se mirent à rougir sous le tissu quand je l'imaginai loucher dessus.

Je montai sur un vélo elliptique en m'efforçant d'oublier Marco. Ce n'était pas évident, puisqu'il m'avait suivie comme une ombre et avait pris place sur l'appareil d'à côté. Je parvins néanmoins à faire comme s'il n'existait pas, alors même qu'il me traquait dans tout le gymnase si bien que nous devions donner l'impression d'être venus ensemble.

— Si tu veux faire des haltères, je peux t'assurer.

Il me sourit tandis que je prenais place sur le rameur. Je lui rétorquai avec un regard moqueur :

— Je préférerais qu'un éléphant souffrant de flatulences s'asseye sur ma figure.

Marco réprima péniblement un grand éclat de rire. Avait-il réellement changé ?

Mmm.

Non ! Pas « mmm ». Tu t'en contrefous, qu'il ait changé ou non !

— Imagé, commenta-t-il, les yeux pétillant d'amusement. Tu écris toujours ?

Je croisai les bras et adoptai une posture de défi.

— Il se trouve que oui. Tu veux connaître ma dernière histoire ? C'est celle d'un Américain maussade et bourré de problèmes qui couche avec une belle Écossaise. Elle lui dit qu'elle l'aime, et cela le dégoûte tellement qu'il va se réfugier de l'autre côté de l'océan pour la fuir, laissant derrière lui son cœur brisé et des draps maculés de sang.

Soudain, il n'y avait plus la moindre trace de bonne humeur sur le visage de Marco. Il avança d'un pas hésitant, tendit la main comme pour me toucher, me réconforter.

Je tressaillis, évitant son contact, sentant bouillonner la douleur et la rage sous mon calme de façade. J'ignore où je trouvai la force de conserver cet air serein, mais j'en étais soulagée.

— Non. Peu m'importe que tu aies changé. Je me fous de savoir qui tu es aujourd'hui. Je n'ai pas besoin de tes explications, je n'ai pas envie de les entendre, car ce que tu as fait, ce n'est pas à moi que tu l'as infligé, mais à cette fille que tu as plantée. Et je ne suis plus elle. Grâce à toi. *Elle* aurait peut-être eu besoin de réponses et d'excuses. Mais moi… je ne vois même pas de quoi tu parles.

Tu n'es qu'un pervers qui me harcèle dans ma salle de sport.

Sur ce, je fis volte-face et m'éloignai le plus vite possible, en priant pour qu'il ne voie pas mes jambes trembler.

La première chose que je fis en arrivant au vestiaire fut d'envoyer un SMS à Nish, en lune de miel aux Maldives. Je lui ordonnai grosso modo d'arrêter de donner mon emploi du temps à Marco ou d'autoriser la réceptionniste de l'école à le laisser entrer. Sinon...

Mon message était jalonné de mots grossiers.

Même si j'aurais eu le temps de retourner à la salle de sport le lundi suivant, je n'en fis rien. Je n'avais plus reçu d'appels ni de visites-surprises de Marco, mais je préférais ne pas courir le risque. Même si cela importait peu. Il avait gagné. Il occupait toutes mes pensées, comme il le souhaitait. Je m'attendais à le voir surgir n'importe quand, et je détestais me sentir aussi soulagée que déçue lorsque je ne l'apercevais pas de la journée. Comme si mon esprit savait précisément ce qu'il voulait, sauf que mon corps et mon cœur n'étaient pas du même avis.

J'avais essayé de me détendre en allant dîner avec Michaela et Colin le samedi soir et en assistant au déjeuner dominical chez mes parents. J'avais dû feindre à peu près correctement d'être calme et sereine, car je n'avais pas été harcelée de questions inquiètes. J'avais même réussi à convaincre Ellie, qui ne paraissait plus agacée en ma présence.

L'école était particulièrement épuisante, car nous n'étions qu'à quelques jours de Halloween et les gamins étaient surexcités. J'avais donc plus hâte que jamais d'assister à mon club de lecture, car c'était à la fois décontractant, intéressant et à mille lieues de mes tracas du quotidien. Nous formions un groupe de onze personnes, mais généralement seules sept ou huit étaient présentes. La fourchette d'âge allait de vingt et un ans (moi) à cinquante-huit ans (Ronnie, une assistante dentaire qui ne mâchait pas ses mots). Nous étions en train de lire *La Couleur des sentiments*, et je savais que le sujet occasionnerait de nombreux débats. Voilà qui me permettrait de véritablement me changer les idées.

J'entrai dans la salle qui nous était réservée au foyer municipal en me disant que c'était la soirée ou jamais pour oublier définitivement Marco et son étrange comportement.

Je saluai d'un sourire le seul homme de notre groupe, Chris, un professeur d'histoire de quarante-cinq ans. Il était également inscrit au club d'échecs et dans l'équipe de bowling, car il cherchait à se reconstituer un réseau social après son divorce. Je m'installai à ma place habituelle, entre Chris et Laila, une blogueuse de vingt-cinq ans dotée d'une mémoire photographique impressionnante et qui avait lu plus d'ouvrages durant son quart de siècle passé sur cette planète que tous les autres réunis.

— Oh, Hannah, viens donc faire la connaissance de notre dernière recrue ! s'exclama Ronnie.

Je levai les yeux de mon exemplaire du livre et fus accablée d'incrédulité.

Marco se tenait, tout sourire, à côté de Ronnie.

— Oh, mon Dieu, murmura Laila en le dévorant du regard. Il ressemble trop au petit ami dans mon dernier bouquin.

Je la toisai d'un œil torve avant de me lever lentement. Je me dirigeai vers Ronnie et Marco, sans savoir comment j'allais gérer cette nouvelle situation et en me demandant comment mettre un terme à ce picotement qui me prenait entre les cuisses chaque fois qu'il posait les yeux sur moi.

Je le sentis qui m'examinait, s'attardant sur mes seins, sur la courbe de mes hanches et sur mes jambes, avant de repartir dans l'autre sens. Quand nos prunelles se croisèrent, les siennes étaient emplies d'une chaleur éhontée pour laquelle je me serais damnée cinq ans plus tôt.

— Marco, déclarai-je d'un ton neutre, décidant de ne pas dissimuler le fait que nous nous connaissions déjà.

Ronnie en tomba des nues.

— Vous vous êtes déjà rencontrés ?

— Ouaip.

Je l'interrogeai d'un haussement de sourcils, et il m'adressa une nouvelle fois ce sourire. Ce nouveau sourire. Qui produisait un effet immédiat sur mes parties intimes.

Salopard.

— Eh bien, c'est une sacrée coïncidence, commenta Ronnie en souriant et en nous examinant tour à tour.

— Oui, on peut dire ça, répondis-je avec ironie.

Marco éclata de rire.

Ronnie parut soudain confuse.

— Eh bien, Marco... j'ignorais que tu aimais lire.

J'adoptais moi aussi un air perplexe.

— Ouais. (Il acquiesça innocemment.) Je suis un gros lecteur.

— Ou un gros menteur, marmonnai-je discrètement.

— Pardon, Hannah ? me fit répéter Ronnie en tendant l'oreille vers moi.

Je l'ignorai aussi poliment que possible et décochai un sourire mielleux à Marco.

— Ravie que tu nous rejoignes. Comment as-tu découvert l'existence du club ?

Il gloussa.

— Anisha. Apparemment, elle réagit mal aux menaces. Tu sais de quoi elle parle ?

Nish. Évidemment. J'aurais dû me douter que si je lui ordonnais de faire quelque chose, elle réagirait à l'inverse.

— Pas du tout, non, mentis-je. Mais je vais quand même la tuer.

Ronnie soupira.

— Je n'y comprends vraiment rien.

Je poussai à mon tour un soupir.

— Si on commençait ?

Nous nous installâmes. Marco s'assit à côté de Ronnie, juste en face de moi dans le cercle. Tous les regards se braquèrent sur lui quand Ronnie effectua les présentations, pas seulement parce qu'il était nouveau, mais surtout car il sortait du lot par bien des aspects. Premièrement, il était magnifique ; deuxièmement, il était américain ; et troisièmement, il avait ce je-ne-sais-quoi de spécial qui attirait l'attention.

Je lui aurais balancé mon livre dans la figure si cela n'avait pas risqué d'entraîner mon exclusion du groupe. J'y songeai néanmoins sérieusement et, au rire silencieux qui étira les lèvres de Marco, je compris qu'il savait exactement ce que j'avais en tête.

Je le fusillai du regard avant de me détourner.

— Est-ce que tu as lu *La Couleur des sentiments*, Marco ? l'interrogea Ronnie, manifestement sous le charme.

— Malheureusement, non.

— Ce n'est pas grave. Essaie malgré tout de suivre notre conversation.

— Bien sûr.

Bien sûr. J'eus une moue puérile et son ricanement me poussa de nouveau à le défier du regard. Il se moquait de moi. Il me trouvait drôle.

Il s'éclatait !

Je tentai de participer à la discussion, d'exprimer toutes les idées intelligentes que j'avais au sujet du bouquin, mais à cause de ces yeux bleu-vert qui ne me lâchaient pas, mon cerveau refusait de coopérer.

Une demi-heure plus tard, Chris m'adressait des regards inquiets et Ronnie jubilait car elle lançait la plupart des sujets intéressants de la semaine. Elle se tourna vers Marco.

— Voudrais-tu ajouter quelque chose, maintenant que tu en sais un peu plus sur l'histoire ?

Je me figeai, rivant malgré moi les yeux sur lui. Mon cœur s'accéléra.

Marco ne me déçut pas. Il me regarda bien en face et déclara :

— Il semblerait que ce soit un livre sur la détermination, la volonté d'atteindre son but malgré les obstacles ou les retombées potentielles. C'est le genre de livre que j'aime.

Je restai alors tétanisée, le dévisageant tandis qu'il m'étudiait avec une résolution semblable à celle qu'il venait de décrire. Mes paumes étaient soudain moites de sueur, le sang me battait aux oreilles. Je me demandai comment j'étais censée réagir à cela.

Il venait de m'annoncer qu'il n'abandonnerait pas.

Et je le croyais.

Je me raclai la gorge et me levai brutalement, rangeant mon livre dans mon sac. Sans un mot, je me précipitai dehors malgré les questions inquiètes de Ronnie et les murmures stupéfaits de mes camarades.

9

— *Quand je suis avec toi, j'ai l'impression que tout va s'arranger. Je n'arrive pas à l'expliquer.*

Je ne parvenais pas à me sortir la voix de Marco de l'esprit, à faire taire ces mots qu'il m'avait dits si longtemps auparavant. Ils avaient alors énormément compté, car je savais qu'il n'était pas à l'aise pour exprimer ses sentiments, et qu'il avait ce jour-là accepté de s'ouvrir à moi.

Malgré tout ce qui s'était passé, malgré le fait qu'il m'ait plaquée et brisé le cœur, je restai hantée par ces paroles.

Debout sur le petit patio à l'arrière de la maison où j'avais grandi, je contemplais le sol en me disputant intérieurement, me traitant d'idiote pour ne me rappeler que le meilleur alors que c'était le pire qui m'avait fait tant souffrir. Mais d'une certaine manière, j'imagine que le pire n'aurait pas été si terrible si le meilleur n'avait pas été si parfait.

— Nanna.

Je me retournai vers la porte-fenêtre qui donnait sur la salle à manger et depuis laquelle Cole m'observait avec inquiétude. À présent que la fenêtre était ouverte, les bruits de l'intérieur me parvenaient, bien qu'assourdis. Même si Joss, Braden, Beth et Luke n'avaient pas pu se joindre à nous car ils avaient obtenu des billets pour une comédie musicale destinée aux enfants, la maison restait bien encombrée et bruyante. Liv et Nate étaient là, cette fois, avec Lily et January. Ellie et Adam étaient venus avec William, et Jo, Cam, Cole, Dec et Penny complétaient notre grande réunion.

Je souris à Cole. Depuis que Lily avait commencé à m'appeler Nanna, il l'imitait par jeu.

— Quoi de neuf ?

Il sortit à ma rencontre, seulement vêtu d'un tee-shirt léger qui laissait apparaître ses tatouages.

Je fronçai les sourcils, craignant qu'il attrape froid dans l'air glacial de ce mois de novembre.

— Va donc mettre une veste.

Il eut un rictus amusé.

— Ça va, maman.

— Tu vas choper la crève.

— Ça va, insista-t-il. Toi, par contre, j'ai des doutes.

J'avais de plus en plus de mal à faire croire à mes proches que je n'étais pas de mauvaise humeur. J'avais passé la semaine précédente complètement chamboulée, perdue dans mes réflexions. Je ne savais plus que penser de l'insistance de Marco et, comme personne n'était au courant de toute l'histoire, je ne savais pas non plus vers qui me tourner. Et au final, tout était ma faute.

— Hannah, sérieux. (Le sourire de Cole s'effaça, remplacé par un profond sillon entre ses sourcils.) Tu n'as pas donné de nouvelles de la semaine et tu restes dehors toute seule, comme si tout le poids du monde t'accablait. Dis-moi ce qui se passe.

Je soupirai, ne voulant pas l'énerver avec un mensonge évident.

— Tu te souviens de Marco, au mariage ?

Il acquiesça en attendant que je poursuive.

— J'étais amoureuse de lui.

Il haussa les sourcils en apprenant cette nouvelle.

— Comment se fait-il que je n'en aie rien su ?

— On n'était pas aussi proches qu'aujourd'hui, à l'époque. Jo, Ellie, Joss et Liv sont au courant. On s'est rencontrés quand j'avais quatorze ans et quittés fâchés quand j'en avais dix-sept. Comme il est plus âgé, on n'était qu'amis. Je lui donnais quelques cours particuliers. Mais j'ai toujours voulu aller plus loin. On s'est embrassés (je passai sous silence les informations les plus embarrassantes), et juste alors que je commençais à croire qu'il partageait mes sentiments, il est rentré en Amérique. Je ne l'avais pas revu avant le mariage… et il m'a appris qu'il était de retour à Édimbourg depuis *quatre ans*.

Les yeux de Cole scintillèrent de compassion.

— Je suis navré, ma belle. Si j'avais su, je ne t'aurais jamais laissée seule, ce soir-là.

— J'en avais besoin, le rassurai-je.

— Manifestement, sa réapparition te fait cogiter.

— Non, c'est plutôt sa présence.

Cole se rembrunit aussitôt.

— Qu'est-ce que ça veut dire ?

— Ça veut dire qu'il veut que je lui laisse une chance de m'expliquer pourquoi il est parti, et qu'il se pointe partout où je vais pour me forcer à l'écouter.

Je lui racontai nos rencontres à l'école, à la salle de sport et au club de lecture.

Il se radoucit, semblant même amusé.

— Alors, écoute-le.

J'eus un brusque mouvement de recul.

— Pas question. Il ne le mérite pas.

— Hannah, vous n'étiez que des gamins. S'il se donne tant de peine, c'est qu'il se sent vraiment mal et désire une seconde chance.

— Il aurait pu la réclamer n'importe quand durant ces quatre ans.

— Il ne savait peut-être pas quoi te dire.

— Tu es de quel côté ?

— Du tien, répliqua-t-il avec un petit rire. Mais, bon sang, tu te fais des nœuds au cerveau en y réfléchissant, alors qu'il suffirait peut-être d'une bonne conversation pour y voir plus clair. C'est justement ce qu'il te propose.

Je l'observai par en dessous, mécontente.

— Si j'avais voulu entendre la voix de la raison, je te l'aurais demandé directement.

Cole pouffa.

— Je dis ça comme ça, mais à moins qu'il y ait quelque chose que tu ne m'aies pas dit, je trouve qu'il mérite de pouvoir se justifier. (Il eut soudain l'air suspicieux.) Il y a autre chose, c'est ça ?

Je secouai la tête avec un calme feint.

— Non... mais à cause de lui, j'ai pris une décision stupide, à l'époque, alors voilà.

Cole sembla comprendre et me répondit gentiment :

— Tu ne peux pas lui reprocher tes actes.

M'en voulant de mentir à Cole, et reprochant à Marco et moi-même la situation dans laquelle je me trouvai vis-à-vis de ma famille, j'acquiesçai d'un air abattu. Je n'obtiendrais jamais de bons conseils sans établir toute la vérité, et je n'avais aucune intention de revenir sur la version que je leur avais livrée à tous.

— Assez parlé de moi, décrétai-je. Comment vas-tu ? Et Steph ?

Il fit la moue.

— On a rompu hier soir.

Je restai bouche bée.

— Et tu ne me dis ça que maintenant ?

Il haussa les épaules.

— Il n'y a pas grand-chose à ajouter. On est sortis après le boulot, on a croisé des copains de lycée et elle s'est pris la tête avec l'une des filles.

— Elle s'est pris la tête ?

— Sa jalousie est risible. Elle a de vrais problèmes de confiance. Il était temps de passer à autre chose.

— On a tous nos problèmes, Cole. Les relations ne sont jamais faciles. Parfois, il faut y mettre du sien.

— Je suis bien d'accord, mais je n'avais aucune envie de faire plus d'efforts. Qu'est-ce que ça veut dire, à ton avis ?

— Que ça n'était pas la bonne.

— Exactement. (Il se retourna vers la porte.) Maintenant qu'on a fait le tour de nos problèmes existentiels, si on allait manger ?

— Tu es sûr que ça va ? lui demandai-je en le suivant à l'intérieur.

— Oui, oui, promit-il. Je suis même soulagé, en réalité. Les problèmes de Steph m'épuisaient.

Même si son bonheur m'importait plus que tout, je ne pus m'empêcher de compatir pour Stephanie. Les paroles de Cole me déprimèrent et je les pris bien plus à cœur qu'il ne l'aurait voulu. Mais à vrai dire, j'étais comme elle. Je n'étais pas d'une jalousie maladive, mais mes propres insécurités me venaient de mon manque de confiance envers le sexe opposé. C'était dingue, j'en avais conscience. Je n'étais entourée que d'hommes biens qui ne trompaient pas leur femme, mais ce que Marco m'avait fait subir et les conséquences de cette soirée m'avaient profondément marquée. Et j'étais plus ou moins parvenue à oublier cette vilaine cicatrice, jusqu'à ce qu'il reparaisse subitement dans ma vie. Au fond, cependant, si je ne m'étais jamais donné la peine de chercher à établir une relation sérieuse, c'était à cause de Marco, et parce que je soupçonnais que la plupart des mecs réagiraient comme Cole avec Steph : avec ambivalence et impatience. Alors pourquoi se fatiguer à essayer ?

— Il se passe quelque chose, dit Jo d'un air songeur, en contemplant Liv et Nate, assis de l'autre côté de la table.

Elle agita sa fourchette dans leur direction.

— Qu'est-ce qui cloche, chez vous ?

Cam ricana.

— Peut-être que ça les regarde, ma belle.

— Eh bien, ça les regarderait s'ils arrivaient à faire comme si tout allait bien, mais ça semble particulièrement tendu, intervint Ellie.

Liv roula les yeux.

— Nate est un boulet.

L'intéressé continua de contempler son assiette.

— Nate n'a rien fait du tout, marmonna-t-il en retour.

Il avait clairement fait quelque chose. Il adressait à peine la parole à sa femme et, quand il y était contraint, il fuyait son regard.

— Eh, lavez votre linge sale chez vous, implora Cole.

— Ce n'est pas notre linge sale. (Liv fit la grimace.) C'est un exemple typique de l'immaturité masculine.

— Oh, raconte.

Ellie se pencha vers elle avec gourmandise.

— Je faisais du tri à la maison, et je lui ai très spécifiquement demandé de faire une pile de choses qu'il voulait donner aux associations, et une autre pour celles qu'il voulait garder. Ce n'est pas ma faute s'il a mélangé les deux tas.

— Je ne les ai pas mélangées. (Il la toisa d'un œil torve.) Pourquoi est-ce que j'aurais donné tous mes tee-shirts préférés ? Ça ne t'a pas paru bizarre, quand tu les as ramassés, qu'ils se trouvent *tous* dans la même pile ?

Elle renifla avant de répondre :

— Je ne les ai pas passés en revue. J'ai présumé que tu les avais mis dans la bonne pile, et j'ai tout fourré dans le sac avant la collecte.

— Mais merde, certaines de ces fringues étaient irremplaçables.

Lily eut un petit hoquet offusqué, et Nate ferma les yeux en grimaçant.

Liv se rembrunit.

Avec un soupir, Nate pivota sur sa chaise pour s'adresser à sa fille, assise avec Ellie à la table des enfants.

— C'était un vilain mot, ma puce. Ne le répète pas. Papa n'aurait pas dû dire ça, il est désolé.

Lily opina du bonnet de façon trop craquante. Mon Dieu, était-il possible de ne pas succomber à son charme enfantin ?

Nate se retourna vers sa femme.

— Tu es contente ? On peut éviter de parler de ça devant les enfants ?

— Bien sûr. (Elle haussa nonchalamment les épaules, avant de picorer dans son assiette.) Mais je ne comprends pas pourquoi tu es tellement en colère. Si tu t'étais donné la peine de vérifier dans le sac que j'ai posé à côté du lit hier après-midi, tu aurais vu que j'avais appelé le service de ramassage pour leur expliquer la méprise et que j'étais allée tout récupérer. (Elle coula un regard noir dans sa direction.) J'aimerais cependant te rappeler que les seules choses dans ta vie qui sont réellement irremplaçables sont assises dans cette pièce.

— Bravo, murmura maman.

Nate eut soudain l'air déconfit.

— Tu as tout récupéré ?

— Bien sûr que oui.

— Et pourquoi tu ne m'as pas prévenu ?

— Parce que, maintenant, j'ai un atout à faire valoir la prochaine fois que je ferai une bêtise. Je te rappellerai que tu t'es comporté comme un sale gosse pendant quarante-huit heures sous prétexte que j'ai accidentellement donné ton tee-shirt Borg aux bonnes œuvres.

— C'est celui que je portais le jour de notre rencontre.

Elle plissa les paupières.

— Oh non, ne me sors pas d'excuses pseudo-romantiques pour justifier ton comportement et me sucrer mon arme.

— Ton arme ? m'étonnai-je. Le mariage est une question d'armes ?

— Oui, répondirent en chœur tous les couples mariés de la tablée.

Je plissai le nez.

Ellie agita sa fourchette dans ma direction.

— Quand tu fais une connerie - car si tu es mariée, tu es vouée à faire une connerie un jour ou l'autre -, il vaut toujours mieux avoir une liste de celles de ton partenaire pour pouvoir lui mettre le nez dessus et obtenir son pardon bien plus rapidement. Ça permet de rétablir la paix sociale.

— Dans le cas présent, jubila Liv, j'ai un peu merdé, mais Nate a merdé encore plus, si bien que la prochaine fois que je merderai il me pardonnera beaucoup plus vite.

— Ça m'a l'air… très adulte, commentai-je d'un ton sarcastique.

— Ce n'est peut-être pas très subtil, mais ça marche du tonnerre, témoigna Adam.

— Les gens mariés sont bizarres. (Je me tournai vers Cole.) Rappelle-moi de ne jamais dire oui.

— Il faudrait d'abord que tu acceptes de sortir avec quelqu'un, me rétorqua-t-il.

Je lui lançai un regard assassin, mais avant que j'aie eu le temps de répliquer quelque chose, Adam déclara :

— Au fait, Hannah, tu ne m'avais pas dit que tu connaissais Marco D'Alessandro.

Jo se crispa en entendant ce nom et posa aussitôt les yeux sur moi.

— Quoi ? demanda doucement Adam, conscient du changement brutal d'atmosphère.

Je pris une longue inspiration avant de me tourner vers lui.

— Je ne pensais pas que tu le connaissais aussi.

— Il est menuisier dans l'une de nos équipes. Le contremaître, Tam, dit beaucoup de bien de lui et est persuadé qu'il sera à son tour chef d'équipe d'ici quelques années. Je n'en doute pas. Il est toujours présent pour remplacer Tam et il est au courant de tout ce qui se passe sur le chantier. Je le connais depuis deux ou trois ans. Ça a l'air d'être un type bien. Travailleur et responsable. Il ne savait pas qu'on était de la même famille. C'est le mari d'une de tes collègues qui le lui a dit.

— Oh, fut ma seule réponse.

— Oh ? (Adam fronça les sourcils.) À l'entendre, vous étiez proches.

J'interrogeai Ellie du regard, me demandant si elle savait qu'Adam comptait me questionner de la sorte, mais elle paraissait aussi surprise que moi. Ne tenant pas à aborder le sujet devant mes parents, je haussai les épaules.

— On était très bons amis à l'école.

Adam semblait toujours aussi perplexe.

— Il n'est pas plus âgé que toi ?

— Si, de quelques années.

— En tout cas, il m'a dit qu'il avait essayé de reprendre contact avec toi.

Cole ricana.

Je fis mine de ne pas l'avoir entendu et adressai à Adam un nouveau haussement d'épaules innocent.

— Oui, il m'a laissé des messages. (Cole pouffa plus fort.) Mais je suis très occupée en ce moment.

— Tu ne m'as pas dit qu'il t'avait recontactée, s'étonna Jo, dont les magnifiques yeux verts trahissaient l'inquiétude. Ça va ?

— Qui est ce garçon, Hannah ? voulut soudain savoir maman.

— Depuis combien de temps il est rentré ? insista Jo.

— Ça ne peut pas être un petit ami, renchérit maman en secouant la tête. Tu m'en aurais parlé, n'est-ce pas ?

Jo se pencha vers moi.

— Quand est-ce que tu l'as revu ? Est-ce qu'il s'est expliqué ?

— D'où vient-il ? Où était-il parti ? Bon, je ne comprends rien du tout...

— Hannah, tu veux bien venir m'aider pour le dessert, ma puce ? me demanda papa en se levant.

Je repoussai ma chaise en adressant à mon père un sourire reconnaissant.

— Bien sûr. (Je m'empressai de quitter la pièce, trop heureuse de le suivre dans la cuisine pour échapper à mon interrogatoire.) Tu me sauves la vie.

Papa me sourit tendrement et entreprit de sortir des bols du placard.

— Ce n'est rien.

Nous démoulâmes silencieusement le diplomate. Puis...

— Hannah. (Papa arrêta ce qu'il était en train de faire et fixa la table des yeux, l'air tendu.) Ce Marco... il n'est pas... ?

Je déglutis, sentant mon cœur s'accélérer.

— Papa.

Je ne voulais pas lui mentir. Pas à lui.

Il me lança un regard furieux.

— Est-ce qu'il est au courant ?

Je secouai la tête.

— Pourquoi est-il revenu ?

— Il voudrait que je lui laisse une chance de m'expliquer pourquoi il est parti si subitement. Après... il est rentré en Amérique avant que...

Papa souffla longuement, et sa colère se dissipa.

— Depuis combien de temps essaie-t-il de te recontacter ?

— On s'est croisés à un mariage il y a quelques semaines. Il n'a pas lâché le morceau depuis.

— Avant... quel genre d'homme était-il ? Est-ce qu'il était gentil avec toi ?

Pour une raison ou pour une autre, cette question provoqua en moi une déferlante d'émotions. Ma gorge se noua, mon nez et mes yeux se mirent à me piquer.

— Oui. Très gentil. On s'est rencontrés le jour où il m'a défendue contre un sale type qui me harcelait. Depuis, chaque fois que je ratais le bus,

Marco était là pour me raccompagner, pour s'assurer qu'il ne m'arrivait rien.

Bon sang, je l'avais tant aimé. Peut-être d'un amour imbécile et naïf, mais d'un amour véritable.

Papa fit glisser sa main sur la table jusqu'à recouvrir la mienne.

— Dans ce cas, peut-être qu'il mérite d'avoir une chance de s'expliquer.

J'en fus surprise.

— Je pensais que tu serais furieux après lui.

— Je lui reproche toujours ses choix, mais je ne peux pas lui en vouloir pour ce qui s'est passé ensuite. Il ne savait pas ce que tu endurais, Hannah. Si son explication ne tient pas la route, on pourra recommencer à le détester. Mais il avait peut-être une vraie raison de te quitter.

— Comment peux-tu être aussi pragmatique ?

— Eh bien, répondit-il dans un soupir, je ne le connais pas, donc je ne peux pas comprendre ce qui s'est passé réellement. Tout ce que je sais, c'est que j'ai une fille forte qui se laisse rarement décontenancer. Si, avec lui, tu ne sais plus trop où tu en es, c'est peut-être qu'il y a une raison. Quand j'ai rencontré ta mère, je ne tournais plus rond.

J'eus un léger rire avant de lui donner un coup d'épaule.

— Tous ces couples heureux en ménage t'ont attendri, papa.

— Nan, c'est juste l'âge, plaisanta-t-il en se saisissant de deux bols pour les apporter à la salle à manger.

— Papa, le retins-je. N'en parle à personne. Tu es le seul à être au courant.

Il acquiesça lentement.

— D'accord. Mais j'aimerais que tu te demandes pourquoi tu cherches à le protéger si tu ne tiens plus à lui.

Plus perdue que jamais, je le regardai sortir de la cuisine en réfléchissant à sa question. Je ne trouvai aucune réponse. Les mains tremblantes, je saisis à mon tour deux bols avant de retourner à table, où je découvris avec soulagement que Marco n'était plus au cœur des conversations.

10

Une pause dans la discussion durant mon cours pour adultes me fit sourire.

— Vous savez, vous qui vous plaignez que c'est la partie que vous aimez le moins, vous avez quand même beaucoup à en dire.

Duncan eut un petit sourire tandis que les autres rirent franchement. À l'exception de Lorraine, qui n'avait pratiquement rien dit de la soirée.

J'avais découvert qu'un des meilleurs moyens d'aider mes élèves à développer leur capacité de lecture était de leur donner quelque chose à lire à la maison avant d'en discuter en groupe. La plupart d'entre eux ne maîtrisaient que des rudiments, mais ils progressaient à pas de géant. Je me rendis compte dans la conversation qu'ils comprenaient mieux certains mots de leur texte quand tous n'en saisissaient pas le sens, mais que d'autres le leur expliquaient. Ils s'entraidaient ainsi sans même s'en rendre compte.

— Bon travail, tout le monde. (Je me levai.) Essayez de lire le chapitre six pour la semaine prochaine. D'ici là, bonne soirée à tous.

Nous nous dîmes au revoir et mes élèves partirent l'un après l'autre, jusqu'à ce qu'il ne reste que Lorraine. Depuis notre petit entretien, elle n'avait pas manqué un seul cours. Toutefois, elle refusait toujours obstinément des leçons particulières, et les défis de lecture que je leur proposais la mettaient mal à l'aise. J'avais saisi bien vite qu'elle préférait qu'on soit franc avec elle, plutôt que de tourner autour du pot.

— C'est à cause de moi ? lui demandai-je.

Elle redressa brusquement la tête en fronçant les sourcils.

— De quoi ?

— C'est à cause de moi que tu ne dis rien en classe ?

Elle haussa les épaules.

Je lui adressai un regard interrogateur.

— Ça ne peut pas venir des autres. C'est impossible. Tu les as vus patauger, et tu as constaté à quel point chacun se montre gentil et patient avec les autres. Toi-même, tu as fait preuve de patience. Et de gentillesse. Ce n'est donc pas à cause d'eux que tu es mal à l'aise ou effrayée. C'est à cause de moi ?

— J'ai pas peur, rétorqua-t-elle.

J'allai délicatement lui prendre son livre des mains. Je l'ouvris au chapitre que nous venions d'aborder et le lui rendis.

— Lis-moi les deux premières phrases.

Elle me considéra d'un air incrédule. Néanmoins, cela me permit de voir ce qu'elle cherchait si désespérément à cacher. Sa peur.

Elle plaça brusquement le livre devant ses yeux et déglutit. Bruyamment. Elle commença à lire avec un soin minutieux. Près de la fin, elle hésita sur un mot. Elle m'observa avec inquiétude et se mit à rougir.

Je conservai un air parfaitement neutre.

— Continue.

Une étincelle de colère s'alluma dans ses prunelles quand elle se pencha de nouveau sur sa page.

— C'est pas un mot. (Elle fronça les sourcils.) Feu-ri-guide.

— Non, tu te souviens de la règle du *g* ? Quand il n'est pas suivi d'un *u*, il se prononce comme le *j*.

Lorraine se concentra sur le mot.

— Il n'y a pas de *u*. Feu-ri-gide. Feurigide. (Elle relut la phrase dans son ensemble, et ses traits se décontractèrent quand elle articula :) Frigide. (Elle haussa les épaules.) J'ai toujours cru qu'ça s'écrivait avec un *j*.

Je reculai d'un pas.

— Bravo, en tout cas.

Elle baissa la tête.

— Ouais, c'est ça. (Elle ramassa brusquement son sac et me bouscula en sortant.) À la s'maine prochaine.

Je restai songeuse un moment après qu'elle eut quitté la pièce. Lorraine était un peu vulgaire, n'était pas très bien élevée et manquait d'éducation, mais je ne pouvais m'empêcher de respecter le fait qu'elle persévérait malgré ses craintes.

Le cœur battant la chamade et le ventre noué, je m'installai sur la banquette de mon salon pour contempler la rue et son éclairage artificiel. Des flaques scintillaient à la lumière des réverbères. Je serrai mon téléphone dans ma main et inspirai profondément.

En parcourant la liste de mes appels reçus, je retrouvai rapidement le numéro. M'inspirant alors de l'opiniâtreté de Lorraine et en continuant de me poser la question de mon père, j'appuyai sur le bouton d'appel.

Il y eut trois sonneries avant que...

— Hannah ? répondit Marco, agréablement surpris.

— Salut, répliquai-je doucement en tâchant de faire ralentir mon rythme cardiaque. Je...

Sa voix était pleine d'une appréhension que je ne connaissais que trop bien quand il m'interrompit :

— Est-ce que tout va bien ?

Je soufflai lentement.

— J'ai finalement décidé que je voulais savoir pourquoi tu m'avais abandonnée ce soir-là.

Il resta muet un instant, et je m'apprêtais à rompre le silence quand il déclara :

— J'aimerais te demander ce qui t'a fait changer d'avis, mais je vais éviter pour ne pas que tu cogites. Je suis content que tu m'aies appelé, mais je préférerais en parler en tête à tête. Est-ce que ça te conviendrait ?

— Si je refuse, tu vas sans doute te pointer à mon prochain rendez-vous chez le dentiste, non ?

Il rit doucement, et ce son délicieux me provoqua des fourmillements.

— Je ferai tout ce qu'il faudra.

— Je n'arrive toujours pas à croire que tu te sois inscrit à mon club de lecture, marmonnai-je.

— Mais ça t'a convaincue de m'appeler, pas vrai ?

— Faites attention où vous mettez les pieds, monsieur D'Alessandro, l'avertis-je.

Il gloussa.

— D'accord. Je serai sage... à condition que tu m'invites chez toi demain soir pour discuter.

Une vive appréhension me saisit quand je nous imaginai seuls dans mon appartement.

— Je ne pense pas que ce soit une bonne idée.

— Hannah, c'est une affaire privée. Ce que j'ai à te dire est intime, et je ne serais pas forcément à l'aise de savoir que n'importe quel voisin de table peut l'entendre.

Je pris le temps d'y réfléchir et dus bien reconnaître qu'il n'avait pas tort. Je ne voulais pas non plus qu'un inconnu nous écoute.

— Très bien, grommelai-je en lui donnant mon adresse. Dix-huit heures.

— Ça inclut le dîner ? m'interrogea-t-il d'une voix enfantine et enjouée qui me surprit.

— On verra.

Je raccrochai sans lui dire au revoir.

J'étais brûlante et extrêmement agitée tant mon cœur avait pompé d'adrénaline. Je ne m'étais pas sentie aussi éveillée depuis très, très longtemps.

Ma journée de cours fut des plus floues. J'étais si préoccupée par l'idée de recevoir Marco ce soir que je ne sais même pas comment je parvins à assurer mes leçons. Quand enfin cette traversée du désert toucha à sa fin, je m'empressai de rentrer chez moi, l'estomac en vrac, pour préparer le repas. J'eus même du mal à décider quoi cuisiner, car je ne voulais pas que Marco s'imagine que j'essayais de l'impressionner, mais je ne tenais pas non plus à le rendre malade en lui concoctant un plat auquel il serait allergique.

J'optai donc pour une salade et des pâtes. On ne peut pas se tromper avec une salade et des pâtes. Cela allait à l'encontre de l'éducation dispensée par ma mère depuis l'âge de trois ans de ne pas dresser la table alors que quelqu'un venait dîner à la maison, mais je ne voulais pas non plus que Marco se méprenne sur la nature de cette soirée.

Qui croyais-je duper ? Même moi, j'en ignorais la nature.

Je retirai mes habits de travail pour passer un vieux jean usé et un top à manches longues en thermolactyl. Je ramassai mes cheveux en un chignon rapide et eus un hochement de tête en me découvrant dans le miroir. Ce pantalon me faisait un super cul, mon haut était suffisamment moulant pour mettre mes seins en valeur, mais ma tenue globale semblait dire « Je suis à la maison, je me fous de ton avis ».

— Parfait.

Je fis volte-face et sortis de ma chambre pour gagner la cuisine. La sonnette m'arrêta à mi-chemin.

J'étais sur le point de vomir. J'allais tout rendre sur mon magnifique parquet.

— Respire profondément, me conseillai-je en me dirigeant vers la porte. Oui ? dis-je en décrochant l'interphone.

— C'est Marco.

J'allais vraiment me sentir mal. J'appuyai sur le bouton pour le laisser pénétrer dans l'immeuble.

Le sang me battant aux tempes, je tentai de me concentrer sur la rencontre à venir et tâchai d'arborer un masque d'indifférence. J'ouvris la porte pour entendre ses bruits de pas dans l'escalier.

Dès que je vis sa tête apparaître, mon estomac se noua. Il leva les yeux vers moi en achevant son ascension et m'adressa un sourire timide. *Putain.* Pourquoi fallait-il qu'il m'attire autant ? Pourquoi conservai-je tant de bons souvenirs de lui ?

Il m'examina des cheveux aux orteils, et j'eus la nette impression que ma tenue ne lui déplaisait pas. Pas du tout. Jouant le détachement, je m'effaçai pour le laisser passer.

— Entre.

Il s'exécuta, et je me sentis soudain toute petite ; et, malgré sa désertion, en sécurité.

— Tu as encore grandi ? grommelai-je en m'éloignant de lui et de son parfum irrésistible.

Il referma la porte en secouant la tête.

— Pas que je sache.

Alors que je l'examinai de nouveau, je compris que cela n'avait rien à voir avec sa taille. C'était sa musculature. J'avalai ma salive en découvrant ses biceps parfaitement mis en valeur par son tee-shirt à capuche moulant.

— Par ici, parvins-je à articuler.

Je lui tournai le dos pour ne plus voir sa mine amusée.

Il me suivit au salon, où la table était dressée, au fond de la pièce.

— Bel appartement, commenta-t-il.

Il remarqua les piles de livres disséminées aux quatre coins et m'adressa ce demi-sourire irrésistible qui me faisait ressentir des choses que je ne voulais pas éprouver.

— Ça manque peut-être d'étagères, ajouta-t-il.

Je ne relevai pas et lui désignai la table.

— Va t'asseoir. Je vais chercher le repas.

Marco haussa les sourcils.

— Tu as donc cuisiné ?

Je plissai les paupières.

— Seulement parce que j'avais faim.

— Je n'en doute pas.

Furieuse d'avoir échoué à paraître indifférente à sa présence, je gagnai la cuisine à grands pas et m'agrippai quelques secondes au comptoir pour prendre une longue inspiration.

Tu peux le faire. Ce n'est qu'un garçon. Ce n'est qu'un garçon. Ce n'est qu'un garçon. Je me répétai cette phrase tel un mantra, puis récupérai le plat de pâtes et la salade.

— Ça a l'air très bon, estima Marco quand je posai le tout sur la table.

Je me raclai la gorge avant de proposer d'un ton bourru :

— Bière ?

Ses lèvres s'ourlèrent aux commissures et je vis l'amusement danser dans ses yeux épatants.

— Je veux bien.

J'allai lui chercher une bouteille que j'abattis sèchement devant lui, puis je me vautrai sans grâce sur la chaise en face de la sienne. Je lui désignai les saladiers.

— Sers-toi.

N'arrivant plus à dissimuler son air réjoui, il sourit à pleines dents en prenant de la salade.

— Tu sembles tendue.

Ah bon ? Extérieurement, je me contentai de hausser les épaules.

— Eh bien, je vais bien.

Son expression m'indiqua qu'il n'y croyait pas une seconde. Dès qu'il eut fini de se servir, je lui arrachai la jatte des mains pour laisser tomber quelques feuilles au fond de mon assiette tandis qu'il se versait une part de pâtes à la sauce tomate. Nous commençâmes à manger en silence.

J'avais peur de perdre soudainement les pédales et de me jeter par l'oriel. J'attendais qu'il prenne la parole, qu'il s'explique enfin, puisque c'était le but de ce dîner. Je finis par me lasser de ce confortable silence.

— Quatre ans ? lançai-je, le regard noir.

Marco me considéra avec attention, comme pour mémoriser chaque trait de mon visage. Cela dura si longtemps que ma peau sembla sur le point de s'embraser. Il posa sa fourchette et s'adossa confortablement avant de dévisser sans effort la capsule de sa bière. Il porta le goulot à ses lèvres sans jamais me quitter des yeux.

— Peut-être qu'on devrait commencer par cette soirée à India Place.

Une douleur inattendue me traversa la poitrine quand il évoqua cet événement. J'en eus le souffle coupé. Depuis que je lui avais offert ma virginité, la douleur et l'humiliation de cette nuit-là n'avaient appartenu qu'à moi, car il n'avait pas été là pour affronter l'après, dont personne ne savait rien.

En discuter avec lui pour la première fois me donnait l'impression que cela venait de se produire.

Mon inconfort dut se lire sur mon visage, car Marco se contracta et une lueur de regret clignota dans ses prunelles.

Il posa alors sa bouteille et plongea son regard dans le mien.

— Je tiens à te dire que, dans l'action, ça a été l'une des meilleures nuits de ma vie.

Je me figeai à cette confession inattendue, mais la colère reprit bientôt le dessus.

— Ne me bassine pas avec tes salades et tes jolies paroles. Je veux la vérité, Marco.

Ses traits se durcirent.

— C'est la vérité. Tu peux m'en vouloir autant que tu veux, mais ne mets pas en cause ce que je vais te dire ce soir, car je ne t'ai jamais menti.

— À ce que je sache.

— Tu sais tout, Hannah. Je ne t'ai jamais menti. Pas une fois.

— Dans ce cas, puisque tu as passé un si bon moment, pourquoi as-tu détalé comme un lapin juste après ? Pourquoi m'as-tu plantée là, dans cet appartement miteux, me laissant tomber comme un kleenex usagé ?

Visiblement blessé par mes questions, Marco se passa la main sur la figure.

J'attendis.

— Je m'en veux terriblement que tu aies ressenti ça, chuchota-t-il. Je suis désolé.

Mon cœur battait si fort que c'en était douloureux.

— Alors, pourquoi ?

Comprenant le sens de ma question, il posa les coudes sur la table, les mâchoires crispées.

— Tu étais Hannah, cette fille géniale qui me faisait rire et qui me regardait comme si j'étais quelqu'un, et tu devenais un peu plus belle chaque année.

Ses mots me remuèrent.

— Tu étais trop bien pour moi. Je l'ai su dès que je t'ai raccompagnée la première fois. Parfaite jusqu'au bout des ongles. Pas une fille pour moi.

— Je ne comprends pas.

Marco poussa un lourd soupir.

— Je t'ai dit que je ne m'entendais pas bien avec mon grand-père et mon oncle. Ce que je voulais dire, c'est que je ne m'entendais pas bien *du tout* avec eux. Dès le jour où j'ai su marcher, Nonno s'est chargé de me faire passer pour un moins que rien, un minable. Il me répétait sans arrêt que je n'étais personne et que je ne vaudrais jamais rien. Il me disait que j'étais comme mes parents, que je gâcherais la vie de tous ceux que j'approcherais. Il a ancré cette certitude en moi.

Je ne pus m'en empêcher. Malgré tout ce qui s'était passé, j'eus envie de le défendre en apprenant cela.

— On dirait que c'est un vieux salopard aigri.

Marco pouffa de rire.

— Exactement. Mais je n'avais pas d'autre figure paternelle. Alors, même si Nonna essayait d'amoindrir la portée des paroles de mon grand-père, j'ai fini par le croire, au point que j'essayais presque de lui prouver qu'il avait raison. J'ai grandi avec un gamin de mon quartier. Son beau-père était un vrai salaud, lui aussi. On était surtout amis parce qu'on partageait la même haine à leur égard. En vieillissant, Jamal a commencé à faire des conneries : des cambriolages, un peu de vandalisme, ce genre de trucs. Et je l'ai laissé m'embarquer là-dedans. Puis, quand on avait presque seize ans, il a été recruté par un gang.

Mes yeux s'écarquillèrent de surprise.

— Un gang, comme dans les films ?

— Un gang, comme dans les films. (Ces souvenirs assombrissaient le regard de Marco.) Il me parlait de certains trucs qu'ils lui faisaient faire, et ça me foutait hors de moi, mais d'un autre côté je n'arrêtais pas d'imaginer combien Nonno deviendrait dingue si je copinais avec ces types-là. Je crois que, si je ne suis pas allé plus loin, c'est uniquement grâce à Nonna et au reste de la famille. Cela dit, j'y ai vraiment pensé.

» Mais un soir que je traînais avec Jamal et deux gars de la bande, ils ont tenté de me convaincre de les accompagner. Ils ont attaqué une des filles du quartier qui plaisait à Jamal. (Son regard se perdit au-dessus de mon épaule gauche, et je compris qu'il revivait la scène.) Je n'arrivais pas à croire… qu'il allait la violer, mais il a commencé à la peloter, et elle s'est mise à pleurer, et il… (Son regard dur soutint le mien à nouveau.) Je me suis rué sur lui et elle a pu s'enfuir, mais les autres se sont retournés contre moi et je me suis retrouvé à trois contre un. Je crois que si Jamal ne les avait pas convaincus de s'arrêter, ils m'auraient tué. Là, j'ai atterri à l'hôpital et tout raconté à mes grands-parents. C'est à ce moment-là qu'ils ont téléphoné à mon oncle Gio et ont réussi à les convaincre, lui et tante Gabby, de m'adopter et de me faire venir au Royaume-Uni pour m'éloigner de tout ça. Ils ont retrouvé la trace de ma mère et lui ont fait signer les papiers d'abandon, et je me suis du jour au lendemain retrouvé en Écosse.

— Et ton grand-père ? Il ne t'a pas trouvé héroïque ?

Marco ricana.

— Héroïque ? Non. Il m'a traité de vaurien, d'imbécile, de pauvre merde ignorante. Il m'a dit que le sang ne trompait pas, et que c'était bien celui de mon père qui coulait dans mes veines.

Je me sentis bouillir.

— Ton grand-père est vraiment un enfoiré de la pire espèce.

— Il est mort.

Je me crispai.

— Quoi ?

Il soupira et se pencha en avant.

— Le lendemain du soir où nous avons couché ensemble, Nonna a appelé pour nous dire que Nonno avait fait une crise cardiaque. J'ai pris l'avion dans la soirée avec mon oncle et ma tante.

— C'est pour ça que tu as quitté l'Écosse ?

— Ouais. Mon oncle et ma tante sont rentrés, mais je suis resté un an parce que je voulais m'assurer que Nonna irait bien, et... j'avais du mal à avaler le fait que je ne pourrais jamais tourner la page avec mon grand-père. Que je n'obtiendrais jamais les excuses que j'espérais, ni aucun signe de fierté dont je pouvais rêver. Incapable de trouver la paix là-bas, j'ai finalement décidé de revenir.

Je repoussai mes pâtes du bout de ma fourchette.

— Je comprends, Marco, et je suis navrée qu'il t'ait dévalorisé à ce point. Sincèrement. Mais ça n'explique pas pourquoi tu m'as laissée dans cette chambre après m'avoir pris ma virginité et alors que je venais de te dire que je t'aimais. Et ça n'explique pas pourquoi tu n'as jamais cherché à renouer le contact depuis ton retour.

L'intensité soudaine du regard de Marco me captiva. Sa voix me parut encore plus rude qu'à l'habitude quand il répondit :

— Je t'ai laissée parce que je me disais que je ne méritais pas de te toucher. Je me trouvais très égoïste d'avoir couché avec toi parce que... J'avais le sentiment de n'être rien à cause de ce qu'il m'avait inculqué, et une ordure comme moi ne méritait pas une personne comme toi, et encore moins un cadeau comme celui que tu m'as fait. Mais j'étais si épris de toi et je te désirais tellement que j'ai fini par oublier tout ça... jusqu'à ce que tu me dises que tu m'aimais.

J'eus soudain très froid, me remémorant parfaitement ce moment.

— Quand on s'est rencontrés... la situation avec Jenks m'a rappelé l'épisode avec Jamal et la fille. Même si je ne te connaissais pas, j'étais là, j'ai vu tout ça, je savais de quoi Jenks était capable, et je ne voulais pas rester les bras croisés pendant qu'il te faisait du mal. Et je t'ai raccompagnée chez toi parce que je ne voulais pas qu'il te rattrape plus loin.

» Ensuite, je t'ai attendue au portail de l'école pour m'assurer que tu allais bien, parce qu'après t'avoir escortée la première fois j'ai pensé que tu méritais que quelqu'un veille sur toi. Tu étais drôle, intelligente, gentille et tu me regardais comme personne ne l'avait jamais fait avant. Comme si je pouvais avoir quelque chose d'intéressant à raconter et que tu voulais l'entendre. Ça m'a fait plus de bien que tu ne peux l'imaginer. Je voulais ressentir ça. Je suis même devenu dépendant de cette sensation que je retrouvais chaque fois que je traînais avec toi. Je me suis même mis à espérer que tu allais louper le bus plus souvent. J'ai laissé faire les choses, alors que j'aurais dû y mettre un terme. Je nous ai laissés nous rapprocher.

» Je ne voulais pas que tu m'aimes, Hannah, car j'étais persuadé que je te ferais du mal. Et ouais, j'ai conscience que c'était débile vu comme je t'ai fait souffrir en t'abandonnant là, mais à l'époque j'étais persuadé de te rendre service.

— Me rendre service ? m'esclaffai-je. Je croyais être amoureuse, je me suis ouverte à toi de toutes les manières possibles, et tu as détalé comme si ma présence t'incommodait. Tu m'as brisé le cœur.

Marco serra les poings et posa le menton dessus.

— Je sais, murmura-t-il. Je n'ai jamais rien fait que je regrette davantage. C'était complètement con et irréfléchi, et si je pouvais revenir en arrière pour changer les choses, je le ferais.

— Tu changerais tout ?

Ses yeux se posèrent sur mes lèvres avant de remonter jusqu'aux miens.

— Non, répliqua-t-il d'une voix pâteuse. Juste le moment où je t'ai laissée.

— Dans ce cas, pourquoi n'es-tu pas venu me parler dès ton retour en Écosse ?

— Parce que je n'en avais pas encore conscience. La mort de Nonno n'a pas tout bouleversé comme par magie, Hannah. J'ai continué à me sentir minable pendant longtemps.

— Alors quand est-ce que ça a changé ? Et pourquoi ?

Marco baissa le front et secoua la tête de façon presque imperceptible.

— Je ne sais pas. C'est un peu tout et rien. J'ai mûri, je travaillais dur, et j'ai commencé à me trouver utile à quelque chose. Peu à peu, jour après jour, j'ai retrouvé une certaine estime de moi. En prouvant à ce connard qu'il se trompait.

— Je suis ravie que tu t'en sois rendu compte, dis-je en toute honnêteté. Mais ça ne m'explique toujours pas pourquoi tu n'es pas venu me trouver plus tôt.

— Parce que des années s'étaient écoulées, Hannah. Je ne savais pas quoi te dire, et je n'étais pas certain de vouloir te voir me considérer comme un moins que rien alors que j'avais mis tant de temps à avoir enfin l'impression du contraire.

— Jusqu'au mariage ?

— Jusqu'au mariage, confirma-t-il. (Un nouvel éclat brûlait dans ses prunelles.) Ça a été une grosse surprise de te trouver là, mais quand je t'ai revue... Bon Dieu, c'est à ce moment-là que j'ai compris combien tu m'avais manqué. Je sais que j'ai été lourd en te demandant de m'écouter, et je suis désolé si je t'ai fait peur... mais tu ne m'as pas regardé comme si je n'existais pas. Tu semblais furieuse, mais pas aussi méprisante que je l'avais craint. J'ai alors compris qu'il me fallait une chance de m'excuser, et je me suis promis de tout faire pour l'obtenir.

Une partie de moi que j'aurais voulu ne pas entendre hurla de joie à cet aveu.

— Et maintenant que tu as pu t'expliquer... qu'est-ce que tu attends de moi ?

— Ton pardon, m'assura-t-il le plus sincèrement du monde.

Bientôt, son regard se fit si intense qu'il sembla occuper toute la pièce jusqu'à me suffoquer.

— Et j'aimerais avoir l'occasion de refaire ta connaissance, ajouta-t-il.

Sentant mon corps lui céder malgré moi, je plissai les paupières et luttai pour ne pas succomber complètement.

— Comment ça ?

— Pas seulement en tant qu'amis, si c'est ce que tu penses.

Sa réplique brutale me renvoya contre mon dossier.

— Tu ne vas même pas prétendre vouloir être juste amis, histoire d'essayer de me prendre par surprise ?

Marco me dévisagea avec sérieux et détermination.

— Je ne vais pas te cacher le fait que j'aimerais découvrir qui tu es devenue. Je ne vais pas non plus te cacher le fait que je trouve encore que tu es la femme la plus belle et la plus classe que j'aie jamais rencontrée, ni que je me rappelle encore ton goût et qu'il me fait bander chaque fois que j'y repense.

Je n'arrivais plus à respirer.

— Hannah ?

Il fronça les sourcils.

Je pris une longue goulée de bière, tâchant de recouvrer mes esprits.

— Hannah ?

Je soutins son regard.

— Qu'est-ce que tu veux que je te dise ?

— Je voudrais que tu me dises : « Marco, je te pardonne, et j'aimerais réapprendre à te connaître. »

— Je ne suis pas sûre d'en être capable, chuchotai-je.

Pendant une minute, je crus qu'il n'allait rien répondre. Il se leva soudain. J'inclinai la tête en arrière, l'observant avec inquiétude venir se poster tout près de moi. J'inspirai subitement quand il se pencha sur moi. Sa chaleur et son parfum m'envahirent, et je ne pus réprimer le frisson qui me parcourut l'échine quand il apposa ses lèvres chaudes sur ma joue. Les yeux écarquillés, je restai bouche bée quand il se redressa et déclara :

— Je te laisse quelques jours pour y réfléchir.

11

Je contemplais tristement le mur en face de moi, décoré des modèles de tatouages de Cole. Le bruit de l'aiguille dans la salle voisine servait de fond sonore à un samedi midi en compagnie de mon meilleur ami. Cole travaillait à *INKarnate* et j'étais passée le voir avec de la nourriture à emporter pour qu'on puisse grignoter pendant sa pause.

Je sentais le poids de son regard sur moi.

Cédant devant son insistance, je finis par lever les yeux.

Il sirotait son café sans cesser de me scruter.

— Quoi ? lançai-je avant de croquer dans mon sandwich.

— Même si je te suis reconnaissant d'être venue avec le déjeuner, je me demande si, dorénavant, j'aurai droit à autre chose que ton silence.

J'avalai ma bouchée et levai les yeux au ciel.

— Quoi, on ne peut plus passer un bon moment sans causer ?

— Tu n'es pas venue ici pour ne rien me dire.

Cole se vautra sur son siège, posant les pieds sur la partie du fauteuil de tatouage que je n'occupais pas.

— Tu es venue pour parler, alors parle.

— Mais ça ferait de moi la meilleure amie la plus geignarde de la planète.

— J'aime mieux t'entendre te plaindre que ne pas t'entendre.

Je reniflai et pivotai légèrement pour lui faire face.

— Tu sais exactement ce que j'ai à dire.

— Mmm. (Il croisa les bras et adopta une mine faussement songeuse.) Je dirais Marco dans le grand salon avec le chandelier ?

— Je suis morte de rire, repartis-je avec une grimace.

Il eut une moue impénitente.

— J'ai dîné avec lui il y a une semaine, repris-je.

Cole haussa les sourcils.

— Et tu ne m'en parles qu'aujourd'hui ?

— Eh bien, j'ai pris le temps de bien réfléchir à tout ce qu'il m'a dit. Il veut une deuxième chance. Sur toute la ligne.

— C'est-à-dire... amoureusement, pas juste amicalement ?

— Oui.

— Il t'a expliqué pourquoi il était parti ?

— Son grand-père est mort. Il est retourné aux États-Unis pour soutenir sa grand-mère. Il avait une horrible opinion de lui-même, et il pensait... en gros, il me pensait trop bien pour lui, et c'est pour ça qu'il est parti sans me prévenir et qu'il ne m'a pas recontactée en rentrant.

— Et qu'est-ce qui l'a fait changer d'avis ?

Je soupirai.

— C'est lui qui a changé. Il n'est plus le même homme, et il affirme que je lui ai manqué.

Cole soupira à son tour.

— Je ne peux que répéter ce que je t'ai déjà dit. Tout le monde mérite une seconde chance. Ce n'est pas comme s'il avait fait quelque chose d'ignoble. Il est parti sans dire au revoir, mais vous n'étiez pas vraiment ensemble. Je crois que tu rends les choses plus compliquées qu'elles ne le sont vraiment.

On a quand même couché ensemble !

Je fronçai les sourcils.

— On était amis, et il savait que je tenais à lui.

— Et il s'est expliqué. Ses raisons ne te plaisent peut-être pas, mais c'est comme ça. On fait tous des choses stupides. Marco essaie de réparer ses erreurs. Il a fait des pieds et des mains pour te parler. Je suppose qu'il doit être sincère.

Oui... j'ai envie qu'il le soit.

J'ai besoin *qu'il le soit.*

— C'est juste que je ne voudrais pas souffrir de nouveau.

Cole me surprit en m'adressant un sourire chaleureux.

— Alors commence par essayer de redevenir amie avec lui. Ce n'est pas comme si tu étais obligée de lui proposer davantage.

— Hannah.

Je ne pus réprimer un frisson en entendant la voix riche de Marco. Je raffermis ma prise sur mon téléphone.

— Salut.

— Je suis content que tu appelles. Je commençais à croire que j'allais devoir passer au plan B.

— Le plan B ?

— Il ressemble beaucoup au plan A, mais avec des heures sup.

Je souris malgré moi.

— Eh bien, c'est inutile. Ta carrière de harceleur est derrière toi.

— Ça ressemble à une bonne nouvelle.

Il avait presque roucoulé cette phrase, et j'avais fermé les paupières sans m'en rendre compte.

Salopard !

— Juste en tant qu'amis ! me surpris-je à ajouter.

— Pardon ?

— Je veux bien qu'on essaie de reprendre notre amitié.

Il resta silencieux.

— Marco ?

— Amis, finit-il par répéter. En attendant mieux.

Les papillons qui nichaient dans mon ventre s'envolèrent une fois de plus.

— Non, non, non, non, non, non, non.

— D'accord. Je me contenterai d'amis pour l'instant.

— Marco...

— Tu ne peux plus retirer. On est amis. On va officiellement pouvoir repasser du temps ensemble.

Je soupirai, comme pour éteindre la flammèche née en moi.

— Le week-end prochain ?

Il hésita.

— Ah non, le week-end prochain, je ne peux pas, désolé. Et si on allait boire un verre mardi, après le boulot ? Je peux échanger mes jours avec un collègue. Il me remplacera mercredi si je le remplace demain.

— Tant mieux pour toi, tu peux sortir en semaine sans avoir à te soucier du lendemain. Mais je n'ai pas ta chance.

— Oh, allez, ce n'est pas comme si tu conduisais de grosses machines. Un verre. À moins que tu sois tout simplement trop vieille pour sortir en semaine ? me taquina-t-il.

Je fis la grimace.

— Tu n'es qu'un sale gosse. Bon, d'accord, mardi soir. Un seul verre.

En entrant dans le bar sur George Street le mardi soir, je manquai m'emmêler les pinceaux en découvrant la tête que fit Marco en me voyant. Il se leva du petit box où il avait pris place et me détailla lentement. Le plus drôle étant qu'il n'y avait pas grand-chose d'autre à voir que mes jambes aboutissant dans une paire de bottines fourrées. Je portais mon manteau militaire préféré aux manches doublées. Il me tenait bien chaud mais n'était pas particulièrement sexy.

Pourtant, le regard de Marco me donna l'impression d'être irrésistible.

Salopard.

Quand je le rejoignis, il me surprit en se penchant légèrement pour m'embrasser sur la joue. Celle-ci était rosie et gelée par le vent glacial qui sévissait dehors, mais dès que ses lèvres l'eurent effleurée, une vague de chaleur sembla en irradier. Je dus avoir l'air surpris, car il parut amusé et content de lui.

Je me débarrassai gauchement de mon manteau, ravie d'avoir opté pour une robe en laine bleu marine des plus classiques. Cependant, j'aurais tout aussi bien pu mettre une nuisette vu comme j'avais chaud en sa présence.

Je me laissai glisser sur la banquette près de lui, on ne peut plus consciente de sa présence. Force était de reconnaître que je n'avais jamais cessé d'être attirée par lui et que j'avais naguère été amoureuse. Malgré notre passif, malgré les vérités que je lui taisais, je savais qu'au fond je n'arriverais pas à me contenter d'être amie avec lui, même si je saurais faire mine du contraire.

Quand nos bras s'effleurèrent, je reçus une décharge électrique, comme si j'avais saisi un fil dénudé. J'étais incapable de réprimer ce sentiment d'excitation bien trop addictif. De mes quatorze à mes dix-sept ans, je l'avais éprouvé chaque fois que Marco était dans les parages.

Cela m'avait manqué.

— Comment vas-tu ? demandai-je en lui adressant un petit sourire que j'espérais platonique.

— Bien.

Il me scrutait avec intensité, tentant volontairement de capter mon regard.

Pour la première fois depuis que je le connaissais, je me sentais timide avec lui. Je me détournai rapidement pour observer le bar.

— Tu veux que j'aille commander ? proposa-t-il.

— Oui. Je vais prendre un verre de rosé, s'il te plaît.

Dès qu'il eut quitté notre box, mon souffle se régula.

Tu te comportes comme une imbécile, me morigénai-je. C'était Marco. Qu'est-ce que ça changeait, qu'il soit aussi canon ? Même plus jeune, j'arrivais à soutenir une conversation avec lui.

Reprends tes esprits, Nichols.

Je le suivis des yeux tandis qu'il approchait du comptoir, gracieux et puissant. Il portait un pull en mailles bleu nuit à col châle et un jean assorti. Il était naturellement stylé et semblait à l'aise avec son corps, bien plus que quand nous étions à l'école.

Momentanément distraite dans mon examen, j'avisai la poussée de phéromones dirigée vers Marco depuis l'autre bout du bar. Deux femmes juchées sur des tabourets se parlaient à voix basse en le dévorant des yeux et en multipliant les sourires aguicheurs.

Marco ne les remarqua même pas.

Son flagrant manque d'intérêt me rassura, et je me rendis compte qu'une onde de jalousie m'avait envahie.

Ouaip. Le doute n'était plus permis : nous ne pourrions décidément pas être seulement amis.

Salopard.

— Alors ? dit-il en revenant se glisser près de moi. (Il posa délicatement mon verre de vin devant moi, sans lâcher sa pinte de blonde.) Comment s'est passée ta journée ?

Des menus propos. Voilà qui me convenait parfaitement.

Je m'apprêtais à lui répondre quand je fus distraite par le bras qu'il posa sur le dossier de la banquette. Je me sentais cernée.

Ma journée ! Oui, ma journée.

— Très bien. (Je bus une gorgée rapide, espérant que l'alcool m'aiderait à me détendre.) C'est stressant et exigeant, mais j'adore enseigner.

— Et tu as toujours été douée pour ça.

Ne tenant pas à replonger si vite dans nos souvenirs, je haussai les épaules avant de sourire d'un air enjôleur.

— Tu as l'air d'avoir trouvé ta voie. Adam m'a dit beaucoup de bien de toi. Il est convaincu que tu finiras bientôt chef de chantier.

— C'est le but. Tu travailles dur, tu apprends, tu atteins tes objectifs.

— Tu prétends avoir changé, mais tu es toujours le même. Tu suivais des cours facultatifs. Tu te remettais toujours en question pour t'améliorer.

Sauf quand il s'agissait de moi.

— Pas toujours, répondit-il fort à propos, comme s'il avait lu dans mes pensées. Mais d'une certaine façon, j'ai quand même changé. Je vais au bout de mes ambitions désormais, quoi qu'il arrive.

Je baissai les yeux avant de m'aventurer sur un terrain glissant.

— Comment va ta tante Gabby ?

— Bien. Très bien. Gio s'est beaucoup détendu avec moi ces dernières années, et je sais que c'est en bonne partie grâce à elle. Je me sens très proche d'elle. Ça fait du bien, d'avoir une famille par ici.

— Tu parles encore à celle de Chicago ?

— Bien sûr. La magie d'Internet.

— Ah oui, je suis sincèrement heureuse pour toi. Contente que, quelles qu'en soient les raisons, tu ne portes plus sur tes épaules le fardeau que ton grand-père y avait mis.

— Merci.

Il me dévisagea une nouvelle fois avec intensité, et j'eus brusquement une vision de moi lui sautant dessus. Je me giflai mentalement.

— Et toi ? reprit-il. Comment va ta famille ?

— Très bien. Ellie a eu un petit garçon, William. Et elle attend le deuxième.

Marco haussa les sourcils.

— Ça fait du monde !

J'éclatai de rire.

— Tu n'as pas idée. Joss et Braden en ont deux maintenant, Beth et Luke. La maison de mes parents se transforme en zoo tous les dimanches !

Il sourit.

— Ça a l'air chouette.

— Ça l'est.

— Et tes parents et Dec ? Comment vont-ils ?

— Bien. Mes parents, du moins. Pour Dec, je n'en ai aucune idée. Il vient d'avoir dix-huit ans, et il passe ses journées enfermé dans sa chambre avec sa copine.

— Il a une copine ? Il est précoce.

— Ouais, ne va pas lui répéter ça. Il est doué, mignon, mais ça reste un petit crétin prétentieux, grognai-je.

Marco sourit en percevant une tendresse évidente dans ma voix.

— Tu as toujours eu une super famille, Hannah.

— Ouais, confirmai-je doucement.

Marco se crispa subitement.

— Et Cole ?

Je le dévisageai sans comprendre.

— Cole ?

— Le garçon avec lequel tu es venue au mariage. (Marco haussa les épaules.) Anisha m'a dit qui il était.

— Tu as bien appris ta leçon, murmurai-je en prenant une nouvelle gorgée de vin. Cole est le petit frère de Jo. C'est mon meilleur ami. Il a... toujours été là pour moi.

Ma réponse lui fit froncer les sourcils, comme si elle ne lui plaisait pas.

— Mais vous n'êtes pas ensemble.

— Non, il n'y a rien entre nous. (Je reposai mon verre, les yeux rivés sur la table.) On devrait peut-être éviter de parler de nos relations.

— Comme tu veux. (Il inclina la tête de côté, m'observant entre ses paupières mi-closes.) Ton film préféré est toujours *Le Monde de Nemo* ?

Le brusque changement de sujet me soulagea. Je pouffai.

— Tu te souviens de ça ?

— Bien sûr.

Je secouai la tête.

— Je ne sais plus quel est mon film préféré.

— Il va falloir y remédier.

— Je ne sais pas. J'aime bien ne pas avoir de vrai préféré. Et toi, c'est toujours *Training Day* ?

— Nan, maintenant c'est *Des hommes sans loi*. Un putain de film.

— Je ne crois pas l'avoir vu.

Il sourit, et je compris que j'étais tombée en plein dans son piège.

— Jeudi soir, chez toi, on se mate *Des hommes sans loi*.

J'ouvrais la bouche pour m'y opposer quand je vis ses prunelles pétiller. Il s'attendait à ce que je réponde non, et je compris soudain qu'un refus éventuel renforcerait l'idée que j'avais peur de passer du temps avec lui. Et lui en déduirait que cette crainte venait de mon attirance pour lui.

Je tendis alors le menton d'un air de défi.

— Plus tard dans la soirée, alors, répliquai-je. Je donne des cours d'alphabétisation, le jeudi soir.

Il gloussa.

— Je sais. Et tu n'es pas obligée d'avoir l'air si enthousiaste à l'idée de passer du temps avec moi, tu sais ?

— Passer du temps à faire quoi ? intervint une voix familière.

Je tournai brusquement la tête et découvris la présence de Suzanne. Je ne l'avais pas revue depuis notre dernière sortie, mais je ne fus pas particulièrement surprise de la trouver dans un bar un soir de semaine.

Elle haussa un sourcil.

— Salut, étranger. (Un simple coup d'œil sur Marco fit scintiller ses prunelles.) Alors, qui c'est ?

— Suzanne.

Je cherchai désespérément une excuse pour la faire partir. C'était la dernière personne que je voulais voir traîner autour de Marco. Elle n'avait absolument aucune retenue.

— Euh… tu es ici toute seule ?

— Nan, j'ai un rencard, répondit-elle en se tournant vers le bar.

J'aperçus alors un type blond et charmant qui nous observait de loin. Suzanne reluquait encore Marco et elle se pencha sur la table pour mieux dévoiler son décolleté. Lui tendant la main, elle déclara d'une voix faussement rauque.

— Je m'appelle Suzanne.

Marco serra brièvement la main offerte.

— Marco. Un vieil ami de Hannah.

Je me crispai quand Suzanne réagit à ce prénom.

Je maudis alors nos soirées d'étudiantes, surtout celle où, tandis que nous étions ivres mortes, Suzanne m'avait demandé si j'étais encore vierge, car je n'avais couché avec aucun des garçons du campus. Plus émotive qu'à l'habitude à cause de l'alcool, j'avais fini par lui parler de mon aventure avec Marco et du fait que je ne voulais plus jamais coucher avec un mec sans être certaine de ses sentiments.

Suzanne posa sur moi son regard magnifique et surpris.

— Putain, pas possible.

— Suzanne.

Je la suppliai silencieusement de la fermer.

Naturellement, elle ne sembla comprendre aucun de mes signaux.

Elle adressa à Marco un regard mauvais.

— Tu as des tas de comptes à rendre. Ma pote a des tonnes de problèmes à cause de toi.

Pitié, faites que la terre s'ouvre et m'engloutisse.

— Suzanne... (Je me penchai vers elle.) Ce n'est pas le bon...

— Si, il faut qu'il sache. (Ses yeux s'écarquillèrent de surprise.) Oh, mon Dieu, c'est à cause de lui que tu es chiante à mourir depuis quelque temps ?

J'estimai soudain que j'avais le don de très mal choisir mes amis.

— Eh, doucement, gronda Marco.

Suzanne et moi sursautâmes toutes deux, comme réveillées par un coup de fouet. Le regard de Marco s'était assombri. Son agacement était manifeste.

— On était en pleine conversation privée. Tu devrais nous laisser.

Outrée, Suzanne ouvrit les lèvres. Elle se tourna vers moi, espérant sans doute obtenir mon soutien. Malheureusement, je n'aimais pas m'entendre dire que j'étais chiante à mourir. De ma plus belle voix de prof, je déclarai :

— Je t'appellerai plus tard, Suzanne.

Elle se racla la gorge, offusquée, puis pivota sur ses talons de dix centimètres et partit rejoindre son cavalier, l'attrapant par le bras pour l'entraîner dehors.

— C'est une amie à toi ? s'étonna Marco, incrédule.

— On s'est rencontrées à la fac. J'ai mûri. Pas elle.

Il repoussa distraitement sa pinte à moitié vide.

— Des tonnes de problèmes ? m'interrogea-t-il laconiquement.

Je haussai les épaules.

— Honnêtement, je ne sais pas du tout à quoi elle faisait allusion.

— Anisha m'a dit qu'elle pensait que tu n'avais personne dans ta vie et que tu n'avais jamais évoqué qui que ce soit. Peut-être qu'elle voulait parler de ça ?

Mon sang se mit soudain à bouillonner. Je pris un instant pour me calmer. Je ne voulais surtout pas qu'il pense qu'il m'avait fait un effet tel que je n'avais pas réussi à passer à autre chose. Alors que, si je n'avais fréquenté personne depuis, c'était uniquement par choix.

Ou presque.

Je soufflai lentement.

— Je n'ai personne en ce moment.

Ma réponse sembla le rassurer.

Je le dévisageai jusqu'à ce qu'il soutienne mon regard, et je sentis le pouvoir que j'exerçais sur lui. Il était beau, viril, sexy, charismatique. Il y avait sans doute eu des tas de femmes dans sa vie, durant ces cinq dernières années. Cette idée me déprima.

— J'imagine que, pour que tu me harcèles comme ça depuis des semaines, tu n'as personne non plus ?

Ses lèvres se retroussèrent légèrement aux commissures, me donnant envie d'embrasser sur-le-champ cet endroit irrésistible.

— Si, j'ai quelqu'un. Il faut juste que j'arrive à la convaincre.

Ouaip. Vraiment envie de l'embrasser.

Je plissai les paupières, jouant la désinvolture à la perfection.

— Je croyais t'avoir dit qu'on serait juste amis.

Il observa ma bouche avec tant de désir que je ne sus plus où me mettre.

— Je t'ai entendue. (Son regard enflammé retourna défier le mien.) Mais je crois que tu ne m'as pas écouté.

12

Le jeudi soir, Marco était effectivement venu chez moi avec le dîner et le film *Des hommes sans loi*, et nous l'avions effectivement regardé, et il était effectivement génial. Me retrouver en compagnie de Marco avait été effectivement fantastique et ma résolution de le maintenir à distance commençait effectivement à s'étioler.

Respire, Hannah.

— Je ne sais pas. (Ellie secoua la tête à mon intention.) Tu as encore cette lueur déterminée dans le regard. Il faut la faire disparaître.

Le samedi suivant, j'avais laissé de côté ma pile de copies pour me rendre avec ma sœur, Jo et Liv dans la maison de ville de Joss et Braden sur Dublin Street. Avant cela, ils habitaient dans un appartement un peu plus bas, mais quand Joss était tombée enceinte de Luke, Braden avait acheté et retapé un endroit plus grand. Braden ayant emmené les petits pour déjeuner, nous étions entre filles, et je subissais le feu nourri des questions concernant Marco depuis que j'avais franchi la porte.

Je fis la grimace à Ellie.

— J'imagine que tu es du côté de Marco ?

— Comme nous toutes. (Joss me tendit une tasse de thé.) On ne t'avait plus entendue parler d'un garçon en ces termes depuis… eh bien, depuis Marco. Ça veut forcément dire quelque chose.

— Il est revenu dans ma vie depuis trois semaines seulement. Je ne peux décemment pas lui céder tout de suite.

— Personne ne t'y oblige, m'assura Jo. Mais reconnais tout de même que tu l'envisages.

— Tu crois ? Le fait que ma résolution vacille signifierait que je l'envisage ? Non, ça veut seulement dire que je suis en manque.

— Beurk. (Ellie se boucha les oreilles.) Ta grande sœur est ici.

Elle aurait pourtant dû savoir que cela me donnerait envie d'en rajouter une couche.

— Sérieusement, repris-je, j'ai dû épuiser trois vibros.

— Méchante ! me lança-t-elle avec un regard horrifié.

— Méchante ? ricanai-je. Ellie, cette petite chose qui pousse dans ton ventre te fatigue les neurones.

— Arrête de torturer ta sœur enceinte jusqu'aux yeux, intervint Liv. Et réponds à cette question : sans parler de ton attirance pour lui, peux-tu imaginer lui accorder une deuxième chance ?

Je les considérai tour à tour tandis qu'elles attendaient ma réponse. Je finis par pousser un soupir.

— Je me suis déjà dit que oui. Mais je suis assaillie par le doute à chaque nouvelle étape, alors… c'est peut-être foutu d'avance.

— Tu n'en sais rien, répliqua Joss posément. Et tu n'en sauras rien tant que tu n'auras pas couru le risque. J'avais ton âge quand je me suis lancée avec Braden. Bien sûr, il y a des jours où j'ai envie de le tuer, mais la plupart du temps, je ne suis pas mécontente de sa présence. Et les enfants qu'il m'a faits ne sont pas si terribles. Tu devrais essayer, Hannah.

À en juger par les mines d'Ellie, Jo et Liv, elles étaient toutes du même avis. Sachant Joss dotée d'une grande sagesse, et combien elle adorait Braden et leurs enfants, je ne pouvais pas douter de son expérience. Ce qui ne m'empêchait pas de douter de Marco.

Par chance, la conversation dériva sur Beth et l'école.

Nous étions en train de commenter l'arrivée de Noël dans moins de sept semaines quand on sonna à la porte. Joss se leva pour aller répondre et revint avec Nate.

Liv fut agréablement surprise de voir arriver son bel amoureux et, honnêtement, cela se comprenait.

— Qu'est-ce que tu fais ici ?

Il s'appuya contre le chambranle et lui adressa un large sourire, qui mit en valeur ses fossettes.

— Je viens de déposer les enfants chez mes parents. Je me disais qu'on pourrait sortir ce soir. À compter de tout de suite. (Il balaya alors la pièce des yeux.) Si ça ne vous dérange pas, mesdames.

— Euh, elles n'ont pas leur mot à dire. (Liv bondit sur ses pieds.) Ne m'en voulez pas. (Elle nous adressa néanmoins un regard désolé.) Mais pas d'enfants et un mari canon ? Je suis obligée de vous laisser tomber.

Nous ricanâmes. En effet.

Liv récupéra son sac dès qu'elle eut enfilé ses bottes.

— Nate… (Elle le contempla pensivement.) Tu te rappelles m'avoir brisé le cœur, puis l'avoir reconquis à force de persévérance, insistant jusqu'à ce que je te laisse une deuxième chance ?

Il l'examina avec un drôle d'air.

— Oui, et je te remercie d'en reparler. Que des bons souvenirs.

J'éclatai de rire et secouai la tête.

— Liv, tu es tellement subtile.

Nate soupira.

— Y avait-il le moindre intérêt à exhumer l'une des périodes les plus sombres de mon passé ?

Liv s'empressa d'aller le rejoindre et lui prit le visage entre ses mains.

— Oh, mon chou, dit-elle en le réconfortant d'un baiser très tendre. C'était pour essayer de convaincre Hannah. Marco voudrait qu'ils soient plus qu'amis, et elle hésite à lui accorder une seconde chance.

Je subis alors le regard scrutateur de Nate.

— Liv m'a parlé de ce gars et, crois-moi, Hannah, un homme ne se donne pas tant de mal pour reconquérir une fille juste pour la mettre dans son lit. D'autant que, si j'écoute ma femme, il ne doit pas avoir trop de mal à faire des conquêtes ?

Je fis la moue, mais acquiesçai.

— Dans ce cas, ça veut vraiment dire qu'il t'aime bien. (Il haussa les épaules, comme si ça n'était pas plus compliqué que ça.) Si tu ne me crois pas, continue à le faire mijoter. S'il tient réellement à toi et sait que tu es celle qu'il lui faut, il n'abandonnera pas.

J'enregistrai ce bon conseil. D'autant qu'il émanait de Nate Sawyer, ancien coureur devenu mari fidèle et père dévoué. Une source sûre. J'opinai lentement du chef.

— D'accord. Merci, Nate.

— Pas de problème. (Il me sourit, salua Ellie, Jo et Joss des deux doigts, puis prit la main de sa femme.) À présent, si vous voulez bien m'excuser, je vous la vole.

13

Les rédactions non corrigées étaient empilées sur la table basse, tandis que j'étais assise par terre à côté de celles déjà notées. De temps à autre, je buvais une gorgée d'un café de plus en plus tiède et louchais vers Marco, qui somnolait sur le canapé.

Même s'il faisait sombre et froid à l'extérieur, la température de mon appartement était plus qu'agréable, grâce au feu qui crépitait dans l'âtre. Je n'arrivais pas à croire que décembre était déjà là. Ces dernières semaines avaient été complètement folles. Folles et remplies de soirées avec Marco. De nombreuses soirées.

Après avoir réfléchi au conseil de Nate, j'avais décidé que le faire languir un peu plus serait le seul moyen de m'assurer qu'il était plus intéressé par moi que par l'envie d'une nouvelle nuit ensemble. Je savais en mon for intérieur qu'il n'était pas ce genre de personne. Pas avec moi, en tout cas. Néanmoins, un doute persistant, dû au souvenir de sa désertion lors de cette terrible nuit sur India Place, m'empêchait de lui faire pleinement confiance.

Le temps m'aiderait à prendre la bonne décision.

Le week-end après notre soirée film, Marco avait prévu quelque chose. Cependant, il se présenta chez moi en sortant du travail dès le lundi suivant, avec un sac de courses et une pile de films en location. Il s'affaira aussitôt dans ma cuisine sous mon regard stupéfait et prépara des spaghettis avec une sauce bolognaise maison. J'ignore pourquoi j'étais surprise qu'il sache cuisiner. Après tout, son oncle tenait un bon restaurant.

Nous passâmes une excellente soirée, en toute amitié – même si Marco ne put s'empêcher de flirter malgré mon manque apparent de réaction. Au cours de la semaine, il me téléphona pendant sa pause déjeuner, m'envoya une foule de SMS et tenta de me convaincre d'aller boire un verre avec lui le vendredi. Les derniers jours ayant été chargés, je lui répondis que j'avais trop de travail. Ne se laissant pas intimider par une simple rebuffade, il me demanda quels étaient mes projets pour le week-end, et je lui répondis que je comptais aller faire mes courses de Noël à Glasgow. J'aimais bien m'y prendre à l'avance. À mon grand étonnement, Marco s'invita.

Nous nous retrouvâmes donc le samedi à la gare Waverly et montâmes ensemble dans un train pour Glasgow. Durant cinquante minutes, nous restâmes assis l'un en face de l'autre, parlant à peine. Même si Marco était nettement plus loquace qu'à l'époque et ne semblait plus aussi maussade, il aimait toujours rester assis en silence avec moi.

Il me surprit à l'examiner tandis que nous traversions Falkirk, ce qui le fit sourire.

— Quoi ?

— Tu as changé, sans vraiment changer.

Une lueur de compréhension dans ses prunelles m'indiqua qu'il avait compris ce que j'essayais de lui dire.

— Toi aussi.

Même si je n'étais pas prête à avouer mon attirance à son égard, je voulais qu'il sache que je n'avais pas oublié notre merveilleuse amitié et que j'étais heureuse de la retrouver.

— On a toujours été capables de rester silencieux sans ressentir de gêne. Sans avoir besoin de combler le silence. Ça m'arrive aussi avec Cole, mais... enfin, c'est comme un frère pour moi, alors... Mais avec un autre mec, je n'ai jamais...

Ma voix se brisa quand je compris que j'en disais plus que je ne le voulais.

Il ne répondit rien. Je me crispai légèrement quand tout sembla se figer autour de lui.

Il se pencha vers moi.

— Je sais que je t'ai déjà demandé s'il y avait eu quelqu'un de spécial dans ta vie, mais, honnêtement, Hannah, je n'ai aucune envie de t'entendre parler d'autres garçons.

Il serra alors les dents et regarda par la fenêtre.

Cela me mit en rage. Son attitude de mâle dominant et possessif ne m'impressionnait pas le moins du monde. Ne voulant toutefois pas me disputer en public, je restai silencieuse en attendant que la colère se dissipe. Après dix minutes d'un mutisme désormais gênant, je finis par déclarer :

— Toi et moi, on est seulement amis.

Et s'il continuait à jouer les imbéciles jaloux, ça n'irait jamais plus loin.

Marco me dévisagea sévèrement.

— Mais tu sais que ça ne me suffit pas, répliqua-t-il. Alors tu dois comprendre pourquoi je n'ai pas envie de t'entendre parler des autres mecs que tu as pu fréquenter. Des mecs qui ont obtenu ce que j'ai toujours voulu retrouver depuis que j'ai tout fait foirer.

Notre passif, le poids de nos sentiments confus m'enveloppèrent alors d'une forme de nostalgie, et soudain je pris peur. De nous. De notre avenir. Ou de notre manque d'avenir. Sans réfléchir, je chuchotai :

— Peut-être qu'on ferait mieux d'arrêter de se voir.

— Tu peux gérer ça, rétorqua-t-il froidement, d'un ton qui ne souffrait d'aucune contestation.

Je me forçai à soutenir son regard dur.

— Et toi ?

— Tant que tu ne me parles pas de tes ex ni de Cole, ouais, je peux gérer ça.

Je plissai les paupières.

— Cole est mon meilleur ami.

Il baissa la tête, ce qui nous rapprocha un peu plus.

— C'est moi, ton meilleur ami, affirma-t-il brutalement. Tu l'as juste oublié. Je sais, c'est ma faute. Mais je peux t'aider à t'en souvenir.

Honnêtement, je ne sus que répondre à ça. Cela me faisait si mal par rapport à ce que nous avions connu et que j'étais terrifiée de retrouver avec lui.

Je restai donc muette. Ce ne fut qu'à la gare de Glasgow Queen Street que Marco rompit le silence en déclarant nonchalamment :

— Gabby voudrait un *Jo Malone* pour Noël. Pitié, dis-moi que tu sais ce que c'est ?

Je le fixai des yeux, hésitant à saisir le rameau d'olivier qu'il me tendait.

Puis je pris une décision. J'éclatai de rire.

— C'est un magasin. Elle t'a dit ce qu'elle voulait de chez *Jo Malone* ?

Marco me dévisagea d'un air absent.

— D'accord. (Je lui tapotai l'épaule tandis que nous descendions du train.) On va peut-être se contenter d'une boîte-cadeau.

Finalement, à part cet instant de tension dans le train, la journée fut fort agréable. Après avoir fait quelques emplettes, nous décidâmes d'aller déjeuner dans un pub. Là, je proposai sur un coup de tête :

— Tu sais, si on ne trouve pas tout ce qu'on cherche aujourd'hui, on pourra revenir le week-end prochain.

Le regard de Marco se radoucit à cette proposition. Cependant, il me répondit par la négative.

— Je ne peux pas, le week-end prochain.

J'essayai de ne pas me sentir gênée d'avoir fait une proposition pareille. Je n'éprouvais jamais ce sentiment pour ce genre de choses quand nous étions plus jeunes.

Comme mon silence se prolongeait, il fronça les sourcils.

— C'est compliqué, mais, euh... je t'expliquerai bientôt, me promit-il. Quand ce sera le bon moment.

Mon estomac se noua subitement, et je dus fournir un gros effort pour n'en rien laisser paraître.

— C'est sibyllin.

— C'est une longue histoire. Que je te raconterai quand ce sera le bon moment, insista-t-il.

Très hypocritement, je détestais l'idée que Marco puisse me cacher des choses, alors que je ne lui avais moi-même pas tout dit. Pour étouffer cet accès de jalousie que je lui avais reproché à peine quelques heures plus tôt, je haussai les épaules.

— Ce n'est pas comme si on était... Tu ne me dois rien.

— Bien sûr que si, putain, rétorqua-t-il brusquement. Quoi qu'il y ait entre nous, c'est important. Et je t'en parlerai en temps voulu.

Le cœur battant à cent à l'heure, je repris en toute franchise :

— Je ne voudrais pas que tu t'imagines que je te donne de faux espoirs, Marco. J'essaie simplement de t'offrir mon amitié, mais j'ignore sincèrement si cela ira plus loin un jour. J'ai besoin de t'entendre dire que tu le comprends.

— Oui. Mais que ça aille plus loin ou pas... je ne te lâcherai pas.

La douleur ressurgit alors, mais cette fois sa brûlure était presque douce. Après quelques secondes d'un silence chargé d'émotion, je tentai d'engager une conversation sans importance en lui parlant de sa tante, de son oncle et du restaurant.

— Tout va bien. (Il haussa les épaules, embrayant sur ce sujet.) Encore une fois, Gabby a un peu calmé Gio. Si bien qu'il a décidé que je n'étais peut-être pas complètement nul, finalement.

Me rappelant notre soirée au parc et son œil tout gonflé, je ne pus m'empêcher d'en vouloir de nouveau terriblement à Gio.

— Est-ce que ça compense toutes ces années où il s'est comporté comme un connard ?

Il perçut ma révolte et se fit plus tendre.

— Non, Hannah. Mais il a changé. Il tenait ça de Nonno, lui aussi. Leur relation était loin d'être évidente et ça a rejailli sur la nôtre. Gio m'a présenté ses excuses. (Il eut un petit sourire narquois.) Il était bourré quand il l'a fait, mais ça m'a aidé quand même.

J'estimai alors que, si Marco était prêt à lui pardonner, je devrais en faire autant.

— Tant mieux.

L'ambiance se fit plus légère au cours du repas. Nous plaisantâmes tout en mangeant avant de retourner nous mêler à la foule pour continuer notre shopping. Ce soir-là, Marco usa de toute sa fourberie pour me raccompagner chez moi. Je m'endormis devant un film et ne me réveillai qu'au moment où il me portait dans ma chambre. Il me déposa doucement sur mon lit et je sombrai de nouveau quand il m'embrassa sur le front.

Le matin suivant, je le découvris en train de dormir sur mon canapé. Quand je lui demandai pourquoi il était resté au lieu de rentrer chez lui, il me répondit qu'il dormait mieux quand il me savait en sécurité. Ce matin-là, je lui préparai le petit déjeuner. Avec une résolution sensiblement amoindrie par rapport à la veille. Je pensais, quand il partit, que je ne le reverrais pas de la journée, mais je me trompais : il revint avec des matériaux qu'il avait commandés pour moi. J'annulai le repas dominical chez mes parents pour le regarder me fabriquer des étagères. Ma détermination s'étiola un peu plus.

La semaine suivante, nous fûmes tous deux particulièrement pris par le boulot, mais il trouva malgré tout le temps de m'appeler un soir sur deux. Comme prévu, je ne le vis pas le week-end d'après, puisqu'il avait d'autres projets.

Pendant son absence, je me rendis compte d'une chose quelque peu terrifiante.

Il me manquait.

Il me manquait atrocement.

Ce fut un intense soulagement de le retrouver à ma porte le lundi soir. Il rompit son vœu silencieux de me laisser autant d'espace que possible quand il entra chez moi pour m'enlacer dans une étreinte que mon corps entier ressentit. Il m'embrassa sur la joue, puis me lâcha à contrecœur. J'étais heureuse de porter un pull épais, car entre son odeur, sa chaleur, ses bras puissants et son torse musclé – sans compter mon bonheur de le retrouver –, ma poitrine réagit de façon provocante.

Dans l'espoir d'apaiser l'attirance sexuelle que j'éprouvais pour lui, je m'attelai à préparer le dîner comme si de rien n'était.

Marco dîna chez moi à trois reprises cette semaine-là.

Je lui demandai pourquoi on n'allait jamais chez lui, non pas parce que cela me dérangeait, mais par simple curiosité. Il me répondit que mon appartement était plus chouette. Même s'il avait autrefois vécu dans ce trou à rats sur India Place, je ne l'imaginais pas habiter encore un endroit similaire, je supposais donc que son domicile était tout à fait apte à recevoir de la visite, en dépit de ses dénégations.

Néanmoins, je m'efforçai d'oublier mes questions, ma curiosité et mes doutes afin de profiter au mieux de l'instant présent.

Délaissant pour une fois mon trois-pièces, nous nous rendîmes au cinéma ce vendredi soir. Cela ne lui suffit manifestement pas, car il insista pour m'assister dans mon baby-sitting du lendemain. Nous allâmes donc ensemble chez Joss et Braden pour garder Beth et Luke pendant qu'ils passaient la soirée en amoureux. Marco rencontra donc Joss. Il connaissait déjà Braden, pour avoir travaillé pour lui sur plusieurs bâtiments. À mon immense surprise, ce dernier se montra avenant avec lui. Le grand frère menaçant n'était nulle part en vue. Il ne semblait pas le moins du monde dérangé par la présence de Marco dans ma vie. Peut-être que son propre côté mâle dominant lui permettait de reconnaître un congénère grâce à quelque connexion mentale incompréhensible ? Quant à Joss, elle ne manqua pas de me faire comprendre, dès que les garçons eurent le dos tourné, qu'elle le trouvait génial.

Toutefois, la plus grosse surprise de la soirée ne fut pas l'attitude agréable de Braden... mais la façon dont Marco se comporta avec les enfants. Beth et Luke l'adorèrent immédiatement, et il ne manqua jamais de patience avec eux. Bien que légèrement troublée par cette succession de surprises, j'eus le sentiment que tout s'était bien déroulé... jusqu'à ce que les choses m'échappent complètement. Joss et Braden rentrèrent tard, et les enfants étaient naturellement déjà couchés. Joss commit alors l'impensable : elle invita Marco au repas dominical du lendemain.

Je dus avoir une expression horrifiée, car les deux garçons éclatèrent de rire.

Et, évidemment, Marco accepta la proposition.

À mon absolu désarroi, toute la famille l'accueillit comme l'un de ses membres. J'ignorais si je devais en être heureuse ou dévastée. Je savais que ma mère et les filles le trouvaient génial : elles m'avaient prise à partie dans la cuisine pour vanter sans discontinuer son sens de l'humour, sa façon calme et simple de s'occuper des enfants, la manière dont il buvait chacune de mes paroles comme s'il n'avait jamais rien entendu de plus intéressant... Sans grande surprise, elles ne manquèrent pas non plus de commenter son physique de rêve.

Comme si je n'étais pas déjà consciente de tout cela !

La réaction des garçons fut peut-être même pire, car ils étaient toujours extrêmement difficiles à satisfaire dès lors qu'il s'agissait du petit ami de l'une d'entre nous. Pourtant, ils semblèrent apprécier la confiance discrète de Marco, respecter ses réponses prudentes et partager son humour grinçant.

J'étais foutue.

Même Cole l'aimait bien, alors que Marco était nettement plus réservé avec lui qu'avec les autres.

Le seul à faire preuve d'une certaine distance était mon père. Il était généralement plus décontracté que les autres hommes de ma famille, et sa réaction m'aurait perturbée s'il n'avait pas été le seul à connaître l'entière vérité. Je l'observai étudier Marco, et je le comprenais suffisamment pour savoir qu'il était en train de le jauger, afin d'estimer s'il méritait réellement cette seconde chance qu'il m'avait lui-même conseillé de lui accorder. Si quiconque d'autre remarquait le comportement inhabituel de papa, j'étais certaine qu'il le mettrait sur le compte d'une volonté farouche de me protéger.

Le seul moment vraiment étrange de la journée survint juste après le repas, quand Beth vint se poster près du fauteuil de Marco. Elle inclina la tête de côté, l'examinant avec curiosité, et il s'amusa de la voir ainsi. Puis tout le monde entendit Beth lui demander distinctement :

— Est-ce que tu es le petit copain de Hannah ?

Hannah, en l'occurrence, souhaita qu'un trou noir se crée au milieu du salon pour l'engloutir.

Pis encore, Marco répondit :

— Nan. Elle ne veut pas.

Beth, consternée, riva alors aussitôt son adorable minois sur moi.

— C'est très malpoli, Hannah.

Et ce fut adorablement drôle, même si je ris tout en sentant mes joues me cuire.

Peu après, Joss et Ellie allèrent préparer le thé et le café, et je m'empressai de les suivre pour fuir le regard insistant de Marco.

— Bon sang, à quoi vous jouez, tous ? demandai-je d'un ton calme. Où est passée l'agressivité de Braden et Adam ? Votre défiance à tous ?

Joss haussa les épaules.

— Marco nous plaît bien. Il a l'air sérieux.

Je ne sus même pas quoi lui répondre.

Je me tournai vers ma sœur. Ellie fronça les sourcils en découvrant mon air incrédule.

— Hannah, on lui est vraiment reconnaissant de tous les efforts qu'il fait avec toi. Et on ne veut que ton bonheur. C'est évident pour tout le monde que vous êtes plus qu'amis. Enfin quoi, on ne t'a quasiment plus vue depuis trois semaines, et chaque fois qu'on a eu cette chance tu n'as fait que nous parler de ce que Marco et toi avez fait.

— Amis, mon cul, renchérit Joss en sucrant l'une des tasses. La tension sexuelle qui existe entre vous bat tous les records. (Elle eut un sourire suffisant.) Ça me rappelle moi et M. Carmichael.

— Épargne-nous les détails, l'implora Ellie en levant une main pour la faire taire.

— Je ne comptais pas vous en donner, lui assura Joss, mais nous savions pertinemment ce qu'elle avait en tête en voyant son sourire lubrique et ses yeux brûlants de désir.

Je poussai un soupir et pris appui sur le plan de travail.

— J'espérais au moins pouvoir compter sur ma famille pour en rester au stade platonique avec Marco. Mais c'est comme si vous m'offriez à lui sur un plateau d'argent.

Ellie eut un interminable ricanement sarcastique.

— Sois sérieuse, Hannah. Tu passes pratiquement tes journées avec lui. Tu n'as besoin de personne pour t'offrir à lui sur un plateau d'argent.

En le regardant dormir sur mon canapé, je fus soudain submergée par mes sentiments pour lui. Ils m'étreignaient au plus profond des tripes, me palpitaient dans la poitrine, me picotaient jusqu'au bout des doigts. Depuis le repas du dimanche, je n'avais revu Marco qu'une seule fois pour dîner, mais le boulot nous avait tous deux bien occupés. Le week-end suivant, il avait une nouvelle fois eu une mystérieuse obligation familiale. J'en avais tiré une conclusion pas si difficile à déduire : ce truc de famille se déroulait un week-end sur deux.

J'eus beaucoup de mal à ne pas le relancer sur ce sujet.

J'y parvins néanmoins. Surtout pour éviter de me faire taxer d'hypocrisie...

Donc... nous ne nous étions plus revus depuis plusieurs jours. Son absence me pesait chaque fois un peu plus. Ce qui explique sans doute que je fus submergée d'émotions quand il sonna chez moi. Quelle que soit l'énigmatique raison de sa disparition bihebdomadaire, Marco savait me prouver que je lui manquais autant que lui à moi, car il se présentait systématiquement à ma porte dès le soir suivant. Il n'avait même pas la force de patienter un jour de plus.

Je lui avais dit que j'avais des devoirs à corriger, mais cela ne l'avait pas découragé. Après le dîner, il s'était allongé sur mon canapé pour me laisser travailler.

Ma détermination s'était considérablement délitée.

Je le sentais.

Il n'aurait pas à me pousser beaucoup pour que...

Je détournai le regard de son visage endormi et essayai avec fermeté de me concentrer sur mon travail. La rédaction suivante était celle de Jarrod, ce qui me compliqua encore plus la tâche, tant il me rappelait Marco. Mais je le fis néanmoins, car Jarrod méritait mon attention.

Sa rédaction retravaillée m'émut. Malgré la paresse qu'il semblait afficher avec ses autres professeurs et ses problèmes évidents nés de ce père qui l'avait abandonné, il avait développé une force dont peu de garçons de son âge disposaient, en veillant sur son petit frère, Harvey, et en contribuant à son éducation. Pour lui, le but de ce devoir était de montrer qu'il avait évolué et oublié ses peurs enfantines, qu'il devenait adulte. Mais le lecteur comprenait par la multitude des situations exposées qu'il avait surmonté ses peurs uniquement pour que Harvey se sente en sécurité et cesse à son tour d'être terrifié.

Ça n'était pas facile pour quelqu'un d'aussi fier que Jarrod de coucher tout cela sur le papier, et il m'avait fait promettre que seuls moi et l'examinateur lirions ce document.

Je regrettais presque de lui avoir donné ma parole. J'aurais aimé brandir cette autobiographie sous le nez de Rutherford pour exiger de lui qu'il admette que ce garçon qu'il trouvait si puéril ne l'était pas du tout. Il était certes jeune, mais il avait été contraint de mûrir vite pour offrir à son petit frère le soutien émotionnel auquel lui-même n'avait jamais eu droit.

Je poussai un lourd soupir, regrettant de ne rien pouvoir faire de plus pour aider Jarrod à mieux se considérer.

— Qu'est-ce qui se passe ?

Je redressai la tête en entendant la voix rauque de Marco. Il avait les paupières mi-closes, ce qui lui conférait un regard qui affectait aussi bien mes émotions que mon corps.

L'accès de tendresse que j'éprouvai dut se traduire dans mes prunelles, car Marco sembla soudain bien mieux réveillé.

Ma détermination n'en fut qu'un peu plus minée. Un simple encouragement et...

Le cœur tambourinant, j'optai néanmoins pour la nonchalance et tapotai distraitement de mon stylo les feuilles que j'avais en main.

— C'est un élève, dans ma classe de seconde. Jarrod. (Je posai sa rédaction sur la pile.) Il me fait penser à toi.

— Ah ouais ? s'enquit Marco en s'asseyant lentement. (Il posa ensuite les coudes sur les genoux pour se pencher vers moi.) Tu dois avoir un faible pour lui, alors.

Cela me fit rire.

— Je te trouve bien sûr de toi, ces derniers temps.

Marco ne répondit pas. Au lieu de quoi, ses prunelles s'assombrirent et se mirent à pétiller alors qu'il se laissait glisser au sol. Mon cœur, qui battait pourtant déjà la chamade, s'accéléra encore, et je m'humectai inconsciemment les lèvres quand il se rapprocha de moi.

Le souffle court, mon esprit me hurlant « Arrête-le ! », je le laissai pourtant m'écarter les jambes pour se positionner entre elles. Il approcha son buste du mien, si bien que je dus me pencher en arrière pour maintenir un certain espace entre nous. Marco ne s'en laissa pas compter. Il s'inclina un peu plus, une main posée à terre près de ma hanche et l'autre remontant mes cheveux sur ma nuque pour me retenir.

— Je sais que tu tiens encore à moi, chuchota-t-il près de mes lèvres. (Je frémis, le souffle erratique.) Et, trésor, je ne peux pas prétendre plus longtemps que je ne pense pas en permanence à me retrouver en toi.

Ses mots me firent le même effet que s'il avait apposé sa bouche entre mes cuisses.

J'avais envie de lui. À tel point que j'étais rendue muette par la peur de me trahir en lui parlant.

Marco prit mon silence pour une invitation.

Il me caressa doucement la joue du pouce, posant les yeux sur ma bouche.

Le souffle coupé, j'attendis.

Je fermai les paupières quand ses lèvres vinrent effleurer les miennes, qui se mirent à fourmiller. Je poussai un soupir, excitée comme jamais.

Son baiser se poursuivit, séducteur sans être encore trop entreprenant, accroissant mon désir par paliers. J'avais de plus en plus chaud.

Je n'avais encore jamais été embrassée de la sorte. Aucun garçon n'avait à ce point pris son temps avec moi, comme s'il avait besoin de goûter la moindre parcelle de ma bouche. Chaque fois que je croyais qu'il allait passer à la vitesse supérieure, il se reculait légèrement, m'embrassait délicatement les commissures ou me mordillait la lèvre inférieure.

Cette sensation de picotement était délicieuse.

— Il n'y a que le tien, déclarai-je doucement, d'un ton presque désespéré, aussi désespéré que mon besoin d'aller plus loin.

Marco me dévisagea comme pour essayer de lire en moi. Tendrement, il me rabattit une mèche de cheveux derrière l'oreille.

— Le mien de quoi, Hannah ?

— Ton baiser. Mes lèvres me picotent, quand tu m'embrasses. (J'eus un sourire triste.) Je te jure, elles me picotent pour de vrai. Personne d'autre ne m'a jamais fait ressentir ça.

Une lueur triomphale illumina ses yeux.

— Tant mieux, répliqua-t-il d'un ton bourru avant de reposer sa bouche sur la mienne.

Mon souffle se saccada de plus en plus alors qu'il recommençait à me torturer de ses lents baisers séducteurs. Il me tardait qu'il darde sa langue pour pouvoir le goûter. Je me *souvenais* de son goût. Un goût incomparable. J'avais besoin de le redécouvrir.

Je me redressai légèrement et l'agrippai par les épaules, écrasant nos bouches l'une contre l'autre. Je gémis d'envie et Marco me serra contre lui. Mon entrejambe se liquéfia quand nos langues se trouvèrent, quand sa chaleur et son arôme me pénétrèrent.

Oui.

Ça m'avait tant manqué.

14

— Mets tes jambes autour de ma taille, m'ordonna Marco d'une voix étranglée de désir.

Je m'exécutai aussitôt et entourai également ses épaules de mes bras tandis qu'il se levait sans mal. Je hoquetai en sentant son érection. Nos regards se croisèrent, ravivant les braises de notre amour lointain. Marco me transporta ainsi, nos souffles se mêlant tandis que nous haletions d'impatience.

Je n'eus l'impression d'avoir traversé l'appartement que lorsqu'il me déposa sur mon couvre-lit et s'allongea sur moi.

Il se redressa, les mains plantées de part et d'autre de mon visage.

— Plus de retour en arrière possible, marmonna-t-il.

En l'aidant à remonter son tee-shirt, je sentis ses muscles chauds et lisses sous mes mains et frémis d'excitation.

— Plus de retour en arrière, confirmai-je, complètement hypnotisée par les promesses muettes que je voyais dans ses prunelles.

Marco jeta son haut derrière moi.

— Oh, mon Dieu, chuchotai-je malgré moi.

Je m'empressai de caresser chaque centimètre carré de son torse parfait. Il était magnifiquement bâti, une vraie statue grecque.

— Tu es tellement beau.

Marco m'ôta mon pull et le balança à son tour.

— Moins que toi, répliqua-t-il doucement avant de faire glisser ses mains de ma taille jusqu'à ma poitrine, pour me prendre les seins en coupe à travers mon soutien-gorge.

J'arquai le dos pour lui faciliter la tâche.

Marco en profita.

Il m'embrassa profondément tout en dégrafant mon sous-vêtement.

Je dessinai le contour de ses pectoraux durant notre baiser, cessant de le peloter à contrecœur quand il me repoussa plus haut sur le lit et pour faire glisser le long de mes bras les bretelles de mon soutien-gorge.

Celui-ci disparut à son tour.

Marco observa tour à tour mon visage et ma poitrine dénudée, et la chaleur dans son regard fit gonfler et s'ériger mes tétons. Un tourbillon de sensations agita mon bas-ventre et je sus que, s'il glissait sa main entre mes jambes, il me découvrirait humide et prête à l'accueillir.

Il me pinça délicatement les seins, me massant les mamelons des pouces comme pour mémoriser chacune de mes formes. Son souffle était plus saccadé, et je sentais son membre érigé à travers le tissu de son pantalon.

Je me cambrai aussitôt, réclamant silencieusement sa bouche.

Il ne me fit pas languir.

Je soupirai d'aise quand ses lèvres effleurèrent d'abord mon mamelon droit, puis le gauche. Il me mit au supplice en embrassant l'un, puis l'autre, et alors que je commençais à croire que j'allais devoir le supplier, il me lécha le téton droit avant de refermer la bouche dessus et de se mettre à le suçoter.

Une onde de plaisir fit convulser mon ventre et je laissai échapper un petit gémissement en enfonçant plus profondément ma tête dans l'oreiller.

Marco s'attarda sur mes seins jusqu'à ce qu'ils soient tous deux bien durs, jusqu'à ce que cela ne me satisfasse plus.

Il me déposa un baiser sur le côté du buste et s'assit.

Je fus à deux doigts de jouir rien qu'en le voyant me chevaucher ainsi, un désir farouche dans les prunelles – un désir qui aurait fait se consumer n'importe quelle femme de ce monde.

Je plongeai mes yeux dans les siens et un lourd silence grisant s'imposa entre nous. Marco passa les mains sous l'élastique de mon legging et de ma culotte et tira. Je soulevai les fesses et il put les retirer entièrement. Une fois qu'il m'en eut dépouillée, il entreprit lentement, tendrement de me caresser les mollets, puis l'extérieur des cuisses, en profitant pour les écarter en les faisant redescendre autour de lui. Je ne m'étais jamais sentie si vulnérable ni, à ma grande surprise, si excitée à l'idée de me savoir exposée à ce point.

Les dents serrées, Marco déboucla sa ceinture avec des gestes secs et baissa la braguette de son jean. Chaque parcelle de ma peau me brûlait, mes cuisses tremblaient et j'étais incapable de maîtriser ma respiration alors que mon corps encore inexpérimenté réclamait un apprentissage accéléré.

Il baissa son pantalon et son boxer, si bien que je me retrouvai face à son énorme érection palpitante. Il était parfaitement proportionné… mais je me contractai malgré moi, le dos crispé sur le matelas.

— Je me suis fait dépister, murmura-t-il contre ma bouche. Je suppose que toi aussi. Tu prends la pilule, ou est-ce qu'il faut une capote ?

J'hésitai, décontenancée par la question.

— Hannah ?

Il me mordilla le lobe en faisant remonter sa main sur mon ventre jusqu'à retrouver mon sein. Il le serra, le titilla du pouce. Mes paupières papillotèrent.

— Je prends la pilule, répliquai-je dans un état second, auquel je m'arrachai quand sa main quitta ma poitrine pour trouver un nouveau terrain de jeux encore plus agréable.

Mes hanches tressautèrent quand son pouce toucha mon clitoris, et il émit de longs râles gutturaux. Puis il m'enivra de baisers tout en jouant avec. Je l'explorai à mon tour, caressant ses épaules, son dos, ses abdos, lui griffant doucement les tétons à l'en faire gémir.

Quand il introduisit deux doigts en moi, je rompis notre baiser et inclinai la tête en arrière en poussant un soupir langoureux.

— Ma chérie… (Il m'embrassa la mâchoire tout en faisant aller et venir ses doigts en moi.) Putain, ma chérie, tu es déjà trempée.

Je multipliai les gémissements, mais parvins à rouvrir les yeux pour le dévisager.

— Tu as envie de moi ? murmura-t-il les lèvres collées aux miennes.

J'acquiesçai en donnant des coups de bassin pour l'inviter plus loin.

— Dis-le, Hannah.

Sans réfléchir, j'enfonçai mes doigts dans son dos pour le plaquer contre moi, le bruit de mes halètements emplissant la pièce.

— J'ai besoin de toi, admis-je le souffle court. Je veux te sentir en moi.

Je le vis alors perdre le contrôle.

Il retira brusquement les doigts, m'attrapa la cuisse tout en tendant l'autre bras pour se redresser. Les yeux profondément plongés dans les miens, il se mit en position. Je le sentis, dur et chaud contre mon ouverture, puis il y eut une pression subite quand il me pénétra.

Je me contractai, même si la sensation était moins inconfortable que la première fois.

Marco n'était même pas entré complètement qu'une question naquit dans ses prunelles. Il serra les dents et s'immobilisa.

— Chérie… ?

Je secouai la tête, ne comprenant pas ce qui clochait.

— Chérie… (Il approcha sa tête de la mienne, me caressant la joue de sa main.) Tu es aussi étroite qu'une vierge, chuchota-t-il d'un ton rauque.

Oh, non. Non, non, non !

Je déglutis douloureusement. L'excitation se dissipa quand la réalité reprit le dessus.

— Ça fait longtemps, c'est tout.

Je poussai distraitement ses épaules.

En réaction, il s'enfonça plus profondément. J'enfonçai mes doigts dans sa chair en tendant les hanches vers lui.

— Combien de temps ? demanda-t-il.

Je cherchai un mensonge plausible.

— Première année de fac, pantelai-je. Je n'ai plus eu le temps depuis.

Marco se figea.

— Tu n'as connu personne en quatre ans ?

Cinq, en réalité.

Je secouai de nouveau la tête.

Il adopta soudain un air neutre qui m'empêcha d'interpréter sa réaction. Puis je ne cherchai même plus à l'interpréter, car il s'enfonça jusqu'à la garde avant de se retirer presque entièrement et de me pénétrer de nouveau.

La gêne disparut tandis que mes muscles internes se modelaient autour de son membre.

— Oh, mon Dieu, Marco !

J'essayai de l'attirer encore plus loin.

— Ouais ?

Il me donna un autre coup de boutoir, et je criai encore son nom.

Il me fit l'amour. Nos yeux ne se quittèrent pas tandis qu'il allait et venait lentement.

— Jouis pour moi, ma chérie, grogna-t-il en m'immobilisant les deux poignets d'une seule main tout en me malaxant la cuisse de l'autre. Hannah, je veux te voir jouir.

Il s'enfonça encore à plusieurs reprises, cherchant désespérément à allumer mon feu intérieur... jusqu'à ce qu'il y parvienne.

Une simple étincelle suffit à faire exploser la tension en moi, et un orgasme tel que je n'en avais jamais ressenti déferla. Je crois même que mes yeux se révulsèrent quand je hurlai mon plaisir.

Je rouvris à temps les paupières, toute frissonnante, pour le voir se contracter et tendre le cou, les mâchoires crispées, les prunelles embrasées, tandis qu'il jouissait à son tour.

Son étreinte devint presque douloureuse quand il fut parcouru de secousses. Il s'effondra sur moi. Son corps tremblait encore quand il enfouit le visage dans mon cou.

Mes muscles étaient chauds et languissants ; pendant quelques secondes de bonheur, je restai là à profiter des suites de l'orgasme le plus extraordinaire qui soit. J'exultais de sentir le corps musclé et brûlant de Marco sur le mien.

Ces quelques secondes s'écoulèrent toutefois très vite.

Quand il se redressa, ses traits s'étaient détendus et ses yeux étaient pleins d'affection ; un sentiment lourd et étouffant s'insinua alors dans mes tripes. Il m'embrassa doucement, et je lui rendis son baiser, sauf que...

Il se retira délicatement et roula sur le dos. Cette sensation désagréable s'accrut quand il se leva du lit. Mon regard s'attarda sur son dos musclé, puis se posa sur une ligne de peau meurtrie sur la gauche, au-dessus de son fessier. Une cicatrice.

Une nouvelle sensation de gêne vint se mêler à celle qui m'habitait déjà. J'observai son corps magnifique et son cul délicieux traverser la pièce pour disparaître dans le couloir.

Il reparut quelques instants plus tard, parfaitement à l'aise avec sa nudité. En regrettant de ne pouvoir me fier à la douceur dans ses yeux quand il les posa sur moi, je continuai de l'étudier, un peu perplexe, quand il vint se recoucher. Puis quand il me passa un linge humide entre les jambes.

Surprise par sa délicatesse, je me mordis la lèvre pour m'empêcher de parler tandis qu'il prenait soin de moi. Puis il disparut de nouveau quelques instants et revint tirer les couvertures sur lesquelles j'étais allongée pour m'en recouvrir. Il se glissa alors sur le dos et passa un bras autour de moi. Sans un mot, il m'attira contre lui et je posai la tête sur son torse, le cœur battant de nouveau la chamade.

— Je ne suis pas sûre que ça change quoi que ce soit.

Marco répliqua d'un grand éclat de rire.

— Bien sûr que si.

Pour une raison inexplicable, j'eus envie de pleurer. Je ne me comprenais plus du tout.

— Je devrais me sentir comblée, mais... ça n'est pas le cas.

L'air de la pièce se fit glacial. Marco s'assit et pivota afin de me regarder dans les yeux. Je voyais à ses traits tendus qu'il était plus que furieux.

— Et qu'est-ce que ça veut dire, bordel ?

J'optai pour l'honnêteté. Du moins, en partie.

— J'ai un mauvais pressentiment nous concernant. (Je me détournai.) Je ne t'ai pas tout raconté, et je ne sais pas si j'y arriverai un jour.

Je sentis la pression de ses doigts sur mon menton quand il m'obligea à lui faire face.

— Tu finiras par le faire, répondit-il avec une assurance que je n'éprouvais pas. Je ne t'ai pas tout raconté non plus, mais on y viendra. Et ce pressentiment... je ferai en sorte de le faire disparaître. Je te prouverai que je ne compte nullement m'en aller, Hannah. Je suis là. Et j'ai envie d'être là.

Je voulais continuer de débattre, fuir cette histoire avant qu'elle nous explose à la figure et m'anéantisse. Mais quand il m'embrassa, enfonçant ma tête dans l'oreiller, résolu à me faire l'amour de nouveau, je compris qu'une part de moi n'ayant rien à voir avec la raison mais tout avec les émotions l'emporterait, et j'en voulus aussitôt plus et sur-le-champ.

La salle des profs se vidait rapidement, la pause déjeuner s'achevant dans cinq minutes. Je venais de rincer mon mug, encore à moitié embrumée (et épuisée) à la suite du marathon de la nuit avec Marco, quand Nish courut me rejoindre.

Elle ne répondit pas à mon regard interrogateur pour observer par-dessus son épaule. Quand le dernier enseignant eut quitté la pièce, elle se retourna vers moi, les prunelles pétillant d'excitation.

— Il paraît que ça se passe bien, entre toi et Marco ?

L'agacement accéléra mon rythme cardiaque.

— Tu as entendu ça où ?

Elle haussa les épaules, l'air étrangement suffisant, presque triomphant.

— Eh bien, Marco m'a envoyé un SMS ce matin pour me dire simplement « Merci ». À en juger par la profondeur de tes cernes et le rougissement de tes joues, j'en conclus que vous avez couché ensemble.

Génial.

— Tu es prof d'anglais ou détective privé ? grommelai-je.

Nish éclata de rire.

— Je ne comprends pas pourquoi tu fais cette tête. Si je croquais du Marco D'Alessandro, je pourrais mourir heureuse.

— Tu es mariée ! lui rappelai-je en jetant à la poubelle le sac qui avait contenu mon sandwich.

Je me dirigeai vers la porte.

— Ça ne m'empêche pas de juger un aussi magnifique spécimen que Marco.

Je n'arrivais pas encore à déterminer si j'avais bien fait ou non de céder à Marco le soir précédent, mais j'avais en tout cas énormément apprécié le moment. Je fus parcourue d'un frisson rien que d'y repenser.

— Bon. (Nish posa la main sur la porte pour m'empêcher de m'échapper.) Andy connaît Marco depuis plusieurs années, et il ne l'avait encore jamais vu courir après une femme. (Elle eut un large sourire.) Généralement, il est plutôt du genre à en changer comme de chemise.

Je la dévisageai avec impatience.

— C'était une question ?

— Eh ben, ouais.

Je poussai un soupir et tirai sur la poignée, si bien qu'elle dut reculer pour me laisser sortir.

— On a un passé.

— J'avais compris. Ce que je voudrais savoir, c'est si c'est sérieux ? Est-ce que je dois m'attendre à un faire-part bientôt ?

Mes épaules s'affaissèrent à la stupidité de sa question.

— Je ne suis même pas certaine qu'on sorte ensemble, Nish. Marco n'a jamais été du genre constant.

Cole me servait un verre de soda et préparait des amuse-gueules dans sa cuisine quand mon téléphone vibra. Je le sortis de mon sac et ressentis une nouvelle sensation de malaise quand je vis qu'il s'agissait de Marco.

Il m'avait déjà passé cinq coups de fil, que j'avais ignorés chaque fois. Je n'avais pas non plus répondu à son SMS. Au lieu de rentrer chez moi, où j'étais sûre qu'il me tomberait dessus pour me forcer à réfléchir à mes sentiments alors que je n'étais pas prête, j'étais montée dans le bus pour me rendre chez Cole, sur Leith Walk. Il habitait un petit appartement, en colocation. Les meubles étaient usés et auraient eu grand besoin d'être changés, les murs étaient jaunis et il y faisait toujours froid à cause des fenêtres à guillotine qui n'isolaient rien.

Je reléguai mon portable au fond de mon sac et Cole revint au salon.

— La vie avec Jo et Cam ne te manque pas ? lui demandai-je en me saisissant avec gratitude du goûter qu'il m'avait confectionné.

Il me répondit d'un regard consterné.

— Ça fait du bien d'avoir un peu d'intimité. À tout le monde. Cam ne peut pas s'empêcher de tripoter ma sœur, en atteste le gros bidon qu'elle se trimballe ces jours-ci, et je suis content de ne plus voir ça en permanence.

Je gloussai en examinant la pièce. Mon regard se posa sur une plaque suspendue au-dessus de la vieille cheminée. Un poisson chanteur était monté dessus.

— N'empêche que ton coloc a des goûts douteux.

— Bigsie est douteux, tout court. (Cole observa le poisson d'un air sévère.) Par chance, on ne se croise pas souvent.

— Ah bon, où il est ?

— J'en sais foutre rien. Il paie son loyer à l'heure, c'est tout ce qui m'importe.

— Tu devrais lui demander de retirer ce poisson.

— Le poisson ? ricana Cole. J'en déduis que tu n'as pas encore vu la poupée gonflable dans la salle de bains ?

J'éclatai de rire.

— Tu plaisantes ?

Cole ferma les paupières, atterré, et secoua la tête.

Je posai mon Coca en gloussant et me précipitai dans la minuscule salle d'eau au fond de l'appartement. Dès que j'en ouvris la porte, je tombai nez à nez avec une baudruche grandeur nature. Elle avait un visage de dessin animé et une opulente poitrine, et quelqu'un l'avait vêtue d'une jupe en raphia.

— Elle s'appelle Lola ! m'informa Cole depuis le salon.

Je retournai au salon en riant.

Cole roula les yeux en découvrant mon expression.

— Tu trouves ça drôle parce que tu n'es pas obligée de vivre avec ! J'ai sérieusement envisagé de la dégonfler, mais je crains la réaction de Bigsie.

Je gloussai de plus belle.

— Allez, s'offusqua Cole. Un peu de compassion. Qu'est-ce que je suis censé dire, si je ramène une fille ici ?

Je haussai les épaules.

— Que tu as un coloc bizarre.

— Nan, à mon avis, elle sera repartie sans même me laisser une chance de lui expliquer quoi que ce soit. Tu ne réagirais pas comme ça, si tu voyais ça dans la salle de bains d'un mec ?

Je pouffai.

— Oh, que si.

— Pff, génial, marmonna Cole dans sa tasse de café.

Mon téléphone se remit à vibrer et je le laissai soigneusement sonner en me saisissant de mon verre.

— Tu ne comptes pas décrocher ?

Je secouai la tête.

— D'accord. (Cole me considéra avec attention.) On ne s'est pratiquement pas vus depuis des semaines, ce qui est super car cela signifie que tu avances avec Marco. Mais voilà que tu te pointes chez moi, après le boulot, et que tu ne réponds pas au téléphone. C'est quoi, ce délire ? C'est lui ?

— Mieux vaut que tu n'en saches rien.

Cole me scruta avec encore plus d'intensité. Il poussa un soupir et posa son mug sur la table basse écaillée.

— Tu as couché avec lui.

J'entrouvris les lèvres, estomaquée par sa déduction.

— Tu m'énerves.

— Donc, tu as couché avec lui. Et c'était si nul que tu ne veux plus le revoir... parce que tu es une femme adulte et responsable ?

— Ce n'était pas nul, marmonnai-je en me sentant rougir.

— Chut, je ne veux aucun détail.

Le visage de Cole se chiffonna, comme s'il venait de croquer dans une pomme d'amour trop acide.

— Je n'ai rien dit du tout.

Il agita la main.

— Et c'est très bien comme ça. Pourquoi tu l'évites ?

— J'essaie juste d'y voir clair.

— Et qu'y a-t-il à éclaircir ? Je croyais que tu étais prête à lui laisser une seconde chance ?

— Ah bon ?

Je fronçai les sourcils.

Il eut un sourire affectueux.

— Hannah, tu l'as laissé revenir dans ta vie.

J'acquiesçai, sachant qu'il avait raison. Et oui, je m'apprêtais à lui laisser une seconde chance, mais...

— C'est juste un pressentiment dont je n'arrive pas à me débarrasser. Je sens au fond de moi que je vais de nouveau avoir le cœur brisé et que je ne pourrai cette fois pas en recoller les morceaux.

Mon ami poussa un long soupir.

— Tu veux savoir ce que je pense ?

— Toujours.

— Je crois que cette sensation… c'est juste le passé qui s'exprime.

J'aurais dû m'en douter. Mais non.

J'avais passé cinq semaines à l'observer s'immiscer dans ma vie, me poursuivre partout, passer du temps avec moi. Pourtant, je n'arrivais toujours pas à oublier Marco l'adolescent, et celui-ci aurait accueilli de son air maussade le soin que je mettais à l'éviter et attendu de me voir revenir vers lui.

À mon étonnement le plus total, je fus curieusement soulagée de le trouver assis sur les marches de mon immeuble en rentrant de chez Cole. Il portait un manteau chaud, mais le temps était glacial et il n'avait ni écharpe ni couvre-chef. Je m'en voulus instantanément.

Cole avait raison. En évitant Marco toute la journée, j'avais fait preuve d'une grande immaturité. Et voilà qu'il m'attendait dans ce climat polaire.

Me disait-il la vérité ? Comptait-il bel et bien rester quoi qu'il advienne ?

— Je vais t'acheter une écharpe, soupirai-je en m'arrêtant devant lui.

Il redressa la tête, les mains pendant entre ses genoux, et mes muscles se contractèrent quand je découvris son expression.

« Furieux » aurait été un euphémisme.

Je m'attendais à ce qu'il réponde quelque chose, qu'il me hurle dessus, qu'il m'interroge sur mon comportement puéril, mais il se leva sans un mot et me tourna le dos. J'en restai bouche bée de stupeur et le regardai gravir les dernières marches et m'attendre sur le perron.

Comprenant qu'il exigeait que je le laisse entrer, je me précipitai vers la porte et la déverrouillai en tremblant légèrement.

Je sentais sa présence intimidante tandis que je m'efforçais de ne pas courir m'enfermer dans mon appartement comme si j'étais poursuivie par un agent de recouvrement. Il était si proche de moi quand j'introduisis ma clé dans la serrure que son torse effleura mon dos.

Quand je vins enfin à bout de mon verrou, les papillons s'étaient multipliés dans mon ventre, plus affamés que jamais. Dès qu'il entendit le déclic, Marco tendit la main au-dessus de ma tête et ouvrit la porte en grand. Il me poussa à l'intérieur sans cérémonie. Sentant la rage qui exsudait de lui, j'échappai à son étreinte pour traverser le salon et prendre mes distances. J'entrepris maladroitement de déboutonner mon pardessus.

Son ton furax me glaça le dos quand j'achevai d'ôter mon vêtement.

— Et donc, le baiser que tu m'as donné ce matin quand je t'ai dit au revoir avant d'aller me préparer pour le boulot, c'étaient des conneries ?

Il faisait référence au fait que je l'avais alors rattrapé par le cou pour l'embrasser plus profondément, rechignant à le laisser partir. En réalité, quand il était juste devant moi, le sentiment de malaise qui m'habitait semblait se tapir plus profondément. Néanmoins, dès qu'il avait franchi ma porte, je m'étais laissée envahir par le doute.

J'affrontai son regard. Le voir ôter sa veste me rassura sur le fait qu'il n'était pas assez furieux pour repartir. Pourquoi fallait-il que j'en sois si soulagée ?

— Je ne sais pas où j'en suis, répondis-je le plus honnêtement du monde.

— C'est ça, ton excuse ? (Il m'approcha à grands pas.) J'ai passé une journée de merde, et c'est tout ce que tu trouves à me dire ?

Refusant de me laisser intimider alors que j'essayais simplement d'être sincère, je ne me défilai pas, même quand il fut si proche que je dus incliner la tête en arrière pour le dévisager.

— C'est la vérité, repartis-je.

— Et donc, tu ne sais pas où tu en es ? Ce qui te donne le droit de me traiter comme de la merde ?

Ma culpabilité revint au galop.

— Non. (Sans même y réfléchir, je fis courir une main rassurante sur son torse.) Je suis désolée pour aujourd'hui. Je n'aurais pas dû. Mais je suis tellement... *perdue*.

Pendant un instant, je ne sus pas comment il allait réagir.

Puis, peu à peu, la tension sembla le déserter, même si une certaine dureté demeura dans son regard.

— Je ne veux plus jamais revivre ça. Si on a des problèmes, on en discute. Tu n'as pas le droit de me planter dans le froid comme le dernier des imbéciles.

Me sentant soudain dans la peau de mes élèves réprimandés, je croisai les bras et rétorquai avec humeur :

— Tu as toujours été aussi autoritaire ?

Une lueur mauvaise apparut dans ses prunelles.

— Oh, chérie, tu ne m'as encore jamais vu autoritaire.

Je laissai échapper un hoquet de surprise quand il me poussa contre le bras du canapé, si bien que je n'eus d'autre choix que de m'y asseoir. Il retroussa ma jupe jusqu'à ma taille d'un geste vif.

Je m'accrochai au coussin, sentant un mélange d'appréhension et d'impatience m'envahir tandis qu'il me retirait ma culotte sans douceur. Il se fraya un chemin entre mes jambes, m'agrippa la nuque d'une main et tira sur sa braguette de l'autre.

Son baiser fut dur et désespéré, et la pression de son membre palpitant contre mon sexe fut insoutenable. Il se frotta contre moi, me faisant perdre la tête à force de baisers érotiques, et m'alluma jusqu'à ce que ma peau me brûle.

Quand mes lèvres furent gonflées à force de mordillements, je le sentis introduire ses doigts en moi pour juger de mon état. Il poussa un grognement de satisfaction avant de les retirer pour les remplacer par sa verge.

Je poussai un cri de plaisir mêlé de douleur, m'accrochant à Marco comme à une bouée de sauvetage tandis qu'il me saisissait par les hanches pour me baiser sur le bord du canapé. Ça n'était pas comme la fois précédente. Ça n'avait rien de lent ou de profond, ça n'était pas guidé par des années d'attente. Au contraire, il semblait mû par la frustration, la confusion, le désespoir et le désir. C'était brutal. C'était intense. Et j'étais si excitée que je jouis vite et puissamment.

Une fois mon orgasme passé, et alors que mes cuisses étaient encore prises de spasmes, Marco gronda :

— Putain, Hannah. Putain, c'est bon.

Et il poussa un râle en déchargeant en moi.

Le souffle court, perplexe d'avoir trouvé cela si différent mais si érotique, j'attendis que Marco me dicte la suite des événements.

Il commença par m'embrasser doucement, tendrement. Puis il se recula, subitement inquiet :

— Est-ce que ça va ? Je ne voulais pas...

Je le fis taire en plaquant ma main sur sa bouche et eus un petit sourire satisfait.

— Il se peut que je cherche à te mettre en colère plus souvent.

Il se fendit d'un rictus malicieux.

— Ma chérie aime bien quand ça fait mal.

— C'est toi que j'aime bien, soufflai-je en éprouvant de nouveau cette douleur à la poitrine.

Il me caressa la joue du revers de la main, les yeux débordant désormais de tendresse.

— Ça veut dire que tu es prête à tenter le coup ? Que tu ne vas plus m'éviter ?

Je repensai à lui, assis sur les marches de mon immeuble en plein hiver.

— Oui. (J'enroulai mes bras autour de son cou pour l'attirer à moi.) J'accepte officiellement de nous laisser une chance.

15

Des années plus tôt, alors que j'essayais de comprendre pourquoi Joss en faisait tant baver à Braden avant d'admettre enfin qu'ils étaient faits l'un pour l'autre, elle m'avait expliqué qu'elle était si heureuse pour la première fois depuis une éternité que cela la tétanisait de terreur.

Au lieu de profiter du moment présent, elle ne cessait de se projeter des années en avant, d'anticiper la moindre sortie de route ou la moindre turbulence susceptibles de précipiter leur perte.

Je comprenais mieux que jamais ce qu'elle pouvait ressentir alors.

La semaine suivante avec Marco fut d'une perfection des plus exaltantes. Il dormit tous les soirs chez moi, y compris le week-end, et nous fîmes l'amour. C'était parfois doux, d'autres fois plus féroce, mais toujours époustouflant. Quand nous ne nous comportions pas comme des ados venant juste de découvrir la magie du sexe, nous traînions ensemble comme à notre habitude. Cela créait une dépendance. J'étais accro à lui. Je me sentais si comblée que c'en était inquiétant.

Distraite par Marco et mes émotions tumultueuses, j'avais accumulé du retard dans mes copies.

Le mardi suivant, je savais que j'allais devoir faire l'impasse sur le déjeuner et l'heure de repos juste après pour me consacrer à mes corrections. La tête penchée sur mes feuilles, le ventre criant famine, j'étais perdue dans mon boulot quand un coup frappé à la porte attira mon attention.

Même si mon cœur s'emballa à la vue de Marco, je fronçai les sourcils.

— Qu'est-ce que tu fais là ?

Je le détaillai. Il portait ses vêtements de travail. Je tâchai de ne pas me focaliser sur le fait que je le trouvais sexy même dans cette tenue.

Il haussa les épaules et vint me rejoindre à grands pas. Je remarquai le sac en papier kraft qu'il tenait à la main.

— Anisha m'a fait entrer à la réception. (Il sortit un sandwich et une bouteille d'eau qu'il déposa devant moi.) Tu semblais stressée, ce matin. (Il s'assit sur une chaise de l'autre côté de mon bureau et sortit son propre casse-croûte du sac.) Je voulais juste m'assurer que tu ne resterais pas l'estomac vide. (Un pli inquiet apparut entre ses sourcils.) Tu as perdu du poids, dernièrement.

Touchée par cette attention, je ramassai mon sandwich avec un sourire.

— C'est parce que je n'arrête pas de faire l'amour. *Une certaine personne* me colle sans arrêt depuis une semaine et demie.

— Comme si tu allais t'en plaindre, grommela-t-il.

Je haussai évasivement les épaules et il me sourit à son tour avant de mordre dans son pain.

— Pour info, j'ai mes règles depuis ce matin, alors nous sommes privés de sexe pour quelques jours.

— Excellent timing. J'ai mon truc de famille, ce week-end.

Ce désagréable sentiment revint me tourmenter.

— Ton truc de famille. C'est vrai.

Il m'adressa un regard entendu.

— Bientôt, me promit-il. (S'empressant de changer de sujet, il me désigna mes copies.) Tu peux continuer à travailler, ma chérie.

Il resta assis en silence à mastiquer son sandwich tandis que je dévorais le mien tout en m'attelant à la tâche.

Une heure s'écoula dans un silence des plus confortables. Puis je ne pus m'en empêcher.

Je le ressentis.

Cette nuit-là, je le ressentis encore plus. Puisque je lui avais parlé de mes règles, une petite partie de moi (disons une grosse partie de moi) avait supposé que je ne le verrais pas de la soirée, puisque nous ne pourrions pas coucher ensemble.

Si j'avais parié, j'aurais perdu gros.

Après mon cours d'alphabétisation, je retrouvai Marco qui m'attendait chez moi. Il fit la cuisine. Je lus un livre tandis qu'il regardait un film. Et quand vint l'heure d'aller au lit, nous nous allongeâmes l'un contre l'autre, nos jambes entremêlées, ses bras puissants autour de mon corps.

Ce fut bizarre de dormir sans Marco le vendredi et de me réveiller seule le samedi. Nous étions ensemble depuis moins de deux semaines, mais j'avais déjà l'impression que cela faisait beaucoup plus. Le fait que nous nous connaissions depuis si longtemps n'y était sans doute pas étranger.

— Oh, je m'ennuie tellement, souffla Jo en laissant pendre sa tête par-dessus le bras du canapé.

J'avais décidé de passer le week-end avec elle. Depuis que j'étais arrivée chez elle, elle me faisait regretter cette décision.

— Merci, c'est sympa.

— Quoi ? (Elle me contempla en fronçant les sourcils.) Quoi ? Oh, non. (Elle balaya ma remarque d'un geste de la main.) Je parle en général. Mick m'a fait arrêter le boulot il y a près de *quatre mois*. J'ai eu le temps de lire tous les bouquins du monde. J'ai recensé toutes les fissures du plafond au moins un million de fois. J'ai vu plus de films à la télé que depuis ma naissance. Il va vraiment falloir que ce bébé sorte de mon ventre très vite.

Je considérai son bidon et posai une tasse de thé sur la table à côté d'elle. Elle en était presque à huit mois.

— Tu es bientôt à terme.

— Je sais. (Elle poussa un soupir las.) Mais je suis inquiète. Ellie, elle, est toute peinarde et légère comme une plume. Ça me donne envie de la tuer, grommela-t-elle. (Je la soupçonnais d'être sincère.) Être enceintes ensemble était censé être marrant, mais elle gâche tout en étant complètement normale et rationnelle.

Elle cracha le mot « rationnelle » comme une insulte.

J'éclatai de rire.

— Les hormones te travaillent, hein ?

— Je suis vraiment une connasse. (Elle écarquilla des yeux horrifiés.) Je ne me reconnais plus et je n'arrive pas à m'en empêcher. Cam a transformé l'ancienne chambre de Cole en un sanctuaire. Je l'ai même surpris à regarder les verrous la dernière fois. Il envisage sincèrement d'en mettre un à la porte pour m'empêcher d'y entrer.

C'était difficile de ne pas rire en imaginant la scène, d'autant que, de toutes les femmes, Jo était la dernière que j'aurais crue capable de péter un plomb à ce point durant sa grossesse.

Elle avait raison. Ellie avait été extrêmement paisible quand elle attendait William, et elle était tout aussi détendue cette fois-ci, peut-être plus encore.

Soudain, Jo blêmit.

— Je suis désolée, Hannah, murmura-t-elle. Je n'arrête pas de me plaindre.

— Tu as tous les droits de te plaindre, ne sois pas désolée.

Mon téléphone se mit à sonner avant qu'elle puisse me répondre.

Je déverrouillai l'écran et fronçai les sourcils en découvrant le SMS que je venais de recevoir.

— Marco ?

— Non, Suzanne.

`Alors ? Nouveau mec, plus de temps pour les potes ?`

Je tendis mon portable vers Jo pour qu'elle puisse lire. Elle eut une moue agacée.

— Pourquoi tu restes copine avec elle ?

Je rangeai mon téléphone sans renvoyer de message et haussai les épaules.

— L'espoir qu'elle finira par grandir et devenir adulte, mais ça n'est pas pour aujourd'hui.

— À ta place, je ne lui répondrais pas jusqu'à ce qu'elle comprenne.

— Je ne suis pas certaine de vouloir couper les ponts. On a été très proches.

— Pff. Hannah, elle n'a jamais vraiment été ton amie. Jamais.

Je soupirai, ne sachant pas comment réagir avec Suzanne. En vérité, je ne les avais plus vues,

Michaela et elle, depuis des semaines. J'avais parlé à la première au téléphone, et elle avait compris : elle était tout aussi occupée que moi, entre le boulot et Colin.

Toutefois, depuis la rencontre fortuite avec Suzanne, quand Marco et moi buvions un verre, la patience dont je faisais preuve à son égard s'était étiolée de façon irrémédiable.

— Bon. (Jo se redressa avec peine.) Passons à un sujet plus intéressant. (Elle eut un large sourire de petite fille espiègle.) Marco : le fantasme de toute lycéenne devenu réalité.

Je ris.

— C'est effectivement un fantasme.

Les prunelles de Jo s'illuminèrent.

— J'imagine qu'il sait se servir de son corps magnifique.

Me sentant plus que satisfaite, je répondis :

— Oh, oui. Très bien, même.

— Tu devrais le réinviter un dimanche.

— Maintenant qu'on est ensemble pour de vrai, je trouverais ça un peu bizarre. Vous êtes assez… fouineurs.

Jo roula les yeux.

— On n'est pas fouineurs. On est tous adultes. On a mieux à faire que de vous espionner.

— Menteuse.

— Bon, tu as raison. Mais certaines d'entre nous ne sortent plus de chez eux depuis des mois. Ton histoire de cul avec Marco est notre seule distraction.

— Génial, marmonnai-je.

— Alors, tu vas le voir ce soir ?

Me rappelant que je ne le verrais pas à cause de son « truc de famille », je sentis mon humeur s'assombrir.

— Il disparaît un week-end sur deux. Il paraît qu'il a une obligation familiale qu'il m'expliquera le moment venu.

— Il te cache des choses. (Jo haussa un sourcil.) Et comment tu le vis ?

— Que veux-tu que j'y fasse ? répondis-je avec un sourire triste. Moi aussi, je lui cache des choses, souviens-toi.

Elle eut une moue compatissante et inquiète.

— C'est vrai.

Par chance, le bruit de la porte d'entrée vint rompre l'ambiance lugubre qui s'était installée.

— C'est moi ! annonça Cam.

Le bruit de ses pas se rapprocha. Il me sourit en entrant dans la pièce, un sac plastique blanc à la main.

— Hannah, comment vas-tu, ma belle ?

— Bien. (Je souris à mon tour.) Et toi ?

Il se tourna vers Jo.

— Euh, bien, ouais.

Il me fallut rassembler toute ma concentration pour ne pas éclater de rire à son hésitation. À l'évidence, Jo n'était pas la seule à vouloir voir ce bébé sortir rapidement.

— Tu as trouvé ? lui demanda-t-elle, les yeux rivés sur le sac.

Cam en sortit un sachet de chips à l'oignon et au vinaigre, ainsi qu'un paquet de KitKat. Jo fronça les sourcils.

— Ce sont des KitKat normaux.

— Et alors ? s'étonna Cam, perplexe.

— J'en voulais des géants.

Elle se mit à bouder. Je ne l'avais jamais vue bouder.

— Ils sont meilleurs, précisa-t-elle.

Il se fendit d'un sourire pincé.

— D'accord. Je vais retourner en chercher. Ce n'est jamais qu'à une heure de marche aller-retour.

— Pas la peine de te mettre de mauvaise humeur, rétorqua-t-elle.

Cam ferma les paupières comme pour puiser de la patience au plus profond de lui. Il rouvrit les yeux et les braqua sur moi.

— Rappelle-moi que je l'aime.

J'éclatai de rire et obtempérai.

— Cam, tu es amoureux de Jo. De la Jo avant ses hormones de grossesse. Dans un mois environ, tu la retrouveras.

Ce fut avec une détermination redoublée qu'il hocha la tête et ressortit de l'appartement.

J'adressai à mon amie un regard chargé de reproches.

Elle cilla d'étonnement.

— Quoi ?

— Tu lui fais faire n'importe quoi.

— Eh ! Non. Je lui ai dit avant qu'il parte que je voulais des KitKat géants, pas les normaux. Ce n'est pas ma faute s'il ne m'écoute pas.

Pour le bien de Cam, je m'approchai de Jo et posai les mains sur son ventre.

— Calme-toi, petit bonhomme, avant que ta maman finisse sa grossesse seule en compagnie d'un KitKat géant.

16

À mon ravissement et à ma grande surprise, Marco se présenta à ma porte le dimanche après-midi. Il ne chercha nullement à m'expliquer pourquoi ses projets avaient changé. J'étais particulièrement heureuse qu'il se précipite chez moi dès qu'il disposait d'un instant de liberté, même si cela m'agaçait de ne pas savoir à quoi il aurait initialement dû être occupé.

Je fus encore plus réjouie quand il m'emmena descendre Princes Street pour aller voir le marché de Noël. Il était installé là tous les mois de décembre, en même temps que le champ de foire autour de la patinoire. Nous mangeâmes des pâtisseries, bûmes du café et déambulâmes parmi la foule en nous tenant la main. Alors que nous avancions dans les jardins à la nuit tombante et que les illuminations se mettaient à scintiller de partout, je souris en remarquant la patinoire au loin.

— Ça a l'air sympa.

Marco me serra contre lui.

— Ça a l'air glacial.

— Je faisais du patin tous les Noëls quand j'étais plus jeune. Je ne sais pas pourquoi j'ai arrêté.

— Parce que c'est froid.

— Mais ça vaut le coup. (Je lui souris.) On pourrait essayer.

— Jamais tu ne me feras poser le pied sur la glace.

— Non. Tu vas poser tes patins sur la glace.

— Jamais tu ne me feras mettre les pieds dans des patins de location.

Je m'arrêtai brusquement, au grand dam des autres piétons qui durent nous contourner pour poursuivre leur chemin.

— S'il te plaît, le suppliai-je.

Il me dévisagea, parfaitement indifférent.

Comprenant que, cette fois, me montrer adorable ne suffirait pas, je changeai d'approche. Je haussai donc un sourcil et le considérai avec une moue dédaigneuse.

— Tu as peur de faire du patin.

— Psychologie inversée ? Sérieux ?

Je pouffai, aussi amusée qu'irritée, et le poussai au niveau du torse.

— Viens. Je veux faire du patin avec toi. Comme une magnifique carte de vœu on ne peut plus romantique. Sauf que ça ne donnera pas envie de vomir.

Quinze minutes plus tard...

— Hannah, tu ne devrais pas faire ça, m'avertit Marco en croisant les bras tandis que je crânais devant lui.

Pour quelqu'un de sa carrure et qui n'avait patiné que rarement, Marco était doté d'un équilibre étonnant. Il n'était pas tombé une seule fois, même s'il ne s'était jamais éloigné du bord dans l'espoir que je le libérerais bientôt.

J'étais surprise de constater que mon corps n'avait pas oublié comment se tenir sur des patins.

Je fis plusieurs fois le tour, dépassant un Marco glissant au ralenti.

Je voulais lui montrer la pirouette que je savais faire, mais il y avait sans arrêt du monde devant moi.

— C'est super chouette, lui promis-je en souriant.

Je m'éclatais.

En avisant un trou dans le flot des patineurs, je reculai pour me libérer un peu d'espace. Malheureusement, je heurtai quelque chose de solide.

Un *oumpf* retentit, et ma victime bascula en arrière, me faisant perdre l'équilibre. Je chancelai en poussant un petit glapissement et battis des bras pour ne pas tomber. Quand je me retournai, stabilisée, mes yeux sortirent de leurs orbites.

J'avais percuté une fille, qui était rentrée dans un garçon, qui à son tour avait bousculé un couple, qui avait fait tomber une jeune femme.

Je ne pus que constater, mortifiée, le chaos de membres entremêlés que j'avais provoqué ; les autres patineurs s'étaient arrêtés pour observer l'effet domino.

Des gémissements et des imprécations fusèrent quand les accidentés se relevèrent. Je les passai rapidement en revue pour m'assurer qu'il n'y avait pas de blessure grave.

Une main chaude enveloppa la mienne et je me retrouvai happée par Marco.

— Tout le monde va bien, murmura-t-il entre ses dents serrées avant de me tirer par le bras. Maintenant, on évacue. Tout de suite.

Estimant que c'était sans doute une bonne idée, étant donné les regards assassins braqués sur moi, j'adressai un petit signe d'excuse à tout le monde et me hâtais maladroitement de quitter les lieux.

Avec une grande efficacité, Marco alla rendre nos patins et récupérer nos chaussures, me prit par la main et m'entraîna de nouveau vers Princes Street.

Nous n'étions qu'au milieu de la colline quand il me lâcha soudain et se tourna vers moi, apparemment prêt à exploser. Ce qu'il fit.

Son éclat de rire était sonore et communicatif, et il semblait incapable de reprendre son souffle.

Ma surprise se mua bientôt en hilarité et je m'effondrai contre lui, gloussant comme une folle.

— Oh, punaise. (Il finit par recouvrer la maîtrise de ses nerfs et me passa un bras autour du cou.) Je ne te pensais pas si empotée, ma chérie.

— Mais non ! C'est juste que je n'ai pas... une bonne perception spatiale. À l'évidence.

Son corps fut de nouveau secoué de spasmes.

— C'est la litote de l'année ! Bon sang, on aurait dit un sketch. Tu n'aurais pas pu mieux faire.

— Dois-je me préparer à un flot continu de moqueries pour les heures qui viennent ?

— Disons plutôt les années qui viennent. Chaque fois qu'on reverra une paire de patins...

Je m'offusquai.

— Il n'y a pas eu de blessé.

Il ricana et je compris qu'il fournissait un gros effort pour ne pas succomber à un nouveau fou rire.

Je lui décochai un coup de poing amical.

— Continue de m'embêter et tu n'auras pas ton cadeau de Noël.

Je lui avais acheté un lecteur Blu-ray, puisqu'il m'avait dit ne pas en posséder alors qu'il adorait les films.

Marco plongea ses yeux dans les miens et m'attira plus près de lui.

— Tu auras quand même le tien.

Mes prunelles s'illuminèrent.

— Tu vas m'en offrir un ?

— Bien sûr.

— J'adore les cadeaux.

Son regard s'emplit de tendresse.

— C'est noté.

Une vague de chaleur m'envahit quand je remarquai son expression. Je l'étreignis plus fort.

— Je t'aime plutôt bien. Tu en as conscience, pas vrai ?

Pour toute réponse, il s'arrêta au milieu de la route et m'embrassa comme si nous étions seuls au monde.

Après un long moment, je me reculai pour lui sourire.

— Tu es vraiment cool.

Il sourit à son tour.

— Heureusement que je suis là.

Je plissai les paupières.

— Je te laisse deux heures pour oublier cette histoire de patin, pas une de plus.

— Objection. Deux heures ne suffiront jamais.

— Ça suffira largement.

— La durée des moqueries doit être proportionnelle à l'ampleur de l'incident. Ma chérie, tu as fait un vrai strike sur cette patinoire. Je dirais que ça mérite au moins cinq ans de railleries continues. Une année par personne.

Je voulus m'opposer à son barème, mais je savais que si les rôles étaient inversés, je le mettrais en boîte pendant une éternité.

— D'accord, grommelai-je. Cinq ans.

Il me serra contre lui et nous reprîmes notre ascension.

— Tu as conscience que tu viens de t'engager avec moi pour les cinq prochaines années au moins ?

Le sale petit... Je ne pus m'empêcher de lui adresser un regard plein d'admiration.

— Bien joué, D'Alessandro. Bien joué.

Depuis quelques semaines, j'avais pris l'habitude de me réveiller juste avant l'alarme de Marco. Je me blottissais alors contre lui et refermais les yeux.

Ce matin-là, cependant, nous étions déjà allongés l'un contre l'autre, l'extérieur de ma cuisse reposant sur la sienne, le bas de mon ventre contre le sien.

Marco avait beau être endormi, son corps était conscient de la proximité de nos parties intimes. Quand son érection se mit à poindre, je ressentis un délicieux picotement entre les jambes qui acheva de me réveiller.

Faisant courir mes mains sur son dos nu, je profitai de sa présence. Je baissai la tête et entrepris de lui embrasser le torse. Soudain, ses bras se refermèrent autour de moi et il nous fit rouler de manière à me plaquer le dos au matelas et à se retrouver à califourchon sur moi.

Il m'observa entre ses paupières encore mi-closes.

— D'abord, tes ronflements m'empêchent de dormir, et ensuite, tu essaies de me mettre en retard ?

Sa voix était encore plus rocailleuse qu'à l'habitude. Si sexy que j'eus envie de me caresser en l'écoutant parler.

Je me tortillai jusqu'à parvenir à enrouler les jambes autour de ses hanches.

— J'essaie de me faire pardonner en m'offrant à toi, mais puisque ça ne t'intéresse pas... dis-je en faisant mine de resserrer les cuisses.

— Ce n'est pas un flingue qui est braqué sur toi, ma chérie.

J'eus un large sourire et secouai la tête.

— Non, c'est ta bite.

Il sourit à son tour.

— Tu aimes bien ce mot, pas vrai ?

J'acquiesçai tandis qu'il se penchait pour m'embrasser dans le cou.

— Bite. (Ses baisers se muèrent en mordillements taquins, et je gloussai.) Bite, bite, bite.

Avec un grognement, Marco nous fit de nouveau rouler, de sorte que j'étais désormais sur le dessus. Ses magnifiques yeux bleu-vert semblaient à présent aussi alertes que son érection. Il me pétrit les hanches tandis qu'une lueur de désir embrasait son regard.

— Chevauche ma bite, Hannah, m'ordonna-t-il d'un ton bourru.

Je roucoulai en me mettant en position. J'étais mouillée par anticipation.

— Puisque tu me le demandes si gentiment...

J'étais d'excellente humeur. Ma journée avait commencé par une magistrale partie de jambes en l'air et elle s'achevait par l'un de mes dossiers pédagogiques préférés. J'étais avec ma classe de seconde, et nous abordions le thème des méchants dans la littérature. Pour illustrer le développement de ces personnages et le besoin de profondeur afin d'obtenir un bon méchant, je leur montrais des extraits du film *The Dark Knight Rises*.

Disposer d'un support visuel et d'un document qui leur plaisait aidait grandement mes élèves à comprendre l'utilité de l'histoire, des circonstances et des motivations dans la création d'un vrai méchant. Ils semblaient vraiment passionnés.

Je ne les avais sans doute jamais vus si animés, et je passais un excellent moment avec eux.

— C'qui vous arrive ? ricana Jack Ryan, ma bête noire, en gâchant complètement l'atmosphère positive que j'avais réussi à installer. Z'avez enfin tiré un coup ?

Mon sang ne fit qu'un tour, mais je m'appliquai à compter jusqu'à dix afin de répondre calmement à ce petit merdeux. Jarrod en profita pour lui balancer sa gomme. Un sacré jet.

Qui l'atteignit en plein dans la joue. Violemment.

— Putain !

Une main sur sa pommette endolorie, il se tourna furieusement vers Jarrod. Il fit mine de se lever, mais je me dirigeai déjà vers lui avec détermination.

— Assieds-toi, ordonnai-je d'un ton glacial.

La salle tout entière se figea en percevant la colère dans ma voix.

Surpris par mon ton, Jack se laissa retomber sur sa chaise.

Je posai les mains à plat sur son bureau et me penchai devant lui de manière à occuper tout son champ de vision.

D'un timbre calme mais sévère, je le menaçai :

— Parle-moi ainsi encore une fois, et tu dégages de cette classe. Tu as bien compris ?

Il haussa les épaules.

Je plissai les paupières.

— Dans ce cas, je voudrais que ce soit bien clair : tu ne m'impressionnes pas. Tu ne m'intimides pas non plus et, franchement, j'en ai plus que marre que tu perturbes sans arrêt mes cours. Encore un mot déplacé de ta part, et tu sors. Je continuerai à te foutre dehors chaque fois que tu recommenceras. Parce que tu sais quoi ? Je n'en ai rien à secouer que tu foires ta scolarité. Je préfère largement consacrer toute mon attention à tes camarades, qui le méritent bien plus que toi. Si tu veux te lancer dans la vie active sans même maîtriser les bases d'une bonne éducation et passer ton existence à avoir du mal à joindre les deux bouts, alors fais-toi plaisir : dis-moi quelque chose qui risque de me mettre très, très en colère.

Jack se contenta de me dévisager d'un air renfrogné.

Mais il n'ouvrit pas la bouche. C'était déjà un progrès.

Après un dernier regard menaçant, je me penchai pour ramasser la gomme de Jarrod. Je m'approchai alors de lui.

— Je crois que tu as fait tomber ça.

Avec un petit sourire satisfait, il tendit la main pour la récupérer, mais je la maintins hors de sa portée pendant quelques instants.

— Je te demande de *ne pas* la laisser tomber de nouveau.

Son expression se modula, un grand sérieux succédant à son amusement. Il acquiesça prudemment et je lui rendis sa gomme.

Nous reprîmes la leçon, mais Jack avait officiellement tout fichu en l'air. Je le gratifiai d'un nouveau regard sévère quand il quitta la salle à la sonnerie. Tandis que mes élèves sortaient l'un après l'autre, Jarrod vint se poster devant mon bureau et attendit que ses camarades aient tous disparu.

Dès que le dernier eut franchi la porte, il se fendit d'un large sourire.

— Vous avez effectivement l'air de bonne humeur, mademoiselle. Ça a un lien avec le grand costaud qui est venu vous voir l'autre jour ?

— Jarrod, répondis-je sèchement, ce ne sont pas tes affaires.

— D'accord. (Son sourire s'élargit.) C'était pour parler. C'est super qu'un mec aussi balèze veille sur vous.

C'était plutôt gentil de sa part, mais je n'en montrai rien. Au lieu de quoi, je déclarai :

— Même si j'apprécie la raison qui t'a poussé à jeter ta gomme sur Jack tout à l'heure, j'aimerais que tu réfléchisses avant d'agir. Tu démarres au quart de tour, Jarrod. Cela pourrait te mettre dans des situations difficiles, et j'aimerais bien que tu ne t'attires pas d'ennuis. Alors, quand quelqu'un dit quelque chose qui ne te plaît pas ou cherche à te faire réagir, prends le temps d'y réfléchir et rappelle-toi que tu es un garçon intelligent promis à un bel avenir, et que tu as un petit frère qui te prend en exemple.

Il me considéra quelques instants, semblant vouloir intégrer chacune de mes paroles.

À mon grand soulagement, il m'épargna une repartie de petit malin et opina simplement du chef.

17

J'avançais en roue libre, presque suffisante, pas uniquement grâce à ma satisfaction actuelle, mais parce que j'avais réussi à vaincre mes démons.

J'ignorais toutefois que le passé ne pardonne ni la suffisance ni l'indifférence. Le passé peut se montrer malveillant. Il peut s'approcher sournoisement du présent pour lui rappeler les souvenirs douloureux et les blessures anciennes.

Il ne neigeait pas. C'était déjà ça. La neige était idéale quand on pouvait se lover chez soi devant un feu ronflant dans l'âtre. Pas quand on était à bord d'une voiture de location lancée en direction d'un lieu inconnu dans l'Argyll.

Marco avait décidé que nous devions partir en week-end. Selon lui, il fallait qu'on discute.

Je savais que cela avait un lien avec ses mystérieuses obligations familiales, et j'étais heureuse qu'il ait finalement décidé d'aborder le sujet. Nous sortions officiellement ensemble depuis plusieurs semaines, à présent. J'estimais qu'il était plus que temps que je découvre enfin qui se cachait derrière ses disparitions régulières, et je me préparais à l'apprendre.

Je ne m'étais en revanche pas préparée à la vision de ce vieux cottage dominant le Holy Loch. Je restai bouche bée quand la voiture s'immobilisa sur l'allée de gravier.

Avec sa façade en pierres multicolores, son lierre et ses fenêtres à l'ancienne constituées d'innombrables petits carreaux, cette maison semblait sortir tout droit d'un conte de fées. De la fumée s'élevait de la cheminée, et un gros chat tigré détala du perron à notre arrivée.

Je me tournai vers Marco, qui sourit.

Sans me laisser le temps de dire un mot, il s'empressa de descendre et de contourner le capot pour venir m'ouvrir la portière. J'avais à peine posé le pied par terre qu'il me saisit la main et m'entraîna tendrement vers la porte. Il se pencha pour retirer une clé dissimulée sous une tortue en céramique et nous fit entrer.

Une vague de chaleur nous frappa, et je suivis Marco avec stupéfaction tandis qu'il nous guidait par un étroit couloir vers une pièce sur la droite. J'écarquillai les yeux de surprise en découvrant le vaste salon. Des meubles anciens occupaient l'espace dans une élégance confortable. Des canapés à la française de velours prune, une caisse à thé en acajou et une immense vitrine abritant des assiettes de porcelaine. Le plus agréable étant l'imposante cheminée allumée au milieu du mur principal. Les ombres dansaient autour de nous tandis que les flammes crépitaient.

Mon regard se posa sur la couverture en chenille étendue devant le foyer. Un panier d'osier avait été placé dessus, ainsi qu'une bouteille de rosé.

Marco me pressa la main.

— Tu m'as révélé une fois que ce serait ton rencard idéal.

Lentement, je me tournai vers lui avec stupéfaction.

... *Dans une scène il la prend par la main et l'emmène dans un minuscule cottage sur ses terres, loin de tout et de tout le monde. Là, ils s'installent devant un bon feu pour boire et manger ; parfois ils parlent, parfois pas. Comme s'ils étaient seuls au monde et...*

— Tu te souviens de ça ? m'étonnai-je d'une voix étranglée par l'émotion.

Il pencha légèrement la tête pour effleurer mes lèvres des siennes.

— Je me souviens de tout.

— Je n'arrive pas à croire que tu aies organisé ça.

Je me blottis contre lui.

— Dottie, la gouvernante, m'a bien aidé. Il semblerait qu'elle ait un petit côté fleur bleue.

J'eus un petit rire.

— Comme toi, apparemment.

Il me prit le visage entre ses mains et fit glisser son pouce de ma mâchoire à ma lèvre inférieure.

— Seulement avec toi.

Je fermai les paupières pour profiter de notre étreinte, du ronronnement du feu, de sa chaleur sur ma peau... Je me rappelai alors celle que j'avais été, l'incorrigible romantique qui s'imaginait que quelque chose de spécial l'attendait dans ce monde.

— Je ne me lasserai jamais de toi, murmura Marco en embrassant mon cou et mon épaule nue.

Lui caressant le dos, j'émis un ronronnement de satisfaction. Mon corps tout entier était chaud et languissant après les deux orgasmes qu'il venait de m'offrir.

— Je reviens.

Il m'embrassa une dernière fois à la naissance du sein puis se leva.

Je fis la moue.

— Tu vas où ?

Il ne répondit pas, mais quitta le salon pour y revenir quelques secondes plus tard avec un linge humide.

Je me mordis les lèvres et écartai les jambes.

Un regard prédateur illumina ses prunelles quand il reprit place sur la couverture pour me nettoyer.

— Continue à faire ça, et tu ne pourras plus marcher demain.

— Je n'ai rien fait du tout, chuchotai-je en lui souriant innocemment.

Il secoua la tête sans jamais me quitter des yeux.

— Tu es une fille dangereuse.

— Moi ?

J'eus un sourire malicieux en me glissant vers lui, passant la jambe droite au-dessus de ses genoux pour pouvoir l'étreindre entre mes cuisses. Il passa aussitôt les bras autour de mon dos et me hissa contre son torse.

— Je n'ai jamais été dangereuse de ma vie.

— Pour moi, tu l'es.

Je le serrai plus fort tout en caressant son dos musclé.

— J'aime que tu me trouves dangereuse.

En réaction, il m'embrassa avidement avant d'enfouir sa figure dans le creux de mon cou et de m'étreindre comme s'il avait besoin d'évacuer quelque chose.

Ma poitrine se noua d'émotion quand je me rendis compte qu'il était effectivement submergé. Je le massai doucement pour l'apaiser, me détendant contre lui.

Puis mes doigts effleurèrent la cicatrice en bas à gauche de son dos, et je me contractai malgré moi.

Marco le sentit et se recula pour me regarder dans les yeux.

Je voulais l'interroger, mais craignais de gâcher cet instant.

Il fit mine de me lâcher et je raffermis aussitôt mon étreinte.

— Non.

— Hannah, je ne...

— C'était lui ? Ton grand-père ? demandai-je doucement en sentant la colère enfler en moi, comme chaque fois que je percevais cette balafre.

Il soupira longuement. Par bonheur, il ne chercha plus à s'écarter, mais me serra affectueusement la taille.

— Chérie, c'est du passé.

— Je veux savoir ce qu'il t'a fait.

— Pourquoi ? On ne peut plus revenir en arrière.

— Parce que... (Je haussai désespérément les épaules.) J'aimerais pouvoir arranger les choses.

Il se radoucit.

— Tu y parviens. Tu l'as toujours fait. Je suis assis entièrement nu et ton corps parfait est serré contre le mien. Je ne peux rien imaginer de mieux. Et rien ne pourra saboter ça.

— Dans ce cas, raconte-moi. C'est le moment où jamais, l'encourageai-je.

Il soupira encore.

— Très bien. J'avais onze ans. Je n'avais pas respecté le couvre-feu. Nonno m'avait déjà giflé auparavant, et il lui était déjà arrivé de me donner des coups de ceinture, mais il ne m'avait jamais vraiment corrigé. Jusqu'à ce soir-là, car non seulement j'avais dépassé l'heure, mais en plus je lui avais répondu. Il m'a donc fait retirer ma chemise, m'a plaqué la tête contre la table de la cuisine et m'a fouetté avec sa ceinture. Il s'est loupé, la colère lui faisant faire n'importe quoi, et la ceinture s'est dépliée et m'a entaillé le dos. Nonna a pété un plomb. Il n'a plus jamais levé la main sur moi, après ça. (Il secoua la tête comme pour oublier ces images et soutint mon regard.) Ils ne m'ont pas emmené à l'hôpital pour éviter les questions, et Nonna m'a désinfecté elle-même, mais les points n'ont pas été faits correctement. C'est pour ça que ça a laissé une cicatrice.

Je me collai littéralement à lui et plaquai mes lèvres contre les siennes.

— Je le hais, murmurai-je d'une voix rauque, des larmes plein les yeux. Si tu savais comme je le hais.

— Chut, bébé. (Il m'embrassa doucement en me caressant le dos.) Chut. C'est oublié.

Je hochai la tête, mais mes larmes roulèrent malgré tout. Je l'étreignis de toutes mes forces et enfouis ma tête contre son cou.

— Si c'est grâce à ça que je me retrouve ici, avec toi, ça en valait la peine, chuchota-t-il.

J'étais submergée par mon besoin d'arranger les choses ; je regrettais de n'avoir pas été là à l'époque pour le soulager. Dorénavant, je ferais en sorte qu'il n'éprouve plus jamais la même chose et se sente aimé en permanence.

Oui, aimé.

Car c'était le cas, j'en avais conscience.

J'étais retombée éperdument amoureuse de Marco D'Alessandro.

Après une journée de batifolages, suivie d'une marche rafraîchissante le long du loch, nous dînâmes dans un excellent restaurant du village voisin avant de rentrer au cottage. Alors que nous nous préparions pour la soirée, le seul bruit environnement était le crépitement des flammes dans l'âtre. Malgré le romantisme de ce décor, j'étais légèrement nerveuse de savoir que Marco allait bientôt dévoiler ce dont il voulait que nous parlions.

N'y tenant plus, et alors que j'étais allongée contre lui sur le canapé, les jambes entremêlées aux siennes, je demandai :

— Tu voulais qu'on discute ?

Marco resta un moment silencieux à tracer des cercles invisibles sur mon épaule nue.

— Liv m'a dit quelque chose, répliqua-t-il d'une voix basse et amusée. Ce dimanche, quand on est allés manger chez ta mère. Elle m'a avoué que vous m'aviez un jour tendu une embuscade. Qu'elle t'avait emmenée au *D'Alessandro's* pour que tu puisses me confronter et me forcer à te parler puisque je t'évitais. C'est vrai ?

Je fermai les paupières, tous les muscles bandés. Pourquoi Liv était-elle allée raconter une chose pareille ? Et pourquoi me le rapportait-il ?

Gênée, agacée et me sentant incroyablement vulnérable même si je savais que ce n'était pas ce que Marco désirait, je scrutai le feu en ruminant. Quand nous étions au lit, la nuit précédente, nous avions tous deux vécu un moment autrement plus intime. Pourtant...

Il s'agissait alors du passé de Marco et de notre présent commun.

En l'occurrence, il était question de *notre* passé.

Et je préférais ne plus penser à cela. Ce qui pouvait me le rappeler n'était jamais le bienvenu.

— Ouais, et alors ?

À mon timbre agressif, il raffermit son étreinte autour de moi.

— C'est juste que je n'arrive pas à me rappeler pourquoi je t'évitais. Je suppose que j'essaie de m'en souvenir parce que j'aimerais que tu me pardonnes tous les trucs nuls que j'ai pu t'infliger.

Oh, non. Je refusais d'aborder cela ce soir.

Je m'éloignai de lui en répondant d'un sourire pincé à son froncement de sourcils interrogateur.

— J'ai besoin de prendre une douche. Je reviens tout à l'heure.

Je partis sans lui laisser le temps de répondre.

Me déshabillant rapidement, je bondis sous l'eau chaude et appliquai mon front contre les carreaux froids. Je m'efforçai d'inspirer et d'expirer lentement afin de me débarrasser de mon angoisse.

J'entendis bientôt la porte de la douche s'ouvrir, mais je ne me retournai pas. Dès que Marco pénétra dans le bac, sa chaleur m'assaillit. Je me redressai alors, et mon dos heurta son torse.

Il traça du bout des doigts la courbe de mes hanches, remonta délicatement le long de mes côtes, puis me prit les seins en coupe. Je soupirai, posant l'arrière de mon crâne sur son épaule, arquant le buste à son contact. Il joua des pouces avec mes tétons durcis, et mon bas-ventre ondula d'excitation.

Sans un mot, Marco continua de me toucher, de me caresser, de me pétrir. Alors que le souffle me manquait, il glissa sa main entre mes jambes et introduisit ses doigts en moi. Les mains à plat sur les carreaux devant moi, j'ondulai du bassin pour m'en délecter.

— Baise-moi, gémis-je d'un ton suppliant.

Soudain, il retira les doigts pour m'attraper fermement les hanches et me pénétra. Je poussai un cri en sentant son sexe m'envahir, puis je tendis les fesses en arrière pour l'accueillir plus profondément.

Il reprit possession de mon sein droit, tandis que sa main gauche glissait vers mon entrejambe. Ses doigts massèrent délicatement mon clitoris tandis qu'il continuait d'aller et venir lentement en moi.

Je me redressai, basculai la tête sur son torse, posai les mains sur ses hanches, impatiente d'obtenir satisfaction. Il me mena vers l'orgasme jusqu'à ce que mon corps tout entier se raidisse.

Marco le sentit et accéléra la cadence.

Je fermai béatement les paupières. La tension accumulée en moi éclata d'un coup et la jouissance me parcourut tout entière.

Je m'abandonnai contre lui et il m'étreignit plus fort, son souffle chaud me caressant la peau, ses grognements et halètements allant croissant tandis qu'il se rapprochait lui aussi de la délivrance. Soudain, il me mordit l'épaule et son corps se crispa quelques secondes avant un ultime coup de bassin.

Il me plaqua contre les carreaux, pris de soubresauts tandis qu'il éjaculait en moi.

— Putain, expira-t-il en me caressant les fesses.

Je frissonnai longuement, le cœur tambourinant.

Ç'avait été intense.

Et apparemment, Marco n'était pas rassasié.

Il se retira lentement, mais je n'eus pas le temps de regretter sa présence qu'il me fit pivoter face à lui. Je découvris son expression féroce. Sa poigne sur mes épaules était intransigeante.

— Quand on était gamins, j'étais amoureux de toi.

Surprise, satisfaction, soulagement, joie intense… tout cela se mélangea en moi tandis que j'écarquillais des yeux surpris en entendant sa confession inattendue.

— Je le suis toujours resté, Hannah. (Il posa son front contre le mien.) Et maintenant que j'ai réappris à te connaître, je suis encore plus dingue de toi.

Oh, merde. Ma gorge se noua. Je savais que je l'étais aussi, je le savais, seulement je n'étais pas encore prête à le dire.

— Chut, murmura-t-il en sentant ma crispation. (Il m'embrassa tendrement.) Tu n'es pas obligée de me le dire maintenant. Je voulais juste te faire connaître mes sentiments. Rien ne pourra les changer. (Ses yeux cherchèrent les miens.) Quoi que tu aies ressenti tout à l'heure, arrête. Je ne veux plus que notre passé te fasse souffrir. C'est arrivé. On ne peut plus revenir en arrière. Mais nous sommes maintenant. Et le présent est tellement agréable.

Trop émue pour dire quoi que ce soit, je me contentai d'acquiescer et de le prendre dans mes bras. Je posai la tête sur son torse, au niveau de son cœur, et le laissai me bercer tandis que l'eau chaude s'écoulait sur nous.

18

Le lendemain matin, je poussai un soupir de regret en nettoyant toutes les traces de notre passage au cottage. Quand Marco rentra après avoir rangé nos affaires dans le coffre, il découvrit ma moue inhabituelle et se fendit d'un sourire.

— Retour à la réalité.

Je fronçai le nez.

— On est obligés ?

Son sourire s'estompa.

— On a beaucoup de choses à se dire en rentrant.

Mon estomac fit des nœuds.

— Pourquoi on n'en parle pas maintenant ?

— J'aime mieux en discuter à la maison. C'est plutôt sérieux.

— Ça concerne tes mystérieux week-ends, pas vrai ?

Il confirma.

— Ouais.

— D'accord, alors partons tout de suite, car le suspense me tue depuis des semaines.

Marco se gara devant chez moi.

— Rentre. Je vais rendre la voiture, je prendrai un taxi au retour.

Je lui déposai un baiser sur la bouche.

— Envoie-moi un SMS quand tu seras sur le point d'arriver, je mettrai la bouilloire en route.

— D'accord, chérie.

Je sortis de la voiture, récupérai mon sac et repassai la tête par la fenêtre. Tout ce que je n'étais pas encore prête à dire devait se voir dans mes yeux.

— Merci pour ce merveilleux week-end.

Sa bouche s'ourla aux commissures.

— Il n'est pas encore terminé, Hannah.

À la suite de ce commentaire prometteur, je m'écartai de la portière à contrecœur et me précipitai à l'intérieur de mon immeuble pour me protéger du froid. Même si j'adorais mon appart, le cottage me manquait déjà. Je bricolai à gauche à droite dans mon trois-pièces, allumai le chauffage, rangeai le bazar laissé dans ma chambre quand Marco était venu me chercher à l'improviste, mais ne parvins pas à oublier les papillons déchaînés dans mon ventre. J'étais plus que nerveuse à l'idée d'entendre la confession de Marco. Il va sans dire que j'étais plus qu'impatiente d'en apprendre enfin davantage sur ses fameux « trucs de famille ». J'en avais même parlé à Joss. Elle supposait que Marco attendait que je lui dise que je l'aimais avant de me divulguer cette obligation secrète.

— Ça doit être important. C'est donc assez logique qu'il sache où il en est avec toi avant de te le révéler, avait-elle estimé.

— Lui et moi, c'est du sérieux.

— Tu lui as dit que tu l'aimais ?

— Non.

— Alors comment est-il censé savoir à quel point c'est sérieux ?

Maintenant qu'il m'avait lui-même dit ces mots, je me demandais si Joss n'avait pas raison. Nous nous étions considérablement rapprochés au cours des deux semaines écoulées. Peut-être qu'il avait effectivement besoin d'être rassuré.

Pour me changer les idées en attendant son retour et l'éclaircissement de ce mystère, je décidai de faire un peu de ménage, en commençant par ma chambre.

Je venais de m'y atteler quand mon téléphone sonna. M'attendant à découvrir un message de Marco, je fus plus que surprise de voir le nom de Suzanne s'afficher à l'écran. J'ouvris aussitôt son SMS.

`Ne m'en veux pas. J'étais au marché de Noël le week-end dernier quand j'ai vu ça. J'y ai longuement réfléchi, et je me suis dit qu'il fallait que je te le montre.`

Mon cœur battait désormais plus fort, mais de façon désagréable. J'appuyai sur la photo jointe pour l'agrandir et sentis le monde s'étrécir autour de moi.

On y voyait Marco près de l'un des stands. Il tenait un petit garçon dans ses bras, et une jolie brunette souriante riait à leur côté.

Le petit garçon... il avait la couleur de peau de Marco... son sourire...

Mon téléphone m'échappa des mains et mes genoux se mirent à vaciller.

Je me retrouvai soudain sur la moquette, à m'efforcer de ne pas vomir en songeant à ce que cela impliquait. Mon pouls battait trop fort. Je n'arrivais plus à respirer.

Je m'efforçai de me calmer en inspirant et expirant lentement, jusqu'à ce que mon rythme cardiaque revienne à la normale.

Tremblotante, je récupérai mon téléphone et rouvris la photo.

Soudain, tout s'éclaira et je sus, je sus ce que Marco allait m'annoncer à son retour. Je lui transmis le message pour qu'il sache que j'étais au courant.

`Suzanne vient de m'envoyer ça.`

J'eus l'impression d'attendre sa réponse pendant une éternité, mais une ou deux minutes durent s'écouler avant que j'entende ma sonnerie. Je décrochai aussitôt.

— Hannah... (Marco était à court d'haleine.) Je peux tout t'expliquer. J'arrive dans dix minutes.

— Marco...

J'entendis le déclic indiquant qu'il avait raccroché.

C'était terrible. C'était... Je le savais. J'avais raison. S'il s'agissait d'autre chose, il me l'aurait expliqué par téléphone. Je savais ce qu'il m'annoncerait en franchissant ma porte.

Et juste ainsi, le passé ressurgit, m'aveugla et me fit payer ma suffisance préalable.

Ne voulant pas qu'il me trouve sur le sol de ma chambre, blême et sous le choc, je me levai et me rendis au salon. Je ne savais plus à quoi m'occuper, j'étais dans un état lamentable.

On sonna à la porte.

Dans un état second, je laissai Marco entrer dans l'immeuble, lui ouvris ma porte et retournai au salon. Je fronçai les sourcils en remarquant le désordre que j'avais voulu ranger. Des livres étaient éparpillés aux quatre coins de la pièce, car j'avais entrepris de les reclasser dans les étagères qu'il m'avait construites.

— Hannah.

Je tournai la tête quand Marco entra en trombe dans la pièce, les yeux brillants, le visage écarlate. Il se dirigea droit sur moi.

— Ne t'approche pas, lui dis-je en tendant les deux mains pour l'arrêter. (Il se figea.) Explique-toi d'abord.

Je vis les muscles de ses mâchoires se contracter.

— J'allais t'en parler.

— Me parler de quoi ?

Il jura à mi-voix et se passa la main dans ses cheveux ras.

— De mon fils.

Ces mots flottèrent longuement dans l'air glacial. Je fermai les paupières pour chasser cette vérité.

— Il s'appelle Dylan. La femme sur la photo est sa mère, Leah. Je les ai accompagnés au marché de Noël le week-end dernier. Le fiancé de Leah était là aussi.

Respire, Hannah.

— Tu as un fils ? (Je rouvris les yeux, certaine que ma peine lui sauterait à la figure.) C'est de ça que tu voulais discuter aujourd'hui ?

Marco acquiesça, les traits crispés.

— Il a trois ans.

Je fis un rapide calcul mental qui me coupa le souffle.

— Quand tu... (Je me mis à trembler.) Dès que tu es rentré en Écosse tu as... tu as foutu quelqu'un en cloque ?

Il s'approcha d'un pas apaisant, comme d'une bête blessée, imprévisible mais ayant besoin de réconfort.

— Hannah, Leah et moi étions amis à l'école. Plus ou moins. On traînait avec les mêmes personnes. J'étais à Édimbourg depuis deux mois environ, et j'essayais encore d'y voir clair au sujet de Nonno et tout le reste, quand un pote m'a invité à une fête. Je me suis dit que ça me ferait du bien de me détendre un peu. J'ai beaucoup trop bu. Leah était aussi déchirée que moi. On a baisé. (Il avait prononcé cette dernière phrase d'un ton bourru, comme s'il se sentait coupable.) Elle est tombée enceinte. On n'avait aucune envie d'être ensemble, mais je refusais d'abandonner mon fils comme j'avais été abandonné.

Il me déballait tout. M'expliquait la situation. Et je l'entendais. Je savais que je l'entendais. Mais le passé était infiniment plus bruyant que son explication.

— Je m'occupe de Dylan un week-end sur deux, et on alterne pour les vacances, mais sa mère, son fiancé et moi sommes très liés. On a une super relation, ce qui est génial pour Dyl. Et Dyl… (Malgré mon inattention, je perçus dans ses prunelles une lueur de bonheur que je n'y avais jamais vue.) Hannah, il m'a sauvé. Tu veux savoir comment j'ai réussi à tourner la page sur toutes les choses que mon grand-père m'a infligées ? Grâce à Dylan. Tout a changé à sa naissance. Depuis, quelqu'un a besoin que j'aie foi en moi pour qu'il puisse bien grandir et avoir foi *en lui*. Mais je dois aussi croire en moi afin qu'il sache que je serai toujours là pour lui. (Il m'adressa ce demi-sourire que j'adorais.) Ce môme me prend pour un putain de superhéros… mais c'est lui qui m'a sauvé. C'est grâce à lui que j'ai trouvé le courage de te demander une autre chance. Il m'a fait comprendre que je pouvais peut-être te mériter.

Je savais que c'était une bonne chose. J'en avais conscience.

Mais la joie et le soulagement que j'éprouvais pour lui en mon for intérieur étaient enfouis sous une montagne de fureur irrationnelle.

— Hannah, ma chérie, s'il te plaît, dis-moi quelque chose. Je suis navré d'avoir passé ça sous silence, mais je voulais d'abord nous donner une chance. En t'en informant d'emblée, j'avais peur de te faire fuir, et je voulais d'abord te rappeler combien on était bien ensemble. Je savais, après le week-end dernier, que toi et moi, c'était du solide. Je comptais donc t'en parler aujourd'hui et te présenter Dylan la semaine prochaine. Leah est déjà au courant pour toi, mais je voulais être certain de la stabilité de notre relation avant que Dylan te rencontre. Je suis sûr de moi, ma chérie. Tu le sais. Mais je devais m'assurer que tu m'aimais également, que tu voulais construire quelque chose avec moi.

En dehors de sa première visite dans mon appartement, il ne m'avait jamais parlé si longtemps d'une seule tirade.

Je le dévisageai en silence, m'efforçant d'étouffer mes émotions. Une lueur paniquée cligna dans ses prunelles. Ses prunelles que j'adorais.

Ses prunelles que je voulais voir disparaître.

Je cherchai à plonger dans un semblant de torpeur pour me permettre d'affronter les cinq prochaines minutes.

— Hannah…

— Je ne veux pas d'enfants, répondis-je platement.

Marco cilla de confusion.

— Quoi ?

Je fis un pas vers lui dans le but de le raccompagner à la porte.

— Je ne veux pas d'enfants. Ni aujourd'hui, ni demain, ni jamais.

Il plissa les paupières.

— Mais tu es prof.

— Et alors ? (Je haussai les épaules d'un air volontairement nonchalant.) Je n'en veux pas. Qu'ils soient à moi ou à quelqu'un d'autre.

— Hannah, réfléchis une minute. Il faut qu'on en discute. Il est question de nous.

Plantant mon regard dans le sien, je répliquai avec calme et autorité :

— À compter de maintenant, il n'y a plus de *nous*. (J'eus du mal à conserver mes nerfs.) Tu aurais dû me dire que tu avais un fils.

Soudain, il me saisit par les bras et se colla à moi.

— Pourquoi tu te comportes comme ça ? Ça ne te ressemble pas.

Il me secoua légèrement, comme pour me réveiller, me faire réagir.

Cela fonctionna.

Je me libérai de son étreinte, les traits déformés par la colère.

— Tu ne me connais pas ! (Je le bousculai pour m'éloigner de lui.) Ça se voit.

— Putain, je n'y crois pas, grogna-t-il. Tu ne veux même pas en discuter ? Tu décrètes juste que... c'est terminé ? Après tout ce qu'on a vécu ? Après avoir passé ensemble les meilleures semaines de l'histoire, tu comptes vraiment me foutre dehors sans qu'on puisse en parler posément ?

Luttant pour ne pas laisser éclater ma rage et ma douleur, de peur de le blesser physiquement, je serrai les poings le long de mes flancs.

— Ce n'est pas rien, Marco. (Mon sang-froid me désertait, en attestait ma voix qui montait dans les aigus.) Tu m'as caché ton fils. Ton fils ! Et, oui... c'est terminé ! Tu m'as menti ! (Je haletais, frissonnant à cause des blessures que j'éprouvais intérieurement.) Je ne veux pas d'enfants. Et sûrement pas du tien. Alors dégage de ma vie et n'y reviens pas.

Si le passé ne m'étreignait pas si farouchement entre ses serres brutales, le regard de Marco aurait pu ébranler ma détermination. Son incrédulité. Son égarement.

Puis son visage se chiffonna de rage.

Il se pencha vers moi en fulminant et me siffla au visage :

— J'ai bien fait de te cacher Dylan, car je ne voudrais pas qu'il soit témoin de tes conneries.

Puis, avec une moue dégoûtée, il tourna les talons et sortit de chez moi en furie.

Je sursautai quand ma porte claqua et me mis aussitôt à chanceler. Je me rattrapai au canapé pour ne pas tomber.

Je pris quelques courtes inspirations.

Mes pieds bougèrent de leur propre chef, me faisant traverser une brume épaisse tandis que des aiguilles glaciales s'enfonçaient dans tout mon visage. J'atteignis la salle de bains et soulevai le couvercle des toilettes quelques instants avant de vomir mon passé...

Le vent était puissant et glacial sur North Bridge. Il plaquait en arrière mes cheveux courts et me cinglait les joues. C'était agréable.

Je souris à Cole, qui marchait à côté de moi. Jo était légèrement devant, au téléphone avec Cameron.

Trois mois. Enfin, un peu moins. Trois mois que je n'avais pas vu Marco. Mon dernier souvenir de lui datait d'India Place... de son regard horrifié quand il s'était rhabillé en hâte et s'était précipité hors de la chambre. Je ne m'attendais pas à ce qu'il prenne de mes nouvelles, puisqu'il m'avait rejetée juste après m'avoir pris ma virginité, mais au bout de quatre semaines de néant, j'étais finalement allée demander à lui parler au restaurant de son oncle. Imaginez ma profonde douleur quand on me répondit qu'il était reparti aux États-Unis depuis des semaines. Sans un au revoir.

Ma famille et mes amis avaient constaté mon abattement. Ils s'inquiétaient. Je m'inquiétais aussi. Quand je n'étais pas en pleine torpeur, j'avais la nausée. Une sorte de virus que je n'arrivais pas à vaincre et qui me filait des douleurs. Je n'étais plus moi-même et je savais que si je n'allais pas très bientôt chez le docteur, mes parents m'y emmèneraient de force.

Tous se relayaient auprès de moi. Tâchaient de me remonter le moral. Aujourd'hui, c'était le tour de Cole et Jo. Cole et moi étions copains, pas plus, puisqu'il avait un an de moins que moi et qu'on ne fréquentait pas la même école. Néanmoins, sa présence m'apaisait. Il ne posait pas beaucoup de questions, ce qui est toujours agréable quand on n'a pas beaucoup de réponses à apporter.

Jo se retourna vers nous, le sourire aux lèvres, et murmura quelque chose dans son téléphone.

— À ton avis, qu'est-ce qu'elle raconte ? m'interrogea Cole en plissant les paupières pour lutter contre la brûlure du soleil hivernal.

— Qu'on ferait un joli couple, répondis-je avec ironie.

Cole parut surpris.

— Tu crois ?

— J'ai appris un truc en voyant les filles de mon entourage tomber amoureuses : elles veulent que tout le monde le devienne aussi.

— Je ne suis pas sûr d'aimer ce que ça signifie.

J'eus un petit rire.

— Ne t'en fais pas. Je ne compte pas tomber amoureuse. On fera front ensemble contre toute tentative de rencard arrangé.

Une pointe de douleur dans l'abdomen me fit tressaillir.

— De toute façon, j'ai une copine, m'avoua Cole, me faisant momentanément oublier ma souffrance. Je ne l'ai pas encore dit à Jo.

Je souris.

— C'est vrai ? Comment elle…

Un élancement plus violent me plia en deux, m'empêchant de respirer.

— Hannah. (Cole passa un bras autour de moi.) Jo ! appela-t-il.

Une souffrance plus grande. Un véritable martyre. Je crois que je hurlai. Je sentis une soudaine humidité entre mes jambes.

Douleur. Nausée.

Peur.

Des taches noires m'obscurcissant la vision, par centaines, par milliers… jusqu'à ce que tout s'éteigne.

Il y avait un bip régulier.

Proprement insupportable.

Repoussant les voiles sombres du sommeil, ce bruit s'accrocha à mon esprit et me tira vers la conscience. J'ouvris lentement les yeux ; ma vision était trouble. J'avisai les murs crème et délavés de la chambre. Le plafond en polystyrène.

Où diable étais-je ?

Je me sentais bizarre. J'avais la bouche sèche. Mes membres pesaient une tonne.

Remarquant un mouvement du coin de l'œil, je tournai la tête sur cet oreiller inconnu et vis ma mère assise sur un siège, près de ce lit qui n'était pas le mien. Son coude était sur le bras du fauteuil, son menton dans le creux de sa main.

Ses paupières étaient closes. Ses joues, blêmes.

Le bip derrière moi sembla s'accélérer.

— Maman ? tentai-je d'appeler. (Seul un son rauque franchit mes lèvres.) Maman.

J'y parvins cette fois avec plus de réussite.

Elle battit des cils avant de me dévisager, surprise. La surprise s'évapora aussitôt qu'elle éclata en sanglots.

— Maman ? (Inquiète, je tendis la main pour saisir la sienne et repérai la perfusion enfoncée dans le creux de mon coude.) Maman ?

Ma voix tremblait, à présent.

Elle me serra les doigts.

— Oh, ma puce, tu vas bien.

Elle sourit malgré les larmes.

— Qu'est-ce qui s'est passé ?

— Hannah ?

Je tournai la tête de l'autre côté et trouvai mon père dans l'embrasure de la porte. Ses traits étaient tirés, ses yeux injectés de sang. Il se précipita à mon chevet et se pencha sur moi pour m'embrasser le front.

— Mon trésor, chuchota-t-il d'un timbre enroué.

Je me mis à pleurer. Des larmes silencieuses.

— Qu'est-ce qui s'est passé ?

Peu après, le Dr Tremell vint m'expliquer. Elle se présenta comme étant ma chirurgienne.

Elle se tenait sur ma droite tandis que mes parents étaient à ma gauche, dans les bras l'un de l'autre. Le Dr Tremell me considéra avec tendresse.

— Hannah, vous présentiez ce qu'on appelle une grossesse extra-utérine.

Quoi ? J'étais enceinte ? Non. Je me tournai vers mes parents pour leur assurer que non.

— Non... Je l'aurais... su.

Le docteur secoua doucement la tête.

— Parfois, dans le cas d'une grossesse extra-utérine, il peut y avoir des saignements faisant penser à des règles. (Elle avait dû lire sur mon visage que c'était exactement ce qui m'était arrivé ces dernières semaines.) Cela se produit quand un ovule fécondé ne descend pas dans l'utérus. Dans votre cas, Hannah, il s'est niché dans votre trompe gauche. Malheureusement, comme vous n'étiez pas consciente de votre état, vous n'avez probablement pas prêté attention à certains symptômes.

Les nausées. La douleur.

Je fermai les paupières, refusant d'y croire.

— L'ovule a continué de se développer jusqu'à déchirer la trompe de Fallope. Vous souffriez d'une hémorragie interne en arrivant à l'hôpital. Nous avons dû vous opérer immédiatement. Comme je l'ai déjà expliqué à vos parents, votre cœur s'est arrêté de battre, mais nous avons réussi à vous réanimer.

J'avais été morte ?

En observant le visage de papa et maman, je compris qu'elle disait vrai.

— Hannah, reprit le Dr Tremell d'une voix plus douce. Nous avons retiré la trompe endommagée, et vous ne devriez pas avoir de séquelles après l'opération. Vous êtes actuellement sous antalgiques, mais si vous ressentez la moindre douleur, n'hésitez pas à prévenir l'infirmière qui augmentera la dose si nécessaire.

À voir les mines éreintées de mes parents, je compris qu'ils avaient dû vivre l'enfer durant les quarante-huit dernières heures.

Je refermai les yeux.

Ce n'était pas réel. Ça ne pouvait pas l'être.

Deux mois.

J'étais assise au bout de mon lit à observer les objets qui habitaient ma chambre, me sentant curieusement détachée de celle qui les possédait. Je n'avais plus l'impression d'être cette fille.

J'avais échappé de peu à la mort, enduré des semaines de souffrances et de récupération, loupé l'école, encaissé toutes les rumeurs qui circulaient sur mon compte... tout ça sans lui, sans Marco pour m'épauler. La personne dont j'avais le plus besoin.

Ces deux mois m'avaient paru interminables.

Et avaient changé ma vie.

Et je n'avais encore rien expliqué à personne.

Je n'arrivais pas à m'y résoudre.

Je posai les yeux sur une photo de Jo et moi prise à Halloween, l'année précédente. Je l'avais convaincue de se déguiser aussi. Elle était en infirmière sexy, tandis que j'arborais un costume d'ange de la mort malveillant. Un bras passé autour de son cou, j'adressais une moue théâtrale à l'objectif, du rire et de la joie plein les mirettes.

Qui était cette fille ?

Je cillai pour repousser mes larmes, refusant d'en laisser couler de nouvelles.

On frappa doucement à ma porte, et Cole s'introduisit discrètement dans ma chambre. Il était plus grand que Cameron, désormais.

Sans un mot, il vint s'asseoir près de moi.

— Je sais que tout le monde a essayé de te parler de ce qui s'est passé et que tu les as tous envoyés balader. Mais aujourd'hui, ça n'arrivera pas.

Je contemplai mes genoux en fronçant les sourcils.

— Hannah, tu t'es évanouie dans mes bras. Il y avait du sang. Jo et moi n'avions aucune idée de ce que tu avais. Tu étais en train de mourir sous nos yeux. J'ai eu la peur de ma vie, avoua-t-il, la gorge encore nouée.

Surprise, je le contemplai. Cole tenait à moi.

Je poussai un soupir et saisis sa main pour la serrer.

— Je suis désolée de t'avoir infligé ça.

— Ne sois pas désolée. Dis-moi juste qui t'a foutue en cloque, que je puisse le tuer avant que Braden, Adam, Cam et Nate lui tombent dessus.

Pourtant, bien que me sentant trahie par le départ de Marco, et même si je lui en voulais horriblement de m'avoir laissée vivre cela toute seule, j'éprouvais plus de peur que d'autre chose. Peur que ma famille découvre qu'il m'avait mise enceinte, peur qu'ils lui fassent du mal, peur de le voir tomber dans leur estime.

— Hannah, tu as failli mourir, insista Cole brusquement.

— Je sais. (Je fermai les paupières et inspirai profondément.) J'ai fait une grosse bêtise. En début d'année, je me suis rendue à une fête avec Sadie. J'ai beaucoup trop bu. (Je détournai le regard.) J'ai couché avec un type que je ne connaissais pas et je suis partie aussitôt après car je m'en voulais horriblement. Je ne connais même pas son nom, et encore moins son adresse. Et de toute façon, qu'est-ce que ça changerait ? J'ai fait une fausse couche. Il ne savait pas que j'étais enceinte, et moi non plus. Je suis aussi responsable que lui.

— Mais tu es la seule à en avoir subi les conséquences. Tu trouves ça juste ?

Je haussai les épaules.

— Je ne pense pas que Dieu soit une femme, si c'est la question.

Il s'étrangla de rire.

— Tu arrives à en rigoler ? Sérieux ?

— C'est mieux que d'en pleurer. (Mes lèvres se mirent à trembler.) Merde. Je vais me mettre à chialer.

Les larmes coulèrent sans que je puisse les retenir, et des sanglots jaillirent du plus profond de moi.

Cole me passa un bras autour des épaules et me serra contre lui. Son tee-shirt se retrouva imbibé de mes larmes dès que je posai la tête sur son torse.

— Tu vas surmonter cette épreuve, Hannah.

— Je n'arrête pas de revoir le visage de mes parents. Je les ai vus vivre l'enfer quand on a diagnostiqué sa tumeur à Ellie, et ils avaient exactement le même air quand c'est moi qui me suis retrouvée dans ce lit d'hôpital. Leur monde a failli s'écrouler, tout ça par ma faute.

Mes sanglots redoublèrent.

— Chut, chercha-t-il à m'apaiser. Ce n'est la faute de personne. Tout va s'arranger.

En vérité, j'étais terrifiée. Terrifiée que le moindre faux mouvement puisse arracher la vie en moi. Soudain, la grossesse était devenue une menace. Cela n'avait rien de rationnel. Même si le médecin m'avait assuré que je pourrais malgré tout avoir un enfant normalement, la peur d'une autre grossesse extra-utérine était trop grande. Elle m'avait poussée à faire le deuil trop tôt de ce que j'avais jusqu'alors considéré comme acquis pour l'avenir.

Toujours sur le carrelage froid de ma salle de bains, j'essuyai mes joues humides et m'adossai à la baignoire, enveloppant mes genoux de mes bras pour les serrer contre moi.

Ma fausse couche, ma mort éphémère et le chagrin m'avaient changée. J'étais devenue plus solitaire. J'avais perdu l'essentiel de mes amis de lycée et creusé un fossé entre ma famille et moi. En partie parce que je me sentais responsable de ces malheurs. J'avais fait preuve d'imprudence ce soir-là, avec Marco, ce qui avait provoqué une panique chez les êtres que je chérissais le plus. Qui étaient devenus encore plus protecteurs qu'auparavant, au point de m'étouffer complètement. Depuis, j'internalisais beaucoup plus mes émotions.

J'étais restée déprimée pendant des mois. Le cœur en miettes.

Pour me sortir des ténèbres, mes parents avaient surpris tout le monde en suggérant que je devrais m'installer dans une résidence étudiante pour mes années de fac. Ils pensaient que cela me forcerait à me remettre à vivre.

Et ils avaient vu juste.

Suzanne était dingue. Jamais sérieuse. Elle aimait faire la fête, et son insouciance s'était révélée communicative à une époque où j'en avais grandement besoin.

Cependant, j'avais bientôt découvert que mes parents s'inquiétaient de me voir retomber enceinte. Même s'ils ne m'avaient jamais reproché ma stupidité, la nature s'en étant chargée pour eux, je savais que j'avais perdu quelque chose : leur absolue confiance en moi. Ils craignaient désormais de me voir reproduire la même erreur et me mettre en danger.

Accompagnée de maman, je m'étais donc fait prescrire une pilule.

Je la prenais sans cesse depuis, même si elle ne m'avait été d'aucune utilité jusqu'au retour de Marco.

À mes dix-neuf ans, j'avais repris du poil de la bête, et ma famille attendait sans prendre position que je revienne vers elle.

Ce que j'avais fait.

Sans que cela ne surprenne personne.

Le premier sur la liste avait été Cole. Cole fut la seule conséquence positive de cette malheureuse histoire. Depuis le jour où j'avais fondu en larmes dans ses bras, un lien réel s'était créé entre nous, et n'avait cessé de se renforcer jusqu'à ce que nous devenions meilleurs amis. Durant les jours les plus sombres, il avait toujours été là pour rassurer tout le monde et les informer que je refaisais peu à peu surface.

J'avais fini par passer à autre chose.

Je voulais essayer de tourner la page.

Jusqu'au retour de Marco. Il était revenu en trombe dans mon existence. Nul autre que papa ne savait qu'il m'avait mise enceinte avant de m'abandonner. Je m'étais sentie de nouveau très seule. Je ne pouvais pas en parler à mon père : c'était trop étrange, trop gênant, et tout m'était revenu en pleine figure.

J'avais essayé de lutter contre les blessures et la déception pour réfléchir de façon rationnelle. Marco ignorait que j'étais enceinte. S'il l'avait su, l'histoire aurait été tout autre. J'en étais convaincue. Ce n'était pas plus sa faute que la mienne.

Certes, s'il ne m'avait pas quittée, il aurait été là, à mes côtés, quand j'avais eu besoin de lui. Cette période n'aurait peut-être pas été si difficile à vivre. Cependant, il m'avait depuis expliqué pourquoi il était parti. Et Cole avait vu juste : même si cela ne me plaisait pas, son explication était convaincante.

Je lui avais pardonné.

J'enfonçai mes ongles dans mes genoux.

Le fait d'apprendre que, non content d'être rentré à Édimbourg sans me prévenir, il avait en outre mis une autre fille enceinte – et été là pour elle depuis… C'était insupportable.

Toute la douleur m'était retombée dessus d'un seul coup.

Même si cela n'avait rien de rationnel, je la sentais. Je la sentais me consumer de l'intérieur.

La pire expérience de ma vie, et il n'avait pas été là pour moi.

En revanchc, il avait été là pour *Leah*.

Je savais que je n'aurais jamais dû le laisser revenir dans ma vie.

Je ne pourrais jamais lui pardonner ça.

19

— La dinde est cramée, commenta Dec en observant la volaille alors qu'il s'apprêtait à s'asseoir.

Comme chaque année, maman avait sorti la belle vaisselle, et la table était magnifique.

Et la dinde n'était pas du tout cramée.

— Quoi ? glapit maman en revenant dans la pièce avec un saladier rempli de pommes de terre.

Elle alla examiner son plat, toute paniquée.

J'adressai à mon frère un regard noir, prête à lui reprocher de taquiner maman qui était déjà assez stressée comme ça, mais papa me devança.

— Declan, arrête de dire des bêtises et va aider ta mère à apporter le reste.

Dec grommela, mais s'exécuta sans se plaindre.

Dès qu'il eut franchi la porte, je fis la grimace à papa tout en contournant la table pour prendre place près d'Ellie.

— Tu crois qu'il aura bientôt fini sa crise d'adolescence ridicule ? Il a dix-huit ans, il devrait être adulte, non ?

— Je t'ai entendue ! s'exclama mon petit frère depuis le couloir.

J'ouvris de grands yeux à l'intention d'Ellie, qui se mit à glousser.

— Il a les oreilles d'un hibou.

— D'un hibou ? s'étonna Joss, amusée, en aidant Beth, Luke et William à prendre place à la table des enfants.

— Oui, répondis-je. Je crois qu'ils ont l'ouïe la plus fine du règne animal.

— Et moi, je crois que tu sais plus de choses inutiles que n'importe qui, rétorqua Dec en revenant avec un saladier de légumes à la vapeur.

— Ha. (Je lui tirai la langue.) Et moi, je crois savoir qui va être privé de sa carte-cadeau s'il n'arrête pas de faire le c-o-n.

— Ah, fit Adam dans un soupir de contentement tout en s'installant de l'autre côté d'Ellie. Là, on est dans l'esprit de Noël.

Ellie pouffa dans son verre d'eau.

Maman nous fusilla tous deux du regard en déposant le dernier plat et s'assit en bout de table, à l'opposé de papa.

— Fermez-la, tous les deux, et mangez.

— C'est elle qui a commencé, s'offusqua Dec en prenant place près de Braden. Elle me cherche depuis qu'elle est arrivée. Je ne comprends pas pourquoi elle a dormi ici alors qu'elle a son propre appart. Et ce n'est pas ma faute si elle est d'une humeur de merde parce qu'elle s'est fait plaquer.

Je pris une brusque inspiration, et tout le monde sauf Braden et Dec se crispa. Braden se contenta d'une petite tape à l'arrière du crâne de mon frère.

— Premièrement, on ne jure pas devant les enfants. Deuxièmement, elle ne s'est pas fait plaquer, c'est elle qui l'a plaqué. Troisièmement, tu as dix-huit ans. Grandis un peu et arrête de faire c-h-i-e-r ta sœur. Excuse-toi.

J'étais trop occupée à étudier mon assiette vide pour voir la réaction de Declan. J'essayais de recouvrer ma respiration après que ses dernières paroles m'avaient coupé le souffle.

Toute la journée je m'étais efforcée d'oublier.

Les dernières semaines n'avaient pas été faciles, loin de là. J'avais dû apprendre à tout le monde que Marco et moi avions cassé, mais naturellement je ne pouvais pas leur expliquer pourquoi. Je n'étais donc pas entrée dans les détails et j'avais fait de mon mieux pour paraître sereine. Malheureusement, malgré mes dénégations, tous étaient convaincus que j'étais littéralement ravagée par cette rupture.

— Je vais bien, leur avais-je assuré plusieurs fois. On n'était ensemble que depuis deux mois.

Toutefois, la vérité était qu'il me manquait énormément. En permanence.

J'étais en guerre avec moi-même.

Le matin, je me réveillais seule, pourtant je sentais le contact de son corps chaud, comme si son fantôme résidait encore dans la pièce. Dès que je me souvenais que Marco était sorti de ma vie, cette chaleur se dissipait et je me retrouvais perdue dans mon appartement. Cet appartement que j'avais naguère perçu tel un foyer chaleureux, mais qui me semblait désormais vide et froid.

À l'instar de sa propriétaire.

Quand son absence se faisait trop douloureuse, je sortais mon téléphone et, alors que je m'apprêtais à composer son numéro, je me rappelais. À quel point je souffrais. Pourquoi je souffrais. Et pour quelle raison nous n'étions plus ensemble.

Naturellement, cela me facilita l'existence que Marco ne me téléphone pas ni ne passe à la maison. J'avais emballé les quelques affaires qu'il avait laissées chez moi, et Nish s'était chargée de les lui rendre. Elle l'avait fait pour lui. Pas pour moi. Nish et moi ne nous parlions plus guère, ce qui contribuait beaucoup à l'atmosphère glaciale qui régnait dans la salle des profs. J'avais découvert qu'elle savait depuis le début que Marco avait un fils. Il lui avait demandé de ne pas m'en parler, lui assurant qu'il attendait le bon moment pour le faire lui-même. Nish m'en voulait surtout d'avoir réagi ainsi à son annonce. Elle trouvait que je m'étais comportée comme une connasse sans cœur et égoïste.

Nish et Marco pouvaient bien penser ce qu'ils voulaient, tant qu'ils me laissaient panser mes plaies et réfléchir à la situation tranquillement.

Être en famille m'aidait beaucoup. J'avais passé le réveillon de Noël chez mes parents, et je comptais rester chez eux jusqu'au 27. Même si Liv, Nate, Jo, Cam et Cole fêtaient Noël dans leurs familles respectives, la maison de mes parents restait bien remplie et rassurante.

Je faisais de mon mieux pour masquer ma souffrance afin de ne pas gâcher la fête de tout le monde, et je m'en étais plutôt bien tirée jusqu'à ce que mon frère se comporte comme un petit merdeux.

— Hannah.

Je levai la tête vers Dec et vis son air repenti.

— Pardon, marmonna-t-il d'un ton coupable.

— Ne t'en fais pas, répondis-je d'un ton paisible avant de décocher à tout le monde mon plus beau sourire. Je meurs de faim. Si on faisait la misère à cette dinde ?

Par bonheur, l'ambiance s'allégea subitement et nous partageâmes un excellent repas de Noël.

Plus tôt dans la matinée, maman, papa, Dec et moi avions ouvert nos cadeaux, mais Ellie, Adam, Braden, Joss et les enfants n'avaient pas encore déballé les nôtres, ni nous les leurs. Après le dessert, je me précipitai dans mon ancienne chambre à l'étage, où se trouvait une hotte de père Noël pleine de présents. J'étais en train de m'assurer qu'il ne manquait rien quand mon téléphone sonna dans ma poche.

Pensant qu'il devait s'agir de Jo ou de Cole, je décrochai sans même consulter l'écran.

— Joyeux Noël ! (La voix de Suzanne me surprit.) Je me suis dit que j'allais t'appeler, puisque apparemment tu as perdu mon numéro.

Et ainsi, tout le faux esprit de Noël qui m'habitait encore s'envola par la fenêtre la plus proche et se dissipa dans l'air glacial de ce mois de décembre.

— Je n'ai pas perdu ton numéro, répliquai-je platement. Je n'ai tout simplement pas envie de te parler.

Elle poussa un long râle de stupeur.

— À cause de la photo que je t'ai envoyée ? C'était pour ton bien. J'essayais de me comporter en amie !

Je secouai la tête en entendant ces conneries, remarquant mon air incrédule dans le miroir devant moi.

— Non. Tu te comportais comme une pétasse car c'est tout ce que tu sais faire. Tu ne m'as pas envoyé cette photo parce que tu t'inquiétais pour moi, mais parce que tu étais furieuse et que tu voulais que je le sois également. Tu es une fille gâtée et malveillante. En plus de manquer cruellement de considération pour les autres. J'aurais dû mettre un terme à notre amitié il y a des années, quand je me suis rendu compte que tu ne pensais qu'à toi. Ne te donne pas la peine de me rappeler. Jamais.

Je raccrochai sans lui laisser le temps de répondre et effaçai aussitôt son numéro.

Le fait que je me sente plus soulagée qu'autre chose me conforta dans ma décision.

— À qui tu parlais ?

Je fis volte-face.

— Adam ?

Il entra dans la chambre, l'air scrutateur.

— Alors ?

Il désigna mon téléphone d'un geste du menton. Je le remis immédiatement dans ma poche.

— À personne.

Il se rembrunit alors.

— Est-ce que Marco t'a trompée ?

— Quoi ? lui demandai-je, surprise. Qu'est-ce qui te fait croire une chose pareille ? Non. Il ne m'a pas trompée. Je te l'ai déjà dit, c'est juste que je n'ai plus envie d'être avec lui.

— Tu sais que personne n'y croit ?

Je poussai un très long soupir, regrettant que ma famille soit si observatrice.

— Écoute, s'il m'avait fait quelque chose d'horrible, je vous le dirais sur-le-champ pour que vous alliez lui régler son compte. Mais ça n'est pas le cas. Je te le promets.

Adam soupira à son tour.

— Parfois, je ne sais vraiment plus quoi faire de toi, Hannah. Els se fait un sang d'encre.

J'ouvris la bouche pour le rassurer, mais il y eut un grand fracas en bas...

— *Adam !* appela Dec à pleins poumons. *Le bébé arrive !*

— Je ne reconnais personne.

Je passai un bras autour des épaules de Cole et m'appuyai sur lui pour lancer un regard circulaire dans la pièce.

— C'est parce que tu as déjà bu cinq bières.

— Pourtant, mes fonctions cognitives semblent en état de marche, ça ne vient donc pas de là.

Il me dévisagea avec un petit sourire en coin.

— Et tu viens d'employer le terme « fonctions cognitives ». D'accord. (Il observa la salle à son tour.) Bon, j'imagine que je ne reconnais pas tout le monde non plus, mais la plupart d'entre eux sont à la fac.

— Mmm. Tu veux qu'on aille leur parler ?

— Ouais. (Je sentis son regard inquiet posé sur moi.) Tu te sens prête pour ça ?

— C'est toi qui m'as forcée à célébrer le Nouvel An, j'imagine donc que tu me sens prête.

— Bon sang, tu ne peux pas arrêter d'être intelligente, quand tu es bourrée ?

— Je ne suis pas bourrée, je suis pompette. (J'avisai une bouteille de tequila.) Mais je sais comment finir bourrée.

Suivant mon regard, Cole acquiesça.

— Je vais chercher du sel et du citron.

Il se dirigea vers la cuisine en souriant, tout en saluant les convives.

Dès qu'il se fut éloigné, je me sentis aussitôt déprimée. Je détestais me sentir comme ça. On était censés passer un moment sympa. Ellie avait accouché d'un deuxième petit garçon au matin du 26. Adam et elle l'avaient nommé Braden, comme son oncle, même si nous le surnommions déjà tous Bray. Et si William avait hérité de la blondeur de sa mère, son petit frère était déjà aussi brun que son père. Même si sa couleur de cheveux pouvait encore évoluer.

Nous étions tous gagas devant lui, même les enfants. À présent, nous attendions impatiemment l'accouchement de Jo, prévu dans la semaine.

J'essayais de ne pas me laisser affecter par leurs grossesses ou celles qui les avaient précédées. Et jamais je n'en aurais voulu à un ami ou à un membre de ma famille d'être heureux. Cependant, chaque nouveau bébé me rappelait que je n'en aurais jamais. Je tâchais donc de me satisfaire d'être une tante adorée.

Je ne tirais aucune satisfaction du fait que le sentiment de manque vis-à-vis de Marco ne s'était pas dissipé. Au contraire, il avait même empiré.

— Laisse tomber le sel et le citron, chuchotai-je en me dirigeant droit vers la bouteille.

Avec l'aide de Cole et de certaines personnes qui me furent présentées, mais dont j'oubliai instantanément le nom, je picolai au point d'être guillerette mais de ne plus contrôler mes mouvements. Vers minuit, un garçon mignon qui devait avoir l'âge de Cole me draguait. Il était assez entreprenant et n'arrêtait pas de me toucher la taille en se penchant vers moi pour m'écouter parler ; pendant quelques minutes, au moins en surface, je parvins ainsi à oublier l'existence de Marco.

À l'autre bout de la pièce, Cole flirtait avec une jolie brunette.

Apparemment, nous avions tous deux trouvé qui embrasser à minuit.

Le silence se fit au moment du compte à rebours, et tout le monde se mit à égrener les secondes à partir de dix.

— ... DEUX ! UN ! BONNE ANNÉE !

Acclamations, sifflets et applaudissements retentirent, et je souris au garçon mignon dont j'avais oublié le nom alors que sa bouche plongeait vers la mienne.

Dès l'instant où nos lèvres se touchèrent, je me figeai.

Il m'embrassait. C'était agréable.

Mais je ne ressentis pas de fourmillements.

Le nez et le fond de la gorge se mirent à me brûler, et je me reculai brusquement. Je regardai le plafond dans l'espoir d'empêcher les larmes de couler, et je m'excusai auprès de son cou puisque j'étais incapable de soutenir son regard probablement perplexe. Je m'éloignai à pas rapides, sinuant entre les fêtards dans l'appartement de Cole, et gagnai rapidement la cage d'escalier glaciale. Le froid me fit du bien, tant ma peau était brûlante.

— Putain, à quoi tu joues ? me marmonnai-je en me recoiffant d'une main tremblante.

Mon téléphone sonna, comme en réponse.

Cela me surprit. Il était presque impossible de joindre qui que ce soit au jour de l'An, tant les lignes étaient saturées. Je sortis mon portable de ma poche et manquai le laisser échapper en découvrant l'identité de mon correspondant.

Comme si le baiser sans frissons l'avait fait apparaître.

Marco.

Le souffle court, je contemplai mon téléphone sans savoir que faire.

Puis, comme si quelqu'un avait pris possession de mon corps, je décrochai et portai le combiné à mon oreille sans un mot.

— Je suis assis à réfléchir (le son de sa voix rauque dans mon oreille me fut si intolérable que je fermai les yeux) et pour la millième fois je me demande ce qui a pu foirer.

Je ne répondis rien.

— Je veux savoir ce qui se passe, Hannah. Ce qui se passe vraiment. Je n'arrête pas de me repasser cette dernière journée dans ma tête, et quoi qu'il ait pu arriver, je refuse d'admettre que la personne qui a rompu avec moi était réellement toi. Tu me caches quelque chose. Tu me caches forcément quelque chose. (Le désespoir et le chagrin dans sa voix me nouèrent les entrailles.) J'ai la tête en vrac. (Il poussa un soupir et reprit dans un râle :) Tu me manques.

Tétanisée, sentant ses paroles comprimer mes poumons tel un étau, je fus incapable de répliquer quoi que ce soit.

Marco attendit un moment.

Puis il raccrocha.

Je baissai la tête, me demandant pourquoi je m'étais soudain dégonflée de la sorte.

— Tu me manques aussi, chuchotai-je.

20

La semaine suivante, l'école avait repris et je trouvais bon d'avoir de nouveau une activité dans laquelle me plonger. La première matinée de cours s'était écoulée rapidement, et je profitais désormais de mon heure de liberté pour avancer dans mes copies.

Quand mon téléphone sonna, je décrochai sans réfléchir. C'était Neil, de la réception.

— Hannah, j'ai un certain Cole Walker pour vous.

Me demandant ce qu'il pouvait bien venir faire ici, je m'efforçai de ne pas penser au pire.

— Faites-le monter.

Je raccrochai et fouillai rapidement dans mon sac en quête de mon téléphone personnel. Était-il arrivé quelque chose à Jo ? Elle avait dépassé le terme et...

Mon portable mit une éternité à s'allumer, mais je constatai que je n'avais ni nouveau message ni appel manqué. Je le rangeai dans mon sac alors que Cole pénétrait dans mon bureau et en claqua la porte.

Lentement, nerveusement, je me mis debout.

Cole était furieux et j'ignorais pourquoi.

— Qu'est-ce qui se passe ?

Les muscles de ses mâchoires se contractaient tandis qu'il me dévisageait, bien au-delà de l'agacement et de la colère.

— J'ai croisé Suzanne il y a une demi-heure.

Mon ventre se serra.

— Marco a une famille ? demanda-t-il, incrédule. Une femme ? Un gosse ?

— Non, m'empressai-je de lui répondre. Seulement un fils... Cole, on ne peut pas parler de ça maintenant.

— Dis-moi juste ce qui se passe, et je repars.

Je n'étais pas certaine d'arriver au bout de mon explication sans m'effondrer, mais je tentai le coup.

— J'ai appris que Marco avait mis une fille enceinte en revenant à Édimbourg il y a quatre ans. Une ancienne copine d'école. Ils ne sont pas ensemble. Mais ils ont un petit garçon de trois ans.

Il fronça les sourcils, perplexe.

— Tu as rompu avec lui parce qu'il a un fils ?

Sa stupéfaction ne fit qu'accroître mon angoisse, mais j'acquiesçai, espérant que mon expression ne me trahirait pas.

Malheureusement, le tremblement de mes mains ne passa pas inaperçu. Dès qu'il le remarqua, il se raidit. Une lueur de compréhension illumina son regard et il me dévisagea longuement.

— C'était lui, déclara-t-il d'un ton rauque. (Ses prunelles s'embrasèrent de rage.) Putain, c'était lui. Tu nous as menti ? C'était lui ! Il t'a foutu en cloque avant de disparaître !

— Cole...

Il ressortait déjà de la pièce.

Paniquée, redoutant sa réaction, je me saisis de mon sac et m'élançai à sa suite, titubant sur mes talons trop hauts. Le temps que je le rattrape, il traversait déjà le parking pour monter dans sa vieille guimbarde, le téléphone à l'oreille.

— Cole ! m'écriai-je. (Il fit mine de ne pas m'entendre et monta en voiture.) Merde.

Je me précipitai à ses trousses, continuant de courir après qu'il eut franchi le portail de l'école. Une fois dans la rue, je balayai la chaussée du regard, en quête d'un taxi.

Mon téléphone sonna. C'était Adam.

Mon instinct me dicta de décrocher.

— Hannah, qu'est-ce qui se passe ? me demanda-t-il. Cole vient de m'appeler pour me demander sur quel chantier bossait Marco. Il avait l'air furax.

Enfin, un taxi arriva. Je le hélai. Mon cœur tambourinait contre ma poitrine.

— Adam, il va faire une grosse connerie. Où est-ce qu'il va ?

Il me donna l'adresse et je bondis dans l'habitacle pour la transmettre au chauffeur.

— Hannah, qu'est-ce qui se passe ? insista Adam.

— Il faut que j'y aille. (Je raccrochai et m'adressai, paniquée, au conducteur.) S'il vous plaît, faites aussi vite que possible, c'est une urgence.

— Je vais faire de mon mieux, poupée.

Nous arrivâmes sur le site dix minutes plus tard, et j'entendis le tumulte avant de le voir. Alors que je contournais en hâte le bureau en préfabriqué, mon souffle se bloqua.

Marco tenait Cole au collet, le visage déformé par la rage. Il le repoussa brusquement, mais Cole ne recula que de quelques pas avant de décocher un direct à Marco. Deux ouvriers observaient la scène sans chercher à s'interposer, et d'autres s'en approchaient en courant.

Marco rendit un coup à Cole, et je me mis à hurler.

— Arrêtez ! (Je bousculai plusieurs curieux au passage.) Cole, arrête, je...

Le coude de Cole me heurta en pleine tête alors qu'il armait sa frappe. Je chancelai, étourdie, et sentis des mains m'aider à me tenir debout.

Je cillai, tentant d'éclaircir ma vision ; quand j'y vis à peu près clair, Cole me dévisageait, l'air horrifié, et Marco était fou de rage juste derrière lui, prêt à bondir.

— Non ! (Je contournai Cole pour repousser Marco des deux mains.) Marco, par pitié, plaidai-je.

Ses traits magnifiques étaient tendus, ses dents serrées. Je voyais qu'il n'en avait pas fini avec Cole, mais il recula d'un pas, cédant silencieusement à ma supplique.

Encore sonnée, le souffle court, les jambes tremblantes, je fis volte-face pour apaiser Cole, sans faire cas des ouvriers rassemblés autour de nous.

— Il ne sait pas, Cole. Il ne sait pas.

Les narines de celui-ci se dilatèrent.

— N'empêche qu'il t'a larguée.

— Ouais. C'est vrai. Mais pour ce qui est du reste... il ne sait rien.

— Qu'est-ce que je ne sais pas ? grogna Marco derrière moi.

Mes épaules se contractèrent. Je n'avais jamais voulu provoquer ce moment.

Cole s'apprêta à répondre.

— Tu n'as pas intérêt, l'avertis-je.

— Il faut qu'il sache.

Sentant la nausée me gagner, je répliquai.

— Et maintenant, il va l'apprendre. Mais c'est à moi de le lui dire.

— Putain, quelqu'un veut bien m'expliquer ce qui se passe ? s'impatienta Marco.

— Et à moi aussi.

Je tournai la tête vers celui qui venait de parler. Un homme grand et élégant, vêtu d'un casque de chantier et d'un gilet de sécurité jaune, qui toisait méchamment Cole.

— Qu'est-ce qui vous prend de venir agresser l'un de mes gars sur mon chantier ?

— Ça m'intéresse aussi.

Cette fois, la voix m'était familière. Je blêmis quand Braden et Adam émergèrent de la foule. Ils s'arrêtèrent près du gars en costume qui devait être le chef de site. Braden et Adam semblaient soucieux. Leurs yeux crièrent leur agacement quand ils remarquèrent Cole et Marco, mais leur mine était inquiète quand ils me dévisagèrent.

— Monsieur Carmichael ? (Le chef de chantier parut surpris.) Je ne m'attendais pas à vous voir aujourd'hui. Je peux vous assurer que ça ne s'était encore jamais produit.

— Calmez-vous, Tam. (Braden lui passa devant.) C'est ma petite sœur. (Il m'examina.) Hannah, qu'est-ce qui se passe ?

Me sentant devenir livide, je fis un pas vers la présence rassurante de Braden et Adam.

— Il faut que je parle à Marco en privé. Je vous expliquerai tout ensuite, mais il faut d'abord que je discute avec lui.

Braden considéra silencieusement ma requête. À l'évidence, il voulait comprendre *immédiatement* ce qui pouvait bien se tramer, afin de déterminer s'il voulait aider Cole à finir ce qu'il avait commencé avec Marco. Il m'adressa néanmoins un brusque hochement de tête et se tourna vers le chef de site.

— Ma sœur a besoin de s'isoler dans le bureau.

— Bien sûr. (Il nous le désigna.) Il est vide.

Avant que je puisse réagir, Marco me poussa d'une main dans le bas du dos. Il m'entraîna vers le préfabriqué tandis que le chef de chantier hurlait à ses hommes de se remettre au boulot.

Je voulais fuir le contact de Marco, détestant cette douleur que j'éprouvais intérieurement, ce désir atroce qui ne semblait pas compatible avec mon refus de lui pardonner. Cependant, je ne lui demandai pas d'ôter sa main, sans savoir si je m'en abstins pour lui ou pour moi.

Une fois à l'intérieur du minuscule bureau, je fis un pas de côté tandis que Marco allait s'appuyer à la table. Il pivota vers moi, des questions plein les yeux. Tâchant d'oublier la douleur lancinante liée au coup de coude de Cole, je braquai mes prunelles sur les lèvres fendues de Marco.

— Je suis désolée pour Cole, marmonnai-je.

— Je me fous complètement de ce qu'il a fait. Tout ce que je veux savoir, c'est pourquoi.

Je rassemblai tout mon courage pour soutenir son regard.

— Hannah ? insista-t-il, à bout de patience.

Je ne m'étais plus sentie aussi mal depuis que j'avais découvert qu'il avait un fils. Réprimant les frissons glacés qui me parcouraient et la nausée qui m'envahissait, je me passai une main tremblante sur la bouche.

— Ce n'est pas parce que tu as un fils, déclarai-je calmement.

Soudain, son regard s'acéra et l'air sembla se figer.

— Je ne sais pas par où commencer, avouai-je.

— Eh bien, commence par le commencement, parce que ça fait des semaines que ces conneries m'insupportent.

Je soufflai longuement et hochai la tête. Il fallait que ça sorte. *Dis-le.*

Respire, Hannah.

— Quand tu m'as quittée il y a cinq ans, j'étais vraiment dans un sale état. J'ai d'abord cru que je me sentais aussi mal parce que j'avais le cœur brisé. Mais quelques mois plus tard, je me baladais avec Jo et Cole quand j'ai ressenti une douleur indescriptible qui m'a fait tomber dans les vapes.

L'expression de Marco se durcit, et je lus dans ses prunelles qu'il ne voulait pas entendre la suite tout en sachant qu'il le fallait. Pour ma part, je ne voulais rien lui révéler car je savais que j'allais le faire souffrir également.

Je ravalai mes larmes et poursuivis.

— Je me suis réveillée à l'hôpital, près de quarante-huit heures plus tard.

— Hannah... intervint-il d'un ton implorant.

Mes larmes se mirent à rouler.

— J'ai fait une fausse couche. Mais pas une simple fausse couche : c'était ce qu'on appelle une grossesse extra-utérine. Cela signifie grosso modo que l'ovule fécondé est resté dans la trompe au lieu de descendre dans l'utérus. Mais comme j'ignorais que j'étais enceinte, il a fini par grossir jusqu'à déchirer la trompe, et j'ai fait une hémorragie interne.

— Tu aurais pu y rester ? s'inquiéta-t-il d'une voix chargée d'émotion.

— Oui. J'ai dû subir une opération. Ils m'ont retiré la trompe endommagée. (Le dire à haute voix me rappela tout le ressentiment que je pouvais éprouver, et sans le vouloir je me mis à tout lui déballer.) J'ai menti à ma famille et mes amis en ne leur révélant pas qui m'avait mise enceinte. Je t'ai protégé. Je t'ai protégé, mais tu n'étais pas là pour en faire autant avec moi. J'ai dû gérer seule une fausse couche à l'âge de *dix-sept ans*. Et tu n'étais pas là pour moi. Et je sais que tu avais des raisons de partir, et j'ai essayé d'oublier et de te pardonner. (J'essuyai mes larmes, mais elles coulaient trop vite pour que je parvienne à les sécher.) Mais à peine rentré à Édimbourg, tu as mis Leah enceinte. Et tu étais là pour elle, Marco, et même si c'est complètement irrationnel, cela me fait l'effet d'une trahison. Tu étais censé être l'amour de ma vie, mais comment y croire ? J'ai surmonté tout cela toute seule pour me rendre compte que le prétendu amour de ma vie a fait pour une autre fille ce qu'il n'a jamais fait pour moi.

La petite cabane était saturée d'un silence assourdissant à peine rompu par mon souffle saccadé.

J'attendais qu'il dise quelque chose. N'importe quoi.

Sans crier gare, il se retourna et décocha un coup de poing dans la cloison.

— Putain, putain, putain !

Il frappa à plusieurs reprises, froissant le mur comme du papier.

— Marco !

Je m'approchai de lui dans le but de l'arrêter, mais ma voix avait suffi. Il posa son front contre le contreplaqué et ses épaules s'affaissèrent.

— Marco, chuchotai-je.

Je n'arrivais plus à identifier la nature de mes émotions, mais la douleur sourde à l'intérieur de moi me suppliait de le réconforter. Il pivota la tête pour me regarder approcher.

Je n'avais jamais vu une telle angoisse dans ses prunelles.

— Tu étais ce cadeau si précieux et délicat entré dans ma vie au moment où j'en avais le plus besoin, déclara-t-il doucement. Je ne me suis jamais senti en sécurité étant enfant. Je savais ce que cela faisait, et je détestais l'idée que quelqu'un d'autre puisse éprouver la même chose. J'ai très vite commencé à tenir à toi, si bien que j'ai l'impression d'avoir toujours voulu te protéger. Et j'ai échoué. Je t'ai donc bel et bien trahie. J'en suis désolé. Je suis tellement, tellement…

Sa voix se brisa et il se passa une main sur le visage.

La porte s'ouvrit derrière nous et je vis Braden posté dans l'embrasure. Il remarqua mes yeux rougis et mes joues trempées de larmes, le mur gondolé et le désespoir évident de Marco. Plein de compassion, il me demanda :

— Tu veux que je te ramène ?

Je jetai un coup d'œil vers Marco, mais il me tournait le dos. Il avait besoin de temps pour se remettre.

Quant à moi, je ne savais plus ce que je ressentais. Je savais seulement qu'un homme tel que lui ne se laissait pas facilement déborder par ses émotions.

Et je savais qu'il m'aimait. Profondément.

Je savais enfin que tout ceci était un beau merdier que je ne pouvais pas arranger.

— Ouais, soufflai-je en essuyant mes larmes et en me dirigeant vers Braden.

Je le laissai m'envelopper de ses bras et me mener hors du bureau. En approchant du taxi qu'il avait fait attendre, je lançai un regard par-dessus mon épaule. Une grosse part de moi résistait encore, refusant de se laisser de nouveau blesser par Marco, ce qui ne signifiait pas pour autant que je trouvais ça bien de l'abandonner là alors qu'il avait besoin de moi. En réalité, la culpabilité me rongea jusqu'à la maison.

21

Adam avait dit à Cole de rentrer se calmer chez lui et de me laisser le temps de recouvrer mes nerfs également, mais je ne lui en voulais absolument pas. J'aurais peut-être dû, puisque c'était lui qui m'avait contrainte à en arriver là, mais ce n'était pas du tout ce que je ressentais. Braden m'avait ramenée chez moi et avait appelé l'école pour expliquer que j'avais une urgence familiale : je ne pouvais pas retourner devant mes élèves les yeux bouffis de larmes, une bosse sur le front, le cœur en miettes et une migraine en prime.

Braden me prépara une tasse de thé avec une goutte de whisky. Il se contenta ensuite de s'asseoir près de moi sur le canapé, m'offrant le calme dont j'avais tant besoin ainsi que le réconfort lié à sa présence. Il partit à l'arrivée de Joss et Ellie, et je sus que c'était lui qui avait rameuté les troupes.

Peu après, Liv se pointa à son tour, Jo sur haut-parleur. Ellie et Joss avaient confié les enfants à mes parents, et Jo étant sur le point d'accoucher, elle était restée chez elle avec Cam, mais elle tenait manifestement à participer à la conversation.

J'étais éreintée, mais à voir leurs visages déconfits je trouvai le courage de tout leur expliquer – le passé comme le présent. Elles avaient toujours été là pour moi, même quand je donnais l'impression de ne pas en avoir envie, et elles méritaient amplement la vérité.

Quand j'eus terminé mon récit, Ellie me dévisagea, des larmes plein les yeux.

— Et tu portais ce fardeau toute seule ? Pourquoi, Hannah ? Tu ne nous fais pas confiance ?

Je secouai résolument la tête.

— Ce n'est pas ça. Pitié, ne croyez pas ça.

— Tu le protégeais, déclara la voix de Jo à travers le téléphone de Liv, posé sur la table basse.

D'une manière ou d'une autre, elle avait tout compris.

— Oui.

— Tu le protégeais ?

Joss fronça les sourcils.

Je haussai les épaules, incapable de l'expliquer mieux. Jo avait pigé instinctivement, mais devoir mettre des mots dessus me faisait me sentir telle une petite fille perdue qui ne savait pas ce qu'elle voulait.

— Je ne sais pas pourquoi. Simplement... je ne voulais pas que vous ayez une image négative de lui.

— Tu es amoureuse, répondit platement Ellie. Voilà pourquoi.

— Je lui ai pardonné le fait de m'avoir abandonnée après avoir couché avec moi, je lui ai pardonné d'avoir quitté le pays et ne pas avoir cherché à me recontacter à son retour, et si j'y suis parvenue, c'est effectivement parce que je l'aimais. Et je sais que, s'il était resté, il aurait été là pour me soutenir à la suite de la fausse couche, pendant ma dépression. Je l'ai su en voyant sa réaction, quand je lui ai tout raconté.

— Alors, pourquoi... ?

Liv se mordit la lèvre, laissant sa question en suspens.

Une douleur familière me comprima la poitrine.

— Pourquoi je l'ai plaqué ?

Elle opina du chef.

Je voyais bien qu'elles s'efforçaient toutes de comprendre ce que je ressentais – et que, dans une certaine mesure, elles y parvenaient –, mais elles semblaient également éprouver de la compassion à l'égard de Marco.

— Ça m'a fait mal d'apprendre qu'au lieu de chercher à me joindre il en engrossait une autre et qu'il était là pour elle. Je sais que ça n'est pas logique de lui en vouloir pour une situation dont il n'avait même pas connaissance, mais... je ne peux pas m'empêcher de me sentir trahie. Je n'arrête pas de me dire que, s'il ne m'avait pas abandonnée ce soir-là... s'il ne m'avait pas plantée là, je serais peut-être devenue cette fille dont il prend soin. Mais je n'ai pas eu cette chance. L'homme de notre vie n'est-il pas censé rester dans le coin, pour nous aider à surmonter les pires épreuves ?

Les filles échangèrent des regards m'indiquant qu'elles me comprenaient justement parce que leurs mecs étaient là pour elles.

— La seule fois où tu as réellement eu besoin de lui, il n'était pas là. (La voix de Jo plana dans l'air.) Mais, Hannah... tu sais que Marco peut être cet homme.

Je restai muette, car c'était précisément parce que j'en avais conscience que j'étais si perdue. Il avait essayé d'être là pour moi ces trois derniers mois. Comprenant mon dilemme, Ellie se pencha vers moi.

— Hannah, on a en commun l'expérience malheureuse d'avoir aimé un homme ayant pris tout son temps pour régler ses problèmes avant d'accepter finalement de se mettre avec nous.

Elle se rapprocha de moi sur le canapé et me passa un bras autour du cou. Je me blottis contre elle tandis qu'elle poursuivait :

— Je vois donc très bien ce que tu veux dire, mais je vais te parler d'expérience, car je désire très fort que ma petite sœur chérie trouve le bonheur qu'elle mérite.

Je hochai lentement la tête, dans l'expectative.

— Tu l'as dit toi-même, donc au fond je sais que tu sais que ce n'était pas la faute de Marco s'il n'était pas là pour toi. C'est clair qu'il n'aurait pas dû te planter ce soir-là, mais tu ne sais pas ce qu'il aurait fait si son grand-père n'avait pas eu sa crise cardiaque. Il serait sans doute resté en Écosse, et nul ne peut savoir ce qu'il serait advenu entre vous. Je sais cependant que la Hannah de l'époque ne se laissait pas décourager facilement, je soupçonne donc fortement que tu aurais réussi à obtenir gain de cause. Mais, même si c'est triste, ça ne s'est pas passé comme ça, et Marco avait une bonne raison de quitter le pays. Et je sais que tu n'aimes pas l'explication qu'il t'a donnée pour justifier le fait qu'il n'ait pas cherché à te contacter à son retour, mais, honnêtement, je ne peux pas en vouloir à un homme qui a fait profil bas parce qu'il trouvait que ma petite sœur était trop intelligente, trop drôle, trop belle et trop forte pour lui. Je ne peux pas lui en vouloir non plus d'avoir pris le temps de régler ses problèmes avant d'essayer de te prouver à quel point il voulait être avec toi. Ça a l'air d'être un bon père, et je l'ai vu se comporter avec toi : il te traite comme si tu étais le bien le plus précieux sur cette planète. Adam et Braden étaient furieux que tu aies rompu avec lui, parce que, quitte à te voir avec quelqu'un, ils auraient bien aimé que ce soit Marco. C'est un homme honnête qui semble prêt à tout pour te protéger. C'est ce qui nous a plu à tous, chez lui, Hannah.

— Els, chuchotai-je d'un ton presque suppliant.

Je n'avais pas besoin d'entendre ce genre de chose. Ça ne faisait que m'embrouiller un peu plus l'esprit.

— Mais... (Ellie soupira.) Parfois, il faut se fier à ce que l'on ressent. Peu importe la logique, nos émotions nous trompent rarement. Cependant, je ne pense pas que Marco ne soit pas le bon sous prétexte qu'il est parti et qu'il était absent quand tout t'est arrivé. (Elle désigna Liv et Joss d'un geste du menton.) Et je ne crois pas qu'elles me contrediront.

Elles lui donnèrent raison en m'adressant de petits sourires compatissants.

— Hannah, si tu ne penses pas que c'est le bon, alors tu as sans doute raison. Mais pose-toi la question : pourquoi as-tu menti à toute ta famille pour le protéger ? Pourquoi t'es-tu élancée après Cole pour l'empêcher de s'en prendre à lui ? Pourquoi, sinon parce que tu es amoureuse ?

J'étais en proie au trouble le plus complet. Je ne voyais aucune issue possible. Même si les questions d'Ellie avaient ouvert des portes que je m'étais efforcée de tenir verrouillées depuis la rupture, j'étreignis ma grande sœur de toutes mes forces car, au moins, je n'étais plus seule à porter mon fardeau. Et rien que cela me procurait un immense soulagement.

Les filles étaient reparties vers leurs enfants et maris, mais je savais qu'elles pensaient à moi. J'avais essayé de les rassurer de mon mieux quand elles m'avaient embrassée pour me dire au revoir, mais j'avais lu le doute dans leurs regards. Je ne pouvais pas leur en vouloir. Après tout, je venais de leur fournir la preuve que je ne leur disais pas toujours la vérité...

Le calme était pesant. J'essayai de regarder la télé, de lire un livre, mais mon esprit ne cessait de vagabonder et je n'arrivais pas à trouver le repos. J'avais l'impression de me préparer à une épreuve vraiment éprouvante, tant j'étais agitée et tant mon cœur battait fort sous l'effet de l'adrénaline.

Quand mon téléphone sonna, juste avant vingt et une heures, je me demandai si j'étais dotée d'une sorte de sixième sens.

L'écran affichait le nom de Marco.

J'hésitai à le laisser basculer sur ma messagerie, mais nous méritions tous deux mieux que ça.

— Salut, dis-je doucement en me roulant en boule sur le canapé, le téléphone coincé contre mon oreille.

— Coucou.

Je fermai les paupières en entendant le son de sa voix.

— Je ne sais pas quoi dire.

— Moi non plus, répliqua-t-il. J'ai envisagé de passer, mais je n'étais pas certain que tu m'ouvrirais la porte.

— Je ne sais pas non plus si je l'aurais fait, répondis-je en toute honnêteté.

— Ouais... (Sa respiration me parut un peu chancelante.) Hannah, je peux le comprendre, mais j'ai absolument besoin de te voir. On peut se retrouver quelque part ? Il faut qu'on parle de tout ça.

— Je ne sais pas.

— Chérie, ce n'est pas possible. (Sa voix baissa d'une octave.) Laisse-nous une chance de résoudre ça.

Ses paroles tendres eurent raison de moi, l'hameçon se logea dans mon cœur et tira douloureusement dessus. Il me fallut quelques secondes pour rassembler mes esprits et déclarer :

— Laisse-moi un peu de temps.

— Après tout ce que tu as vécu, tu le mérites bien, mais je crains que tu le mettes à profit pour me tenir à l'écart. (Comme je ne répondais pas, Marco ajouta doucement :) Je vais te laisser du temps. Mais pas beaucoup. Je t'ai déjà perdue deux fois, cela n'arrivera plus.

Je t'ai déjà perdue deux fois, cela n'arrivera plus.
Je t'ai déjà perdue deux fois, cela n'arrivera plus.
Je t'ai déjà perdue...

Je secouai la tête, tentant d'en chasser les derniers mots prononcés par Marco le soir précédent. Ils tournaient en boucle dans mon cerveau.

C'était plus facile d'oublier pendant que j'enseignais, mais je n'avais qu'une demi-journée de cours, et même si je mettais généralement à profit tout mon temps libre pour préparer les leçons suivantes et corriger mes copies, je quittai l'école pour me rendre chez Cole.

Il ne ressemblait à rien.

Quand il m'ouvrit la porte, je grimaçai en découvrant son œil au beurre noir, sa peau blême et son air coupable. Sans un mot, je franchis le seuil et le pris dans mes bras pour le serrer contre moi.

— Tu n'es pas fâchée ? s'étonna-t-il en me rendant mon étreinte.

Je l'embrassai sur la joue avant de me reculer légèrement.

— Parce que tu as voulu me défendre ? Non. Pour le bleu que j'ai au front ? Peut-être un peu. (J'eus un sourire, certes triste, mais suffisant pour le convaincre que je plaisantais.) Je ne suis pas fâchée. Tu as réagi de façon impulsive, mais l'intention était noble.

Cole soupira.

— Tu ne peux pas savoir combien ça me soulage. Je m'attendais à ce que tu sois furax après avoir mis les pieds dans le plat avec Marco.

— Ça n'était pas marrant, admis-je, mais il était plus que temps. En réalité, je me sens bien mieux maintenant que tout le monde connaît la vérité.

— J'ai bien fait, alors ?

— Oh, je n'irais pas jusque-là. Tu me dois au moins un café.

Il m'adressa un sourire en coin et se dirigea vers la cuisine. Je l'y suivis, haussant les épaules en découvrant la feuille épinglée au mur de son couloir. La mention LES TOMATES NE SONT PAS DES FRUITS y était imprimée en gros caractères.

— Je croyais que les tomates étaient des fruits ?

— Quoi ? (Cole se retourna, me vit désigner son « affiche » maison et secoua la tête d'un air désespéré.) Cherche pas à comprendre, Bigsie est dans un monde à part.

— Je ne comprends pas pourquoi il tient tant à ses tomates. De là à en faire un poster...

— Et à l'épingler sur notre mur ! On peut dire au revoir à une partie de notre caution.

— Cole, tu dois te trouver un nouveau coloc, ou un nouvel appart.

— Le loyer n'est pas cher. (Il haussa les épaules.) Artistes affamés, étudiants, même combat.

C'est vrai. Tout le monde n'avait pas un frère et une sœur assez riches pour lui offrir un appartement. Je me sentis légèrement coupable de ne pas avoir eu à galérer comme de nombreuses personnes de mon âge.

Cole plissa les paupières en sortant deux mugs du placard branlant de sa cuisine bancale.

— C'est quoi, cet air coupable ?

— Rien. Je ne sais pas trop où j'en suis, ces derniers temps.

Il se radoucit, semblant soudain comprendre.

— Si tu as besoin de...

J'ignorais ce que Cole s'apprêtait à dire, et je ne le saurais jamais car nous reçûmes tous deux un message de Liv au même instant.

`Jo est en travail !`

Nous relevâmes tous deux les yeux de notre téléphone, et je sus que Cole avait reçu le même SMS car il souffla :

— Putain.

Il se mit aussitôt en branle. En moins d'une minute, il avait enfilé ses bottes et un manteau, saisi ses clés et ma main, et refermé la porte de son appartement derrière nous. Nous montâmes dans sa vieille Fiat et fonçâmes vers l'hôpital.

Neuf heures plus tard, Jo donna naissance à Annabelle Walker MacCabe, une magnifique petite fille de 3,5 kg. Durant tout le temps passé en salle d'attente, je n'avais cessé de penser à Jo et Cam, ainsi qu'à leur nouvelle famille. Quand je vis Annabelle – ou Belle, comme nous l'appelions déjà – pour la première fois, je ne pensais plus à rien d'autre, et quand je dis bonne nuit à une Jo épuisée, avant d'embrasser mes proches pour rentrer me reposer, je ne pensais encore qu'à eux.

Pourtant, un murmure persistant et trop bruyant pour être ignoré résonnait dans un coin de ma tête, regrettant que Marco n'ait pas été là pour partager ce moment. Il n'avait pas assisté à la naissance de Bray, et voilà qu'il ratait également celle de Belle.

Une partie de moi ne trouvait pas ça juste.

Et cette partie de moi me terrorisait.

22

Un peu moins d'une semaine plus tard, un samedi, je sortis de mon appartement. Les trottoirs étaient glissants, la neige qui s'y était déposée ayant fondu sous l'effet de la pluie avant de geler avec la nouvelle baisse des températures. Je contournai une vaste plaque de verglas sur mon perron et entrepris de descendre les marches.

J'étais tout excitée à l'idée de passer la journée avec Jo, Ellie, Belle et Bray. J'apportais un sac plein de surprises pour les enfants et leurs mères.

— Hannah Nichols ?

Je redressai la tête en atteignant la dernière marche et remarquai la jolie brunette qui se tenait à quelques pas de moi.

Je la détaillai, me demandant pourquoi elle me paraissait si familière.

— Oui ?

La jeune femme combla l'espace qui nous séparait et s'approcha de moi, l'air anxieux. Je me rappelai alors où je l'avais vue : sur la photo de Marco et de son fils prise au marché de Noël. C'était Leah.

Mon cœur s'emballa subitement.

— Je suis Leah McKinley, la maman de Dylan.

L'observant avec méfiance, je répliquai :

— Je sais qui vous êtes.

Elle me fixa du regard.

— Vous êtes exactement comme il vous a décrite.

Je fronçai les sourcils.

— Qu'est-ce que vous faites ici ?

Son expression se durcit.

— Je suis venue parce que je tiens à Marco. Et qu'il est en piteux état, en ce moment.

Je ne pus étouffer la douleur et la culpabilité que je ressentis à cette annonce. Depuis que nous nous étions parlé au téléphone, Marco m'avait laissé du temps. Il m'avait toutefois précisé qu'il ne m'en laisserait pas beaucoup. Et en effet, comme je ne l'avais pas recontacté cinq jours plus tard, il m'avait rappelée. Lui ayant déjà expliqué que j'avais besoin d'espace, je n'avais pas décroché.

Ni aucune des trois fois suivantes.

J'en étais incapable, car ma peur m'avait fait prendre une décision que je ne savais pas comment lui présenter.

— Écoutez, il n'est pas entré dans les détails, mais il m'a expliqué qu'il vous était arrivé quelque chose de grave quand il a quitté le pays, et qu'il se le reprochait désormais. (Elle croisa les bras, l'air ennuyé.) J'ai rencontré Marco à l'école. On ne se connaissait pas bien, mais on se connaissait. Je savais qu'il était du genre taiseux et qu'il semblait en vouloir au monde entier. Je l'ai vu changer depuis qu'il est devenu père. Il a, je ne sais pas, gagné en assurance. Il paraît sûr de lui. Et heureux. Malgré tout, je ne l'ai jamais vu aussi épanoui que quand vous vous fréquentiez. (Elle plissa les paupières pour se protéger du soleil.) Il m'a tout dit de vous, vous savez. Avant. Quand j'étais enceinte de Dylan, nous sommes devenus bons amis et il m'a parlé de vous. J'étais même un peu jalouse de la façon dont il vous percevait – comme si aucune autre fille ne vous arrivait à la cheville. Je lui ai dit des milliers de fois qu'il était quelqu'un de bien, qu'il devrait essayer de vous recontacter, mais il s'y refusait. Cela me mettait vraiment en colère, qu'il ne s'en trouve pas digne. Et aujourd'hui, je suis encore plus furax, parce qu'avec votre refus de lui pardonner ou de lui accorder un peu de temps il se pense encore plus responsable de ce qui a bien pu vous arriver. Et il recommence à penser qu'il n'est pas assez bien. Je le connais. Je sais qu'il ne ferait jamais de mal à qui que ce soit, pas volontairement, je sais donc que ce qui vous est arrivé n'est pas de son fait. Ce serait sympa de votre part de le lui confirmer.

Me sentant acculée, pleine de remords et furieuse d'être ainsi culpabilisée par une personne que je n'avais encore jamais rencontrée, je lui adressai un regard lui indiquant que je ne me laisserais pas intimider.

— Je ne suis pas certaine que tout cela vous concerne.

Elle serra les dents.

— Marco n'est pas seulement le père de mon fils. C'est aussi un ami, un homme bien qui ne mérite pas qu'on le fasse souffrir.

— Est-ce qu'il sait que vous êtes là ?

— Non, s'offusqua-t-elle. Et il serait sans doute fou de rage de l'apprendre. Mais si cela peut vous encourager à faire ce qui est juste, je suis prête à en accepter les conséquences.

— Vous ne savez pas du tout de quoi vous parlez.

— Peut-être pas. Mais nous savons l'une comme l'autre que Marco est quelqu'un de bien. Il ne mérite pas de ressentir ce qu'il éprouve. (Elle haussa les épaules, m'adressa un dernier regard pénétrant et déclara :) Réfléchissez-y.

Mon après-midi avec Bray, Belle et leurs mamans fut plus ou moins gâché par le fait que Leah ait tenté de me forcer la main avec Marco.

Je passai une bonne partie de la journée à me faire du souci pour lui, mais je finis par décider d'arrêter d'être aussi froussarde et de l'appeler.

Il ne chercha pas à me faire languir et décrocha à la deuxième sonnerie.

— Tu sais te faire désirer, dit-il doucement.

— Je t'appelle juste pour te dire que tu n'as aucun reproche à te faire. Je ne t'en veux pas pour ce qui m'est arrivé.

— C'est plus facile à dire qu'à faire, Hannah. Il y a bien une raison, si tu as rompu avec moi en apprenant pour Dylan. Tu m'as dit toi-même qu'au moins une partie de toi m'en voulait de t'avoir laissée te débrouiller seule.

— Honnêtement, chuchotai-je, c'était le cas. Je sais que ça n'était pas juste, et j'ai beaucoup cogité. Je sais que ce qui m'est arrivé n'était pas ta faute. C'était la faute à pas de chance. Nous avons simplement été irresponsables de ne pas nous protéger, voilà tout.

— Non. C'était bel et bien ma faute. J'avais de l'expérience. Mais c'était *toi*... et j'étais alors bien trop paumé pour réfléchir.

— Ça s'est passé pareil, avec Leah ? demandai-je de façon caustique.

— Hannah, pas du tout. On était tous les deux complètement pétés. C'est presque un miracle qu'on ait réussi à se déshabiller et à passer à l'acte...

— C'est bon, je ne veux pas en entendre plus.

Il resta silencieux quelques instants, puis :

— C'est à cause de Leah, pas vrai ?

— Non, répondis-je. (Puis je soupirai.) Je ne sais pas.

— Hannah, je tiens beaucoup à elle. C'est une amie et la mère de mon fils. Mais c'est toi que j'aime.

— Pourquoi est-ce aussi difficile, Marco ? Pourquoi est-ce que ça fait si mal ?

— Je ne sais pas. Je ne connais pas les règles. Tout ce que je sais, c'est que ça doit être foutrement important de ressentir quelque chose d'aussi fort pour quelqu'un. Je ferais n'importe quoi pour mon fils, Hannah. Je ferais tout pour le protéger. Pour m'assurer qu'il est aimé. Mon monde tourne autour de lui. Et je ressens exactement la même chose pour toi. J'ai envie de te protéger, j'ai envie que tu saches que tu es unique à mes yeux. Que mon monde tourne autour de toi aussi.

Mon cœur me faisait mal.

— Hannah ?

— S'il était seulement question de ce que j'éprouvais quand nous sommes tous les deux et qu'il ne se passe rien autour, déclarai-je à voix basse, nous serions ensemble. Je mettrais tout aux oubliettes et on tournerait la page. Mais la vie n'est pas si simple. Le reste de l'univers ne cesse pas brutalement d'exister. Nos erreurs existent, et on ne peut pas les enterrer. Je ne veux pas te rendre dingue et je ne cherche pas à te blesser... (ma voix se brisa) ... mais je ne crois pas que ce soit ce que je cherche aujourd'hui.

— Tu ne m'aimes plus ? s'enquit-il d'un ton bourru.

Je m'en voulais horriblement de lui faire du mal.

— Marco, je suis amoureuse de toi depuis mes quatorze ans. Et j'en souffre depuis huit ans. Je ne suis pas certaine que ce soit le genre d'amour idéal.

— Je ne savais pas qu'il y avait un bon et un mauvais genre d'amour, chuchota-t-il en retour.

— Peut-être pas. Mais j'ai besoin d'essayer quelque chose de simple.

— Ou peut-être que tu as besoin de nous laisser réessayer, maintenant que nous n'avons plus rien à cacher, insista-t-il. Hannah, quand on était gamins, je n'étais pas moi-même, et je n'ai pas voulu tenter le coup. Mais ces deux mois que nous avons passés avant Noël ont été les plus beaux de ma vie, et tout aurait été parfait si on avait été parfaitement honnêtes l'un envers l'autre. Maintenant qu'on a joué cartes sur table, on peut recommencer. Ça peut être génial. Ça peut être simple.

J'avais envie d'y croire, mais j'avais bien trop peur. Je ne cherchais même pas à m'en cacher. J'étais terrifiée.

Marco pouvait me faire plus de mal que n'importe qui, car je l'aimais de toute mon âme. J'avais laissé ses erreurs, nos erreurs, me faire plier. Je refusais cependant de les laisser me briser.

Essuyant mes larmes de mes mains tremblantes, je me préparai à prendre enfin une décision.

— Hannah ?

— Marco… (Ma voix n'était qu'un murmure, et je dus me racler la gorge pour retrouver un peu de volume.) À cause de toi, je n'ai jamais laissé sa chance à qui que ce soit. Si tu veux l'absolue vérité, il n'y a jamais eu personne d'autre. Je t'ai menti en te disant que je n'avais pas fait l'amour depuis quatre ans. Je n'ai couché qu'avec un seul homme dans ma vie.

— Hannah...

— Il est temps de me laisser essayer de tomber amoureuse de quelqu'un d'autre.

— Tu ne le penses pas sérieusement.

— Si. On se fait plus de mal que de bien. Tu dois tourner la page.

— Non, gronda-t-il. (Sa réponse me surprit sans toutefois m'étonner.) Tu es à moi. Je suis à toi. Ne t'avise pas de fuir cette vérité.

— Je ne fuis rien du tout, mentis-je. J'ai juste besoin d'un nouveau départ.

— Hannah, je t'aime.

— S'il te plaît, ne... ne rends pas les choses encore plus compliquées.

— Non. Ne me sers pas tes conneries de clichés. J'ai besoin de te voir. On ne peut pas décider de ça par téléphone. Retrouvons-nous et réglons cette affaire de visu.

Cette idée me terrifiait, car je savais que le simple fait de le voir affaiblirait ma détermination. Je m'empressai donc de refuser.

— Je ne veux plus te voir. Je veux passer à autre chose, Marco, et j'ai besoin que tu en fasses autant. Fais-le pour moi.

J'entendis son souffle se bloquer.

— Je ne peux pas. C'est peut-être très égoïste, mais je ne te laisserai pas tomber. Jamais. Si je pensais que tu le voulais vraiment, ou que tu en avais réellement besoin, je le ferais. Mais ce n'est pas le cas. Tu as seulement peur. Je sais que tu as peur. Et je vais tout faire pour dissiper cette peur.

— Arrête donc d'être aussi têtu ! aboyai-je, désespérée.

— C'est l'hôpital qui se moque de la charité, repartit-il, fort d'une résolution redoublée. Nous verrons lequel de nous deux est le plus obstiné,

Hannah, car, ma chérie, je refuse de faire une croix sur nous. Ça va prendre peut-être une semaine, un mois, une année ou plus encore, mais je sais que notre avenir est ensemble. Je veux passer le reste de ma vie à me réveiller près de toi et à attendre impatiemment le coucher du soleil pour m'endormir en toi.

Ses paroles aussi belles que sensuelles me chavirèrent.

— Tu n'es qu'un salaud, soufflai-je.

Il eut un petit rire cassant.

— On dirait bien que je suis déjà en train de gagner.

23

— Et donc, Beth passe une journée rien qu'avec son papa ? demanda Liv à Joss, d'un ton qui indiquait à quel point elle trouvait cela mignon.

Joss sourit en reposant sa tasse sur la table.

— Vu comme elle était excitée au zoo l'année dernière, et étant donné son obsession actuelle pour le monde animal, Braden voulait l'emmener au parc animalier de Stirling ; comme il est fermé pour la saison, il a décidé d'aller plutôt à l'aquarium. Il veut passer un peu de temps seul avec elle.

Je souris.

— C'est vraiment une perle, celui-là.

Joss fit la moue.

— Oui. C'est extrêmement compliqué de lui faire la tête.

Liv, Joss et moi étions au centre d'activités de Morningside, où un café jouxtait l'aire de jeux. Comme il était situé dans le même bâtiment que la garderie, il y avait quantité de personnel spécialisé pour surveiller les enfants le temps que les parents déjeunent tout en gardant un œil sur eux. Depuis notre table, nous voyions Lily et Luke s'amuser dans la zone des tout-petits, sous la supervision de deux aides-puéricultrices. January était dans son landau, dormant pour une fois paisiblement aux pieds de Liv.

Une semaine s'était écoulée depuis ma conversation avec Marco. Je m'étais réfugiée dans le travail en faisant mon possible pour éviter de songer au naufrage de ma vie amoureuse. Ça ne fut d'abord pas évident, car Marco avait dû tenir Nish informée, puisqu'elle était venue s'excuser en salle des profs. Depuis lors, elle veillait sur moi comme si j'étais en porcelaine, et elle me demandait chaque jour si j'allais bien, de son ton délicat mais involontairement insupportable.

J'avais également dû tout rapporter à Michaela. Suzanne lui avait livré sa version de l'histoire, qui comportait manifestement certaines inexactitudes. La pauvre Michaela se retrouvait désormais dans la position inconfortable d'être amie avec deux personnes qui ne voulaient plus rien avoir affaire ensemble. Je l'assurai que je ne lui compliquerais pas la tâche, sans pouvoir promettre que Suzanne en ferait autant.

Avec tout ça, j'avais du mal à aller de l'avant. C'était encore pire dans mon appartement, avec ces maudites étagères. Je sautais donc sur la moindre occasion de quitter les lieux. J'avais fait du baby-sitting pour Liv et Nate le soir précédent, et j'étais à présent en balade avec Joss, Liv et leurs enfants, tout ça pour éviter mon domicile. Même si ça n'était pas une corvée de traîner avec eux.

Quand je posai les yeux sur Lily, je découvris qu'elle nous observait. Elle m'adressa un grand coucou de la main en me voyant la regarder.

— Je reviens tout de suite.

Je sautai de mon siège et souris à Lily d'une manière qui ne pouvait pas manquer de l'amuser.

— Lily chérie, l'appelai-je en l'approchant.

Je jouai un peu avec Luke et elle, les laissant me grimper dessus avant de faire mine de les pourchasser. J'étais probablement en train de les exciter, ce pour quoi Joss et Liv m'en voudraient plus tard, mais ça me faisait du bien de rire un bon coup avec eux.

— Oh là là, haletai-je, à court de souffle.

J'étais allongée par terre, et Lily essayait de me faire des chatouilles tandis que Luke était étendu de tout son long sur ma poitrine dans l'espoir de m'immobiliser. Ils gloussaient comme des petits démons.

— Je suis prise au piège, Luke Carmichael. Tu es trop fort !

Il rit de plus belle.

— Je vais te prisonnier ici, Nanna.

— Pour toujours ? m'inquiétai-je.

— Oui, oui.

— Je crois que Hannah Nichols est enfouie sous ces enfants, mais je n'en suis pas sûr, déclara une voix au-dessus de ma tête.

Je me crispai en l'entendant ; les petits durent percevoir mon changement d'humeur, car ils cessèrent aussitôt de rigoler. Je tournai la tête pour le voir.

Un Marco à l'envers apparut dans mon champ de vision.

Merde.

Respire, Hannah.

— Euh, salut, parvins-je à dire.

— Tu as besoin d'un coup de main ?

— Allez, Luke, déclara la voix de Joss qui s'était soudain matérialisée pour récupérer son fils, toujours allongé sur moi.

Je pus dès lors m'asseoir, et elle m'adressa un regard interrogateur tout en prenant Lily par la main. Elle me demandait silencieusement si cela m'allait de rester seule avec Marco.

Euh... honnêtement, je n'en étais pas certaine.

J'acquiesçai néanmoins en me mettant debout. Je la vis ramener les enfants vers la table où les attendaient Liv et January.

Je me retournai vers Marco, debout au bord de l'aire de jeux. Il tenait par la main le plus mignon des petits garçons. J'eus un pincement à la poitrine en le regardant.

Dylan.

Il avait la couleur de peau de Marco, les mêmes yeux d'un bleu-vert saisissant, et il était doté d'adorables boucles brunes. Il était grand, pour ses trois ans, ce qui signifiait qu'il pousserait probablement autant que son père, et il arborait une expression à la fois curieuse et sérieuse qui me rappela tant Marco que la douleur s'intensifia.

Éprouvant des choses que je ne m'étais pas attendue à ressentir, je les dévisageai l'un après l'autre et finis par articuler :

— Il est très beau.

La main de Marco serra celle de son fils, et il le considéra avec un mélange de fierté et d'adoration.

— Ouais.

Subitement, je me sentis de nouveau gênée d'être en sa présence, et je tentai de dissimuler mon malaise derrière un regard noir.

— Il y a des centaines de garderies dans Édimbourg, et il a fallu que tu choisisses celle-là ? Sérieux ?

Le sourire de Marco était légèrement moqueur.

— On dirait que l'univers veut m'aider à gagner.

Je lui aurais volontiers sorti une repartie bien sentie, sauf que Dylan était là. Sans compter que

Marco peinait à dissimuler sa tristesse derrière ses taquineries.

Jugeant le moment inopportun pour analyser mes sentiments, je baissai la tête vers Dylan. Il n'arrêtait pas de nous observer, son père et moi, se demandant manifestement qui j'étais.

— Dylan, reprit alors Marco, voici Hannah. Hannah, je te présente Dylan.

Je souris au modèle réduit de Marco.

— Coucou, Dylan.

Il se colla contre la jambe de son père.

— Coucou, répliqua-t-il doucement en serrant une peluche contre sa poitrine.

En y regardant de plus près, je me rendis compte qu'il s'agissait de Sulli, de *Monstres et Cie*.

Je faillis fondre.

— C'est un de mes personnages préférés, lui dis-je en le désignant.

Les yeux de Dylan s'écarquillèrent légèrement.

— Tu aimes bien Flash McQueen, aussi ? demandai-je en faisant référence au héros de *Cars*.

Dylan acquiesça.

— Il adore les Pixar, intervint Marco. Vous vous entendriez à merveille, tous les deux.

Je sus que mon sourire était légèrement triste quand je répondis :

— Il est super. Je crois que la roue a bien fini par tourner en ta faveur, Marco.

Son air se fit déterminé.

— Et elle n'a pas fini de tourner. À l'évidence.

Il n'y avait absolument rien à répondre à cela, mais je n'eus de toute façon pas à me creuser la cervelle. Une jolie brunette s'approcha, captant mon attention. Elle posa les doigts sur le bras de Marco pour attirer la sienne.

— Tu ne pars pas tout de suite, si ?

Marco la dévisagea un instant, et je le connaissais suffisamment pour savoir qu'il était distrait par la conversation silencieuse que nous entretenions tous les deux. Il lui fallut donc quelques instants pour comprendre la question.

— Euh... je viens de récupérer Dylan pour notre week-end ensemble. On a d'autres projets.

La jeune femme posa les yeux sur moi, et j'y lus une interrogation malheureuse.

— Marco est l'un des rares pères célibataires à venir ici. Comme vous pouvez vous en douter, il est très sollicité. (Son interrogation se mua en une espèce de menace tacite.) Je ne vous avais encore jamais vue ici. Lequel est votre petit monstre ?

Ses faux airs et son ton doucereux me donnèrent la nausée.

— Oh, je n'ai pas d'enfant. J'étais juste venue voir si l'un des pères célibataires du centre cherchait une compagne de jeu occasionnelle. (J'adressai à Marco un clin d'œil exagéré.) Marco est un super compagnon de jeu. L'un des meilleurs.

Elle considéra celui-ci d'un air hagard, et il eut toutes les peines du monde à ravaler son éclat de rire.

— Je... euh... (Elle se retourna vers moi, le front plissé, la mine consternée.) Je, euh, eh bien je vais... euh... à la prochaine fois, alors.

Elle recula de quelques pas, puis s'empressa de traverser la salle pour rejoindre une petite fille.

Marco s'autorisa alors à rire.

— Un compagnon de jeu ?

Sans quitter la brunette du regard, je répondis :

— Elle veut un rendez-vous pour « surveiller les enfants » ensemble.

Je l'étudiai ensuite, l'air suspicieux. L'atroce brûlure de la jalousie me consumait la poitrine.

— À moins qu'elle n'en ait déjà obtenu un ?

— Leah et Graham ont emménagé à Morningside il y a deux mois à peine, et toi et moi jouions souvent ensemble, à l'époque. Depuis, je n'ai pas eu d'autre compagne de jeu. (Il haussa un sourcil et rassura en lui serrant la main un Dylan qui se lassait de plus en plus.) Mais je suis content de te savoir un peu jalouse.

— Pas du tout.

Il eut un sourire entendu et passionné. Un sourire qui me rappela tout ce que nous avions encore, quelques courtes semaines auparavant.

Je plissai le nez.

— Il faut que je retourne voir les filles. (Je posai les yeux sur Dylan.) Ravie de t'avoir rencontré, Dylan. Bye !

Je lui fis un petit signe de la main.

— Bye, répondit-il de son air de petit garçon sérieux.

Débordante de nouveau d'émotions, je chuchotai à Marco :

— Il a tes yeux. C'est ton portrait craché.

Les muscles de ses mâchoires se contractèrent, et je sus qu'il s'efforçait de ravaler sa réponse. Pour l'y aider, je les saluai derechef et allai rejoindre mes amies.

— Il est parti ? leur demandai-je en regardant droit devant moi.

Liv jeta un coup d'œil par-dessus mon épaule.

— Ouais, avec son adorable petit garçon. Sérieux ? Les deux ensembles ? Waouh.

— Tu es folle. Tu le sais, pas vrai ? déclara Joss d'un ton neutre avant de boire une gorgée de café.

— Pourquoi ?

— D'avoir laissé tomber un garçon qui te regarde comme le fait Marco. Je trouvais que

Braden savait prendre un air songeur et possessif à la fois, mais Marco est dans une catégorie à part.

Mon cœur manqua un battement à cause d'un papillonnement désagréable au fond de ma gorge.

— Quoi ?

Liv opina son accord.

— Hannah, si tu avais vu sa tête quand tu parlais à Dylan... mon Dieu, il était incapable de décoller les yeux de toi.

— C'était trop canon, renchérit Joss. Possessif. Sexy.

— Tendre, aussi. Doux. Plein d'adoration.

Liv poussa un soupir, et Joss eut un sourire narquois.

— Le... plus... merveilleux... des regards...

Le cœur battant la chamade, je les toisai d'un œil torve et répondis résolument :

— Vous ne me ferez pas changer d'avis en me décrivant ses expressions. Marco et moi, c'est terminé.

Si maintenant j'arrivais à m'en convaincre moi-même, ce serait fantastique.

Je n'imaginais pas quelles stratégies Marco mettrait au point pour tenter de me récupérer. Je m'attendais sans doute au même traitement qu'avant : des apparitions inattendues dans tous mes lieux de loisir.

Une séduction lente.

Cependant, il me prit complètement au dépourvu. À tel point que je tombai dans le panneau la tête la première.

Je déduisis de la rédaction de l'un de mes quatrièmes sur *Le Songe d'une nuit d'été* qu'il goûtait peu la thématique actuelle. Je crois que c'est le commentaire « Puck est un branleur » qui me mit réellement sur la voie.

Je soulignai cette pensée philosophique au stylo rouge et inscrivis dans la marge : « Donne des exemples pour justifier ta conclusion. » Nous discuterions en tête à tête de l'usage déplacé des mots orduriers. Nous le faisions quasiment de façon hebdomadaire, rien de neuf sous le soleil.

Souffrant du haut du dos à force de rester assise par terre à corriger des copies, j'étirai mes épaules en arrière et poussai un soupir de satisfaction en les sentant craquer légèrement. Je compulsai l'horloge en grimaçant. Il était presque vingt et une heures. Je savais que, si je ne me levais pas bientôt, j'aurais les fesses tout engourdies, mais il ne me restait que quelques copies à relire.

Mon appartement était si calme que mon cœur bondit jusque dans ma gorge quand on sonna à la porte. Pas à l'interphone, directement à la porte.

Me demandant qui cela pouvait être à une heure si avancée, je me dirigeai vers l'entrée à pas de loup. Soudain légèrement nerveuse, je portai l'œil au judas. Minuscule au milieu du cercle de verre se trouvait la figure de Marco.

— Putain ?! murmurai-je.

Il frappa.

— Hannah ?

J'étais à la fois troublée et méfiante ; cependant, j'étais soulagée qu'il ne s'agisse pas d'un détraqué.

J'entrouvris la porte pour lui demander comment il avait réussi à pénétrer dans l'immeuble, mais il plaqua sa bouche sur la mienne, m'étreignit par la taille et entra sans y avoir été invité. Je m'agrippai à lui, surprise, et l'entendis claquer la porte.

Puis, subitement, son arôme, son odeur, sa présence tout entière m'envahirent et je lui rendis son baiser.

Il me fit décoller du sol et alla m'asseoir sur le buffet du vestibule. Il se positionna entre mes jambes, et je les enroulai instinctivement autour de lui. Son baiser était avide, envoûtant, et je perdis toute maîtrise en réagissant avec fougue. Mon corps entier savait que nos ébats lui avaient manqué.

Mon âme avait conscience qu'il n'attendait que cela.

Marco se recula le temps d'attraper le bas de mon maillot et de me le retirer. Je levai les bras pour lui faciliter la tâche, et le vêtement s'envola derrière lui avant que ses doigts habiles s'attaquent à mon soutien-gorge.

Malgré le feu qui nous consumait, je frissonnai. Mes mamelons étaient durs comme de la pierre, ce qui arracha un râle guttural à Marco quand il prit mes seins en coupe. J'arquai le dos avec un soupir tandis qu'il les pétrissait, me déclenchant des flèches de plaisir dans le ventre et les jambes.

Cette sensation s'accrut quand il se mit à me tirer doucement les cheveux, rapprochant sa bouche de mes tétons. Il pencha légèrement la tête, le regard affamé braqué sur mes paupières mi-closes. Il suçota brusquement, et un mélange de plaisir et de douleur me frappa ; puis il entreprit de lécher ma pointe endolorie avant de s'intéresser à l'autre.

Voulant sentir ses muscles puissants et sa peau lisse sous mes mains, j'entrepris de le dépouiller de son tee-shirt à manches longues.

Comprenant aussitôt, il remua impatiemment pour m'aider. Quand il fut torse nu, je le saisis derrière les épaules et l'attirai brusquement contre moi pour l'embrasser de plus belle. Je caressai son dos puissant d'une main, me servant de l'autre pour parcourir ses pectoraux, puis ses abdominaux. En les sentant se contracter sous mes doigts, j'essuyai une nouvelle déferlante de désir.

Il me connaissait si bien qu'il écarta ses lèvres des miennes pour me susurrer, à court de souffle :

— Tu mouilles pour moi ?

Nos prunelles embrumées d'envie se croisèrent, et je chuchotai :

— Je suis à deux doigts de jouir.

Son regard s'embrasa.

— Alors je vais te finir avec la bouche, promit-il.

Mon ventre se noua et je me sus subitement plus humide encore. J'étais toujours excitée avec Marco, j'avais sans arrêt envie de lui, mais je ne me souvenais pas d'avoir déjà été si chaude et désespérée. Ses baisers se déplacèrent sur ma mâchoire, mon cou, tandis qu'il multipliait les petits coups de langue. Je fis rouler ses tétons sous mes pouces, enfonçai doucement mes ongles dans sa chair, et me mis à haleter quand il déboutonna mon pantalon. Je cessai de le toucher momentanément pour m'appuyer sur les mains et soulever les fesses, lui permettant de faire glisser mon jean.

Ma culotte le suivit de très près, et, sans une once de honte, je le laissai m'écarter les cuisses pour m'observer.

Ses traits tendus trahissaient son désir animal, qui faisait écho au mien. Mon cœur battait la chamade, je pantelais d'impatience, ma poitrine se soulevait au rythme de mon souffle.

— Tu m'as promis de me finir avec la bouche.

Ma voix l'arracha à son intense contemplation, et il recommença aussitôt à m'embrasser. Il m'attrapa derrière les genoux et serra mes jambes autour de lui, de sorte que le renflement de sa braguette m'effleure le clitoris, le faisant palpiter délicieusement. Je le pris par le cou, écrasant mes seins douloureux contre son torse. Il ne cessa pas de m'embrasser en me caressant le dos, et nous ondulâmes des hanches dans le même rythme.

La pression de son érection s'accentua, faisant encore croître mon excitation, et j'essayai de forcer le contact en enfouissant les doigts dans ses épaules.

Marco grogna dans ma bouche, et je faillis jouir tant c'était excitant.

Puis ses lèvres abandonnèrent les miennes et tracèrent un sillon le long de ma poitrine, de mes côtes, de mon ventre. Il se retrouva alors à genoux, m'écartant les cuisses des deux mains.

Je le regardai faire dans un état second, et il se mit à lécher.

— Oh, mon Dieu, hoquetai-je.

Je rejetai la tête en arrière, répétant son nom à l'envi tandis qu'il me torturait de ces légers contacts.

Puis il trouva mon clitoris.

En décrivit le tour du bout de la langue.

Je m'envolai un peu plus.

Et me crispai soudain.

Il me suçait le clitoris. Fort.

J'atteignis l'orgasme dans un cri, puis sombrai dans un oubli merveilleux.

Encore toute tremblante, j'eus à peine conscience que Marco se remettait debout et baissait sa braguette. Quelques secondes plus tard, il m'attrapa de nouveau par les cuisses et me fit glisser vers le bord du meuble. J'avais les mains à plat sur le bois, les bras légèrement fléchis derrière moi. Tant mieux. J'étais ainsi stable et prête à l'accueillir. Il me pénétra puissamment.

— Regarde-moi, exigea Marco d'une voix rauque et gutturale.

Je rouvris les paupières et nos regards brûlants se défièrent.

J'écartai les lèvres tandis qu'il continuait de me baiser et qu'un autre orgasme menaçait déjà de m'emporter. Mon excitation était encore accrue par la manière dont il me dévisageait tout en allant et venant en moi.

— Ouais ? haleta-t-il sans me quitter des yeux.

— Ouais, confirmai-je, à bout de souffle.

Il raffermit sa prise et me pilonna plus fort.

— Jouis pour moi, mon amour.

Une perle de sueur glissait sur son front, tant il se retenait pour retarder son éjaculation.

— Je vais venir, promis-je en agitant les hanches. Mon amour, je jouis, je jou...

Je me contractai. Puis je retombai dans le même précipice pour mon deuxième orgasme, plus court et plus intense que le premier, mais non moins fantastique.

Je frémis contre Marco tandis qu'il poursuivait ses va-et-vient et que je me contractais autour de sa verge.

Il se crispa à son tour et me serra à m'en faire mal.

Les yeux braqués sur moi, il gémit en serrant les dents.

— *Putain.*

Son bassin tressauta contre moi quand il déchargea.

Il lâcha ma jambe droite et m'embrassa profondément. Je resserrai les mollets autour de lui pour le forcer à se rapprocher, adorant le sentir soubresauter inconsciemment.

Peu à peu, nos muscles se détendirent et la brume du plaisir commença à se dissiper, laissant la réalité refaire surface.

Je le repoussai au niveau du torse et mis un terme à notre baiser. Je ne fis aucun cas de la consternation dans ses prunelles.

— Ça ne change strictement rien, affirmai-je.

J'avais l'impression de revivre la première fois que nous nous étions remis ensemble, trois mois plus tôt. Sauf que, à présent, nous n'avions plus de secrets l'un pour l'autre.

Marco s'énerva.

— Tu en es sûre ? Car, si j'ai bien compris, je t'ai fait jouir deux fois. Une fois avec ma bouche, une autre avec ma bite. À mon avis, ça signifie quand même que les choses ont changé.

Je me rembrunis.

— J'avais juste besoin de me défouler, rien de plus.

Son expression se durcit. Cette fois, j'avais dépassé les bornes. Il remit les mains sur mes cuisses, m'attira contre lui et me glissa les paumes sous les fesses avant de me soulever, de sorte que je n'eus d'autre choix que de me raccrocher à lui pour ne pas perdre l'équilibre. Je l'attrapai par les épaules et il me porta jusqu'à ma chambre.

— Qu'est-ce que tu fais ? fis-je d'un ton brusque en essayant vainement de me libérer.

Sans me répondre, il me lâcha sans délicatesse sur le lit. Il baissa son pantalon et s'en débarrassa tandis que je tentais de m'enfuir du lit. Plus rapide que moi, il me saisit les poignets et s'allongea sur moi, me plaquant au matelas.

— Je vais te baiser jusqu'à ce que tu sois bien défoulée, alors.

Je plissai les paupières et, malgré toute ma force, ne parvins pas à le repousser.

— Il faut que tu partes.

— D'abord, on baise.

Mon ventre se noua à cette idée ; manifestement, mon désir n'était pas tout à fait assouvi. Quand il s'en rendit compte, il eut une moue satisfaite.

— D'accord !

Je finis par céder car… franchement, car j'avais envie de lui et ne parvenais pas à raisonner avec lucidité.

— Mais tu ne peux pas rester ensuite.

— Promis, répondit-il d'un ton sinistre en dévorant mes lèvres du regard. Mais avant de partir, je vais te faire jouir une nouvelle fois.

Et il s'exécuta.

Brillamment, pourrais-je ajouter.

Il m'emplit de sa chaleur, de son désir et de sa tendresse.

Cependant, dès que nous eûmes terminé, il tint parole et quitta l'appartement.

Et subitement, je me sentis de nouveau vide.

24

— Marco, haletai-je quand il se mit à bouger en moi.

Nous étions l'un et l'autre sur le côté. Sa main chaude me tenait le sein, tandis qu'il me pénétrait par-derrière.

Je jouis puissamment, hurlant mon plaisir en tremblant de tous mes membres. Quelques secondes plus tard, Marco m'imita, raffermissant sa prise tout en grognant contre mon cou.

Je restai allongée là, à tâcher de reprendre mon souffle et recouvrer mes sens.

Le contact délicat de ses lèvres sur mon épaule me ramena à la réalité. Il se retira et je sentis sa chaleur disparaître. Je me retournai et le vis sortir du lit pour s'habiller.

Nous jouions à ce petit jeu depuis deux semaines. Marco se présentait chez moi à l'improviste, je le laissai entrer, puis nous faisions l'amour jusqu'à l'épuisement, et mon cœur s'en retrouvait encore plus chamboulé qu'avant. Je ne pouvais pas m'empêcher de céder à la tentation. Et chaque fois qu'il partait, je me sentais plus vide que précédemment. Notre relation actuelle était une pâle imitation de ce que nous avions vécu pendant quelques mois.

Ce soir-là, en revanche, fut pire que tous les autres.

Marco ne s'était même pas donné la peine de me nettoyer, alors que c'était devenu un rituel. J'avais toujours trouvé cela adorable.

En le regardant achever de boutonner sa chemise, je le vis agité, voire en colère. Je voulus lui demander ce qui n'allait pas, mais je ne voulais pas lui laisser croire qu'il y avait plus entre nous qu'une simple histoire de cul. Quelles qu'en soient les conséquences.

Je devais y mettre un terme. Y mettre un terme tout de suite. Mais je n'étais pas certaine d'être prête à le rayer de ma vie pour de bon. Je pensais pouvoir…

Je m'arrachai à ma contemplation pour me perdre dans celle du plafond. Il était plus que temps de mettre de l'ordre dans mes idées.

— Tu ne vas même pas dire un mot ?

Je dirigeai mon regard vers lui. Il se tenait les mains sur les hanches, les jambes légèrement arquées ; il émanait de lui de puissantes vibrations de macho furibond. Sans me laisser intimider par cette attitude menaçante, je répliquai :

— Qu'est-ce que tu veux que je te dise ?

Un éclair d'incrédulité traversa ses prunelles, et il se pencha en avant pour rétorquer d'un timbre guttural :

— Je voudrais que tu arrêtes tes conneries, que tu reconnaisses que tu as eu tort et que tu m'aimes. Cet arrangement ne tient pas la route, tu le sais pertinemment.

Je parvins miraculeusement à garder un air complètement neutre.

— C'était tout ce que j'étais prête à t'offrir. Mais maintenant, je pense effectivement qu'il est temps d'y mettre un terme.

En dépit de sa moue dédaigneuse, il grogna :

— Comme si j'allais laisser tomber si facilement.

D'accord. Je soupirai, manquant d'énergie pour une dispute.

— Je te vois demain, alors ?

Il souffla bruyamment, semblant à court de patience. Il secoua la tête.

— Pas possible, j'ai un service à rendre à Leah. Je reviendrai lundi, après mon week-end avec Dylan.

J'acquiesçai avec nonchalance, ce qui le mit encore plus en rogne. Je le sus car il sortit en trombe de mon appartement, sans même me dire au revoir.

Je tendis la main vers mon téléphone, posé sur ma table de chevet, et envoyai un SMS à Cole.

`Je ne sais plus où j'en suis.`

— OK, donc ta solution pour me faire oublier Marco, c'est de m'emmener au *D'Alessandro's* ?

Je fronçai les sourcils en considérant la devanture.

Cole gloussa.

— Quoi ? La bouffe y est excellente.

— On aurait pu aller n'importe où ailleurs, grommelai-je. Scélérat.

Cole me saisit la main en riant et m'entraîna dans la chaleur agréable de l'établissement de l'oncle de Marco.

— Tu sais qu'on va passer l'essentiel du repas à parler de lui et de tes problèmes hormonaux en sa présence, alors autant le faire en mangeant dans son affaire familiale.

Sans lui lâcher la main, je l'avertis :

— Eh bien, pour info, je vais me venger en parlant de lui pendant *tout* le repas.

Il me pressa les doigts.

— Je devrais réussir à survivre.

Nous nous arrêtâmes à l'accueil et Cole donna son nom. L'hôtesse nous mena vers l'arrière du restaurant, et je m'apprêtai à répondre au commentaire taquin de mon ami quand il s'immobilisa subitement. Je lui rentrai dedans, prise dans mon élan.

— Qu'est-ce…

Ma voix se brisa quand mon regard suivit le sien.

Marco.

Et il n'était pas seul.

Mon estomac se recroquevilla quand je le vis sourire à une blonde que je ne connaissais pas.

Cole fit mine de se diriger vers eux, me broyant la main.

— Qu'est-ce que tu fous ? sifflai-je.

Je me sentais sur le point de faire une crise de nerfs, et je ne voulais pas que ce salopard de Marco assiste à ça.

— Fais-moi confiance, me répondit Cole.

Alors que nous approchions, je me rendis compte que Marco et sa cavalière partageaient en réalité leur table avec Leah et un beau brun qui devait être son fiancé, Graham.

Je posai mes prunelles furibondes sur Marco.

Une sortie entre couples.

J'allais vomir. Ou le tuer. Nous n'étions qu'à quelques mètres d'eux quand il redressa le menton. Son expression s'adoucit quand il me remarqua ; puis il avisa ma main dans celle de Cole, et son air se durcit instantanément.

Sérieux ?

Il sortait avec une fille alors que j'étais là avec un ami, et c'est *lui* qui était furieux ?

— Marco, le salua Cole d'un ton affable. Je voulais juste m'excuser pour... euh, tu sais... (Mon meilleur ami observa la blonde à son côté.) J'espère que je ne vous dérange pas en plein rencard.

Marco me défia du regard, et je sus qu'il avait envie d'étrangler Cole.

— Ce n'est pas...

— On ne voulait pas vous interrompre, dis-je en m'efforçant soigneusement d'éviter le regard de Leah tout en tirant sur la main de mon ami. On vous laisse dîner tranquillement. Viens, Cole.

Cole adressa à Marco un sourire coincé avant de me prendre par la taille pour m'entraîner vers l'hôtesse, qui nous attendait plus loin. Dès qu'elle nous eut montré notre table, Cole soupira et déclara :

— Tu trembles comme une feuille.

— J'essaie de me retenir de commettre un meurtre, déclarai-je entre mes dents serrées. Viens, on rentre.

— Sûrement pas. (La colère de Cole était flagrante.) Il n'a pas le droit de te faire ça.

— Il ne fait rien du tout. C'est moi. Je m'inflige ça toute seule, marmonnai-je avec rage. Je lui envoie des signaux contradictoires, il m'envoie des signaux contradictoires. Tout n'est qu'affaire de signaux contradictoires. Et j'aimerais vraiment rentrer à la maison avant de faire une bêtise.

Cole se pencha vers moi et posa son front contre le mien, si bien que je ne pouvais plus regarder que ses yeux ou la table. J'optai pour ses yeux.

— Je suis désolé de t'avoir amenée ici. Mais il sait que, même si tu es apparemment bouleversée, tu l'aimes du fond du cœur. Pourtant, il sort avec une autre ? C'est lui que j'ai envie de secouer, pas toi.

— Laisse tomber.

— Non, je ne laisserai pas tomber. Tu trembles.

— C'est de colère. Cole...

Il m'interrompit en prenant ma figure entre ses mains pour m'embrasser délicatement sur les lèvres. Quand il se retira finalement, je le dévisageai, les yeux écarquillés, légèrement inquiète.

— Qu'est-ce que tu fous ?

— Je lui rappelle qu'il ne t'a pas encore reconquise et que, s'il n'y met pas plus du sien, il risque de te perdre pour de bon.

Il sourit sans l'ombre d'un regret.

J'adorais mon meilleur ami. Littéralement. Je me penchai vers lui pour lui déposer un baiser sur la joue.

— Tu es le meilleur, mais si je suis aussi paumée, c'est que je ne veux pas qu'il y mette plus du sien. Je veux que tout cela se termine. Je ne sais juste pas comment tourner la page.

Cole s'approcha de nouveau et, la bouche à quelques centimètres de la mienne, il chuchota :

— Arrête de te mentir, Hannah Nichols. Tu es amoureuse de lui. Tu le sais. Sans quoi, tu ne te mettrais pas dans des états pareils.

Avant même que je puisse nier, une ombre tomba sur notre table, et nous dûmes nous reculer légèrement pour observer le visage furibond de Marco, sur notre droite. Une flamme démoniaque dansait dans ses prunelles extraordinaires. Toute sa haine était dirigée contre Cole.

— Tu as deux secondes pour t'éloigner d'elle avant que je te démolisse dix millions de fois plus fort que sur le chantier.

Je repoussai instantanément ma chaise et me levai, ne supportant pas de les imaginer se battre de nouveau. De toute façon, si quelqu'un devait décocher un coup de poing ce soir, ce serait moi.

En me voyant réagir de la sorte, Marco se tourna vers moi et concentra toute sa colère sur ma personne.

— Il n'y a rien entre vous, hein ?

Je suffoquai d'indignation.

— Tu te fous de ma gueule ? C'est comme ça que tu essaies de recoller les morceaux ? En sortant avec une blondasse et la mère de ton fils ?

Il serra les dents et cracha :

— Je rends un service à Leah, ça s'arrête là.

— Alors pourquoi ne m'en as-tu pas parlé hier soir ?

— Parce que, à t'entendre, toi et moi ça n'est qu'une affaire de cul. Je ne pensais pas que tu le prendrais si mal.

Oh, mon Dieu, comment m'étais-je encore fourrée dans ce merdier émotionnel ? Je m'adossai contre Cole, lui faisant silencieusement comprendre qu'il était temps de partir.

— Tu avais raison. Je m'en fous complètement.

Mais Marco n'allait pas me laisser filer. Il se retrouva soudain si près de moi que je dus tordre le cou pour le regarder.

— Qu'est-ce que tu attends de moi ? Tu me dis que tu as simplement besoin de m'oublier, puis tu te comportes en épouse jalouse. Est-ce que je me serais trompé sur ton compte, Hannah ? Serais-tu, toi aussi, une de ces femmes qui cherchent à manipuler les mecs de façon aussi tordue qu'incompréhensible ? Parce que, dans ce cas, ça ne m'intéresse effectivement pas du tout.

Ses mots me firent l'effet d'un coup de poing. Le souffle court, je me ratatinai contre Cole, qui me tenait désormais les bras comme pour se retenir de se ruer sur Marco.

— On est enfin sur la même longueur d'onde, parvins-je à souffler.

Je tournai les talons et m'enfuis, entendant les pas de Cole suivre les miens.

Je n'avais pas fait deux mètres que d'autres pas, plus lourds et plus rapides, se joignirent à la course. Mon bras fut soudain pris dans un étau. J'eus un hoquet de surprise et affrontai le regard déterminé de Marco. Il ne pipa mot, se contentant d'avancer vers le couloir du restaurant. Je m'empourprai, car l'attention de tous les convives était désormais focalisée sur nous.

— Qu'est-ce que tu fous ? aboyai-je en tâchant vainement de me libérer.

Je jetai un coup d'œil en arrière et constatai que Cole ne tenterait rien pour me libérer.

— Cole ? l'appelai-je.

Il haussa les épaules.

Il haussa les épaules !

Il venait de faire son apparition sur ma liste de personnes à tuer.

Dans la faible lueur du couloir, nous dépassâmes les cuisines, tournâmes à un angle et avançâmes jusqu'au fond. Marco frappa à la porte et me traîna à l'intérieur.

Nous nous trouvions dans un petit bureau. Des étagères recouvraient presque tous les murs. Au centre de la pièce, une vaste table accueillait un ordinateur et des piles de papier. Un bel Italien d'un certain âge était installé là pour travailler. Je l'avais déjà vu à quelques reprises dans le restaurant. Gio D'Alessandro.

Je me crispai.

C'était lui qui avait maltraité Marco. L'homme qui l'avait cogné. Je sentis de petites serres invisibles pousser au bout de mes doigts et je dardai sur Gio un regard assassin.

Il nous dévisagea, surpris.

— Tout va bien ?

Il se leva. Il était grand et encore en forme pour son âge. S'il s'était agi de n'importe qui d'autre, j'aurais admiré sa grâce naturelle.

— Gio, je te présente Hannah. On peut t'emprunter ton bureau cinq minutes ?

La lueur qui illumina les prunelles du restaurateur m'indiqua qu'il avait entendu parler de moi. Cela me surprit. Marco aurait parlé de moi à son oncle ?

— Heureux de vous rencontrer, Hannah, déclara-t-il avec un sourire avant de s'éclipser.

Je ne lui répondis rien.

Dès que Gio eut refermé la porte derrière lui, Marco me lâcha le bras et je m'éloignai de quelques pas. Refusant de le regarder, j'examinai la pièce, et notamment le bureau du patron. Une photo encadrée le montrait tenant Dylan dans ses bras et le considérant avec un amour inconditionnel.

— Dylan, dis-je en comprenant, désormais incapable de *ne pas* regarder Marco. C'est lui qui a fait évoluer ton oncle.

Marco m'étudia longuement.

— Il a finalement compris que je n'étais ni mon père ni ma mère. À vrai dire, je crois qu'il trouve que je suis un bon papa. Et il adore mon fils.

J'étais sincèrement heureuse que les choses se soient finalement arrangées. Qu'il ait réussi à pardonner à son oncle, à tourner la page et à avoir une vraie famille pour la première fois de sa vie. Cependant, je me gardai bien de le lui dire. Je ne voulais pas qu'il sache à quel point son bonheur comptait pour moi. Au contraire, je l'agressai verbalement.

— Tu avais un but précis, en m'humiliant publiquement ?

— Ta façon de te comporter avec Gio juste à l'instant… (Il fit un pas vers moi, se fichant résolument de ma question.) C'est comme ça que je sais que tu tiens encore à moi.

Malheureusement incapable de trouver une réponse intelligente, je préférai garder le silence.

Marco soupira et se passa la main dans les cheveux, mal à l'aise.

— On ne fait que dîner. Moi et la blonde. C'est la cousine de Leah, elle n'habite pas en ville. Elle sort d'une rupture difficile et Leah voulait lui changer les idées. Il ne se passera jamais rien. (Il fit un pas vers moi.) Mais j'ai été idiot d'accepter alors que je voulais repartir sur de bonnes bases avec toi. Je suis désolé.

Je persistai dans mon mutisme, craignant ce que je pourrais dire si j'ouvrais la bouche. J'étais à fleur de peau et très près de lui balancer tout ce que j'avais sur le cœur en une longue tirade hystérique.

Marco ne parut pas le comprendre. Je voyais bien qu'il pensait que je m'entêtais. Son regard se durcit d'agacement.

— Toi et Cole ? (D'accord, il s'agissait plus de jalousie que d'agacement.) Tu me mens à son sujet depuis longtemps ?

Je haussai les sourcils face à cette accusation.

— Tu crois vraiment que s'il y avait quelque chose entre nous il t'aurait laissé l'évincer sans réagir ?

— Alors il voulait juste me foutre en rogne ?

— Oui. Pas parce que je lui ai demandé, m'empressai-je de préciser. Mais je crois que coucher avec toi m'a embrouillée, car… j'avoue que j'étais furax de te voir avec une autre femme. Ce qui est ridicule ! Comme je te l'ai dit hier soir… il faut qu'on arrête.

Marco pivota alors et mon cœur s'arrêta de battre quand je crus qu'il allait simplement me planter là. Au lieu de quoi, il donna un tour de clé.

Je me détendis, soulagée.

Quoi ?

— Je ne sais plus où j'en suis.

Je levai les mains, me fichant éperdument d'avoir dit cela à voix haute.

Marco revint vers moi à grands pas. Une seconde plus tard, j'étais dans ses bras, plaquée contre lui. Il me caressa le dos et me susurra avec effronterie :

— Tu veux qu'on arrête ? Alors dis-moi non.

Il commença à m'embrasser et je me sentis fondre.

Cependant, j'étais toujours déchirée entre des sentiments contraires et, même si j'adorais ses baisers, je savais que j'allais continuer à nous faire souffrir tous les deux.

Je le repoussai fermement. Le souffle court, je plongeai mon regard dans ses yeux surpris.

— Non.

Ses doigts mordirent dans ma taille par réflexe.

— Han…

— Je t'ai envoyé des tas de signaux horriblement contradictoires. (Je me libérai de son étreinte, imposant une distance nécessaire entre nous.) Je suis navrée. Vraiment, vraiment navrée. Mais je dois y mettre un terme. Ce n'est juste ni pour toi ni pour moi. Il faut qu'on arrête.

— Ou alors, tu pourrais reconnaître que tu flippes à l'idée de me laisser une autre chance de te prouver que tu n'as pas à avoir peur. Que toi et moi, ça peut marchcr.

Je secouai la tête et fis un vaste geste du bras pour désigner la situation dans laquelle nous nous trouvions.

— On nage en plein psychodrame.

— Ah ouais ? rétorqua-t-il. Et alors ? Tout le monde connaît des drames. Mais on s'en relève.

Il essaya de combler l'espace nous séparant, mais je me reculai derechef. Cela le mit en rage.

— Tu sais quoi ? J'ai merdé, il y a cinq ans. Dans les grandes largeurs. Et je ne me le pardonnerai sans doute jamais. Mais je ne peux pas me battre si tu ne veux pas te battre à mes côtés. Tu sais ce que ça me fait de te quitter chaque soir ? Ça me rappelle le connard qui t'a plantée il y a cinq ans. Et je refuse de rester ce gamin-là. (En deux enjambées, il put poser les mains sur mes épaules.) Fini de jouer, Hannah. S'il te plaît. Stop. Soit tu acceptes de saisir cette chance avec moi, soit tu refuses et je disparais pour de bon.

Son ultimatum me tétanisa.

La peur me paralysait.

Un voile de douleur recouvrit les prunelles de Marco, qui me lâcha doucement. Figée sur place, incapable de le retenir, je le regardai se diriger vers la porte pour la déverrouiller.

— Tu ferais mieux d'aller rejoindre Cole et moi, mon *rencard*.

— Marco... (Mes lèvres avaient bougé d'elles-mêmes pour prononcer son prénom, l'implorant de comprendre.) On n'arrête pas de se faire du mal.

— Non. (Il me jeta un regard par-dessus son épaule et je tressaillis de le voir ainsi au supplice.) Je t'ai fait du mal sans le vouloir. Depuis, tu nous fais volontairement souffrir tous les deux.

(Il poussa un soupir, semblant incapable de couper définitivement les ponts, et ajouta :) Ma chérie, si tu reviens un jour à la raison, tu sais où me trouver. Mais je ne t'attendrai pas éternellement.

Il referma la porte et je me retrouvai seule, dans le bureau d'un inconnu, à me demander si je pouvais avoir tort, et Marco raison depuis le début.

25

— Si elle vomit, papa, c'est toi qui nettoies.

Liv n'était pas tranquille de voir Mick soulever une Lily hilare au-dessus de sa tête pour la quinzième fois environ.

— Elle ne va pas vomir, sourit Mick en reprenant la petite dans ses bras.

Il était si imposant que Lily paraissait encore plus minuscule en s'accrochant à lui de façon si adorable.

— Elle a l'âme d'une pilote, ajouta-t-il.

Cette fois, Mick et Dee, son épouse, avaient pu assister avec nous au repas dominical, la maison était donc comble. J'avais du mal à penser, entre les rires et les jeux des enfants, les pleurs de Bray qui perturbaient une Belle habituellement docile, et les adultes qui parlaient plus fort les uns que les autres pour essayer de se faire entendre. J'adorais notre immense tribu composite, mais alors que j'avais plus que jamais besoin qu'ils m'aident à oublier Marco, je n'entendais que leur vacarme joyeux mais décousu.

Pour échapper à la cacophonie, je me portai volontaire pour faire la vaisselle et je me réfugiai dans la cuisine. Grâce à la distance, le bruit encore présent restait tolérable. J'eus alors tout loisir de rejouer dans ma tête la scène du restaurant, comme je le faisais depuis des jours. J'avais été parfaitement sûre de moi en lui balançant que c'était fini et que c'était la meilleure décision à prendre ; pourtant, dès qu'il avait refermé la porte derrière lui, j'avais été saisie d'une profonde panique. En vérité, je ne savais plus du tout ce qui était bien ou mal. J'aurais aimé pouvoir obtenir des éclaircissements d'un coup de baguette magique. J'imagine que certaines personnes pourraient me traiter d'idiote, m'assurer que la réponse sautait aux yeux. Que, quand on aime quelqu'un, il ne faut pas hésiter.

Néanmoins, pouvait-ce réellement être aussi simple, vu notre histoire et nos blessures communes ? Pouvions-nous vraiment repartir sur de bonnes bases ? Pouvais-je de nouveau me fier à lui sans avoir la moindre idée de ce que l'avenir nous réservait ?

J'étais épuisée de ressasser sans arrêt la même chose.

Je vidai les assiettes dans la poubelle et entreprenais de les charger dans le lave-vaisselle quand je perçus une autre présence dans la pièce.

Je levai les yeux et découvris Nate, appuyé à l'encadrement de porte.

— Ça va ? lui demandai-je en fronçant les sourcils.

— J'allais justement te poser la même question, répliqua-t-il en entrant lentement dans la cuisine.

Je haussai les épaules. Quel intérêt de lui mentir ?

Nate soupira.

— C'est bien ce que je pensais. (Il alla s'adosser au comptoir et croisa les bras.) Tu sais que Liv et moi n'étions qu'amis, au début ?

— Oui.

— Et quand on a décidé de franchir le pas, on savait l'un comme l'autre qu'il y avait quelque chose d'unique entre nous. Sauf que je refusais de l'admettre, car j'avais bien trop peur de la perdre sur le long terme.

— À cause de ce qui est arrivé à Alana ?

Je posai la question du bout des lèvres, car Nate ne parlait presque jamais de son ex. Elle était morte alors qu'ils n'avaient que dix-huit ans, et il avait eu énormément de mal à s'en remettre.

— Ouais. J'ai repoussé Liv et l'ai fait beaucoup souffrir, tout ça parce que j'avais trop peur de m'engager là-dedans. J'ai failli la perdre pour de bon, Hannah. À un moment, j'ai cru que mon obstination avait tout gâché. J'ai rarement eu aussi peur. Et parfois, je me surprends à réfléchir à ce que ma vie serait devenue si je ne l'avais pas reconquise. Et je ne trouve rien de positif. Comment peut-on vivre avec ce genre de regrets ? (Il posa la main sur mon épaule, la pressa gentiment et ajouta :) Tu es une excellente prof, Hannah. J'espère juste que tu n'auras jamais de leçons de regret à donner.

Les sages paroles de Nate m'accompagnèrent le reste de la journée et une bonne partie de la soirée. Je rentrai chez moi ce soir-là avec un carton sorti du grenier de mes parents. Je le laissai tomber sur le sol de ma chambre. Je commençai par compulser les photos de Marco et moi prises au cours des derniers mois à l'aide de mon téléphone portable. Puis je fouillai dans cette boîte et déterrai mes vieux carnets.

Je passai des heures à relire l'histoire de mon adolescence, à me gorger des sentiments que j'éprouvais alors pour Marco, en espérant qu'ils bousculeraient ceux qui me bloquaient aujourd'hui et qu'ils parviendraient à terrasser cette peur.

Car j'étais certaine d'une chose : Nate avait raison. Je ne voulais pas avoir à vivre avec ce genre de regrets.

26

Je sus que quelque chose clochait dès que je mis le pied à l'école.

Un profond silence flottait dans l'air.

En arpentant le premier couloir du département d'anglais, je crus entendre un reniflement. Je m'arrêtai pour tendre l'oreille, et Nish m'appela par la porte ouverte de la salle des profs.

Dès que je vis son visage, je compris que mon instinct ne m'avait pas trahie. Quelque chose de très grave s'était passé.

— Tu peux venir ? me demanda-t-elle d'une petite voix, l'air dévasté.

Je me précipitai jusqu'à elle, et elle s'effaça pour me laisser entrer. Eric, Barbara et deux autres membres du personnel se trouvaient là. Barbara avait des larmes plein les yeux, et Eric les traits tirés et le visage blême.

— Bon sang, qu'est-ce qui se passe ? les interrogeai-je.

Mon pouls s'emballait et j'avais des nœuds à l'estomac.

Nish me saisit la main.

— Hannah... Jarrod Fisher est mort samedi soir. On ne l'a appris que ce matin.

Je la dévisageai, le regard vide, tentant de comprendre le sens de ses paroles.

— Quoi ? (Je me libérai de son étreinte pour me tourner vers Eric et Barbara.) C'est une blague ?

— Hannah, je sais que c'était un de tes chouchous. Je suis désolée.

— Je ne comprends pas. (Toujours aussi incrédule, je reportai mon attention sur Nish.) Je ne... Je ne... non.

Je secouai la tête.

Son regard doux était mouillé de larmes.

— Il s'est bagarré avec un garçon plus âgé, qui a sorti un couteau. Jarrod est mort à l'hôpital.

Un couteau ? Jarrod ?

Ce Jarrod si intelligent, charmant et drôle, à qui j'avais dit je ne sais combien de fois qu'il devait se calmer. Ce Jarrod sur lequel sa mère et son petit frère comptaient tant. *Jarrod.* Un gamin de quinze ans qui avait la vie devant lui.

Parti.

Juste... parti.

Disparu.

Ça n'était pas possible.

Mon sanglot éclata avant que je puisse le ravaler, et je plongeai dans les bras de Nish pour évacuer mon immense chagrin contre son épaule. Quand je pensai à sa mère et à son petit frère, à la peine qu'ils devaient éprouver, qui devait leur déchirer les tripes, qui assombrirait leur existence pendant des mois, je me mis à pleurer deux fois plus fort.

Les larmes finirent par se tarir. Je tentai de reprendre mon souffle en sortant des bras de Nish.

— Je suis désolée.

Je m'essuyai les joues, gênée d'avoir ainsi craqué à l'école. Cependant, un regard aux mines de mes collègues suffit à me convaincre qu'ils comprenaient. Jarrod était vraiment particulier pour moi, l'élève pour lequel j'avais sincèrement l'impression de pouvoir faire la différence. On ne ressentait pas cela souvent dans notre métier. Je m'étais déjà imaginée évoquer avec lui son inscription à l'université, l'aider à décrocher une bourse, me sentir fière de lui et de sa réussite. J'avais le sentiment de le voir tel qu'il était réellement, contrairement à tous les autres, et j'avais espéré que cela comptait pour lui.

Et voilà que j'avais l'impression d'avoir mis le pied dans un cauchemar horrible et surréaliste.

Dans mon monde, les enfants ne mouraient pas lors d'une rixe au couteau.

Où étions-nous pour empêcher cela ?

Comment se pouvait-il qu'il ait été présent dans ma classe la semaine précédente, et que je pense déjà à lui au passé ? Comment une personne aussi tangible pouvait-elle subitement devenir un fantôme, un acteur dans le film de nos souvenirs ?

Les larmes affluèrent de nouveau.

— Hannah. (Nish me frictionna le bras pour me réconforter.) Il faut te ressaisir, ma chérie. Tu as des cours à assurer, notamment... ta classe de seconde, aujourd'hui.

Oh, mon Dieu.

Comment allais-je pouvoir leur enseigner quoi que ce soit, en ayant sa chaise vide sous les yeux pendant toute l'heure ?

Je poussai un faible soupir et m'essuyai les joues.

— Je sais, dis-je d'une voix chevrotante, les lèvres tremblantes. J'ai juste besoin d'un petit moment.

— Ses funérailles auront lieu jeudi, m'informa Eric. Jeudi, onze heures, au cimetière Dean.

Je grimaçai et retins mon souffle pour éviter de craquer de nouveau.

— Vous pensez qu'ils me laisseront y aller ?

— Hannah, tu étais sa prof préférée, m'assura Eric avec tendresse. On veillera à ce que tu puisses lui dire adieu.

Je pinçai les lèvres, la vision de nouveau trouble.

— Lâche tout maintenant, m'encouragea doucement Nish. Pour pouvoir affronter les enfants.

Mon premier cours de la journée s'était bien déroulé, mais j'étais avec mes sixièmes, sous le choc de la triste nouvelle qui était déjà arrivée à leurs jeunes oreilles. Ils avaient donc gardé la tête basse en s'attelant docilement à la tâche.

Ce fut à l'arrivée de mes seconde que je me sentis chanceler ; je dus leur tourner le dos, ravaler mes émotions et compter jusqu'à dix avant de pouvoir démarrer. Quand ils furent tous à leur place, je les observai, remarquant les visages maculés de larmes de plusieurs filles et les figures blêmes et choquées des autres élèves. Même Jack paraissait contrarié.

Je savais que certains d'entre eux n'avaient jamais été confrontés au deuil, et que la plupart n'avaient jamais connu la perte d'un camarade – quelqu'un de jeune et plein de vie. Bien souvent, durant l'adolescence, on se croit immortel, convaincu que, quoi qu'il advienne, le monde sera exactement le même le lendemain.

Je me demandais comment les amis de Jarrod géraient leur soudaine mortalité.

Je posai les yeux sur sa chaise vide et m'appuyai contre mon bureau, refermant les doigts sur son rebord.

— J'aimerais avoir une explication à vous fournir, lançai-je en guise de préambule.

Je me raclai la gorge quand ma voix se brisa sur les derniers mots.

Staci, une jolie blonde assise juste derrière Jarrod et qui sortait souvent de ma classe en sa compagnie, croisa mon regard et sécha ses larmes avec colère.

— Pourquoi la vie bascule-t-elle si rapidement ? poursuivis-je. Comment un cœur peut-il s'arrêter de battre si soudainement, brisant instantanément tous les autres cœurs qui y étaient reliés ? La vérité est que ce qui est arrivé à Jarrod n'a aucun sens. Du moins, je n'en vois pas. J'aimerais pouvoir vous apporter une autre réponse, mais je n'en ai pas de meilleure.

Toute la salle m'observait parler en retenant son souffle.

— Tout ce que je peux vous dire, c'est que vous avez le droit de laisser libre cours à vos émotions. Il est normal qu'il vous manque, que vous en souffriez et que vous ayez du chagrin – mais si vous craignez d'être submergés par les sentiments, veillez à en parler à vos amis, à vos parents, ou même à moi. Certains d'entre vous seront probablement furieux, d'autres auront besoin de trouver un responsable. Il est normal d'avoir de la rage. Je ne sais pas s'il est normal ou pas de ressentir de la culpabilité, mais quoi qu'il en soit, ne le restez pas trop longtemps et ne vous en voulez pas éternellement. Ce genre de colère peut vous arracher une partie de votre âme que vous n'êtes pas sûrs de pouvoir récupérer ensuite. Ce n'est pas ce que Jarrod voudrait. Malgré ses colères et ses fanfaronnades, c'était vraiment quelqu'un de bien (mes lèvres tremblaient légèrement et mes yeux étaient trop mouillés de larmes pour que je puisse – ou veuille – les leur dissimuler), et je suis convaincue qu'il n'attendrait pas ça de vous.

» Je ne vais pas vous mentir. Cela change beaucoup de choses. Vous ne serez peut-être plus jamais les mêmes. Je sais que je ne serai plus la même. (Je haussai les épaules avec impuissance, me sentant soudain si jeune, trop jeune pour leur venir en aide.) Je suppose que cela nous rappelle les incertitudes de l'existence et l'idiotie qui consiste à se contenter d'exister alors que le monde vous invite à vivre pleinement. Si vous devez retenir une chose de cette tragédie, j'espère que ce sera celle-ci. Nous considérons la vie comme un acquis, mais nous avons tort. Nous devons en profiter. (Je lançai un coup d'œil circulaire dans la salle, croisant quelques regards éplorés.) Si l'un ou l'une d'entre vous ressent le besoin de me parler, ou de coucher sur le papier ce qu'il ou elle ressent, sachez que je suis à votre disposition.

Je leur souris tristement avant de tapoter la pile de livres posée près de moi.

— Jarrod m'a dit un jour que son livre préféré, quand il était petit, était *Danny, le champion du monde*, de Roald Dahl. Son institutrice l'avait lu à toute la classe. Pour honorer sa mémoire, je vais donc vous en lire un passage que vous pourrez suivre sur votre propre ouvrage.

Avant le début de l'heure, je m'étais précipitée à l'école primaire voisine pour emprunter des exemplaires du bouquin en expliquant pourquoi j'en avais besoin. Ils avaient eu la gentillesse de m'en prêter quelques-uns. Je les distribuai à mes élèves et en posai doucement un sur le bureau de Jarrod, ravalant péniblement mes larmes. Son ami Thomas, habituellement grande gueule en classe, étrangla un sanglot en me voyant faire ; quand je me tournai vers lui, il avait la tête enfouie dans ses bras et les épaules secouées de spasmes silencieux. Je lui caressai doucement le bras en retournant à mon bureau, peinant moi-même à contenir mon émotion. Les muscles de ma mâchoire, de mes gencives, de mes joues me faisaient souffrir.

Par miracle, je parvins cependant à ouvrir mon livre et je me mis à lire.

J'affrontai la journée avec la sensation de me débattre dans la boue. J'avais envoyé un e-mail au professeur que je relayais pour les cours d'alphabétisation pour lui expliquer pourquoi je ne pourrais être présente le jeudi soir. Il me répondit le plus gentiment du monde en m'assurant qu'il me remplacerait. Après ma dernière heure, je sautai dans le bus pour rentrer à Leith. J'avais envie de voir une personne plus que toute autre.

J'avais besoin de Marco. Besoin de le prendre dans mes bars, de sentir sa puissance, de humer son odeur, de savoir que je n'avais pas laissé tomber la vie que je voulais mener, la vie qu'il me fallait.

J'étais résolue à m'y lancer dans un avenir proche. La Hannah que j'avais été, celle de mes journaux intimes, n'avait peur de rien. Je ne voulais plus avoir peur, et je ne voulais pas passer à côté de ma vie. Cependant, je ne trouvais pas juste de me servir de Marco comme d'une béquille émotionnelle. Les choses étaient déjà bien assez compliquées entre nous. Quand j'irais le voir, je voulais être certaine que ce serait pour les bonnes raisons.

Je descendis donc du bus et me dirigeai vers chez Cole.

Dès qu'il eut ouvert sa porte, je lui tombai dans les bras et fondis en larmes. Par bonheur, son étrange colocataire était sorti, je pus donc m'épancher sur Jarrod en privé. Il me laissa seule le temps de me préparer une tasse de thé, puis il revint s'asseoir près de moi et me serra contre lui.

— Je me suis retrouvée devant ces gamins, murmurai-je, à leur expliquer qu'ils avaient appris trop tôt combien la vie était fragile et qu'ils devaient vivre la leur à fond. Je me suis sentie tellement hypocrite, sachant que j'avais repoussé Marco.

— De quoi as-tu peur, Hannah ? Qu'il te fasse du mal ?

— Oui. Mais je ne veux plus avoir peur. Dès que j'aurai fait mon deuil, j'irai le voir.

— Hannah, il t'aime. Tu devrais y aller tout de suite, le laisser t'aider à surmonter ça.

— Je ne peux pas, répondis-je avec obstination. Je peux affronter ça toute seule. J'irai le voir ensuite, pour qu'il n'y ait aucune ambiguïté sur le but de ma visite. Et puis, je dois lui avouer quelque chose qui pourrait lui passer l'envie d'être avec moi.

Cole fronça les sourcils.

— De quoi tu parles ?

— Du fait que je ne peux pas avoir d'enfants.

— Depuis quand ?

— Je n'en veux pas, Cole. Après ce qui s'est passé... J'ai failli y rester. Je ne peux pas infliger ça une nouvelle fois aux gens qui m'aiment.

— Parce qu'il y a un risque ?

Je haussai les épaules, me sentant stupide mais non moins convaincue.

— Il y a toujours un risque de refaire une grossesse extra-utérine, mais le docteur m'a dit que je pourrais avoir des bébés normalement.

— D'accord, mais donc... tu n'en veux pas ? Ou tu as juste peur ?

Je haussai les épaules une fois encore.

— Veux-tu des enfants, Hannah ? insista-t-il.

Je pinçai les lèvres et hochai la tête.

— Alors un jour... tu trouveras le courage.

Et il semblait si sûr de lui que je ne pus m'empêcher d'espérer qu'il ait raison.

Cole ne fut pas le seul à tenter de me convaincre d'appeler Marco pour lui parler de Jarrod. Ellie s'en chargea également. Même si toute ma famille était derrière moi dans cette épreuve, personne ne semblait comprendre que je pouvais l'affronter seule.

Le jeudi matin arriva bien trop vite. J'enfilai une robe droite et sobre que je portais parfois à l'école, et empruntai à Ellie son long manteau de laine noire. La mère de Jarrod avait décidé que la cérémonie aurait lieu directement au cimetière plutôt qu'à l'église. À mon arrivée, mes genoux manquèrent se dérober sous mon poids. Je ne pensais pas un jour voir quelqu'un d'aussi dévasté que la maman de mon élève.

Harvey, le petit frère de Jarrod, ne quittait pas sa mère d'une semelle. Il avait les yeux écarquillés et absents.

Mes larmes coulèrent librement quand je trouvai une place à l'avant de l'assistance. Je reconnus quelques-uns de ses camarades de classe – Thomas et Staci étaient là, avec leurs parents. Lorsque le pasteur eut dit son oraison funèbre, le cercueil de Jarrod fut descendu dans la tombe.

Sa mère jeta une rose sur le couvercle. Une fille que je ne connaissais pas s'approcha pour en faire autant. Staci l'imita, puis une femme âgée, qui étreignit très fort la maman de Jarrod.

J'avançai à mon tour ; la feuille que je tenais à la main me mordait la paume. Je la lâchai délicatement dans la tombe. J'y avais couché quelques mots de Shakespeare.

Bonne nuit, doux prince.
Que des essaims d'anges te bercent de leurs chants[1].

C'était ma façon de lui dire adieu, de lui faire savoir qu'il comptait pour moi, que j'avais compris qui il était réellement et que je lui souhaitais de trouver la paix, où qu'il soit désormais.

Bonne nuit, doux prince. Que des essaims d'anges te bercent de leurs chants.

Je reculai parmi la foule et inspirai longuement quand le pasteur reprit la parole. Dans ma grande tristesse, j'avais vaguement conscience des gens qui remuaient près de moi, mais je ne levai pas la tête avant d'être surprise par la chaleur de doigts robustes qui s'entremêlèrent aux miens pour me serrer la main. J'eus le souffle coupé en découvrant Marco.

La surprise, le soulagement, l'incrédulité et la gratitude m'envahirent.

Son regard tendre croisa le mien et le soutint.

Les paroles prononcées par Ellie des mois plus tôt me revinrent soudain en mémoire.

---

1. *Hamlet*, acte V scène 2, traduction François-Victor Hugo. (*N.d.T.*)

Il y a cinq ans, tu as commencé à nous exclure peu à peu de ta vie, faisant bonne figure dans ta volonté de régler tes problèmes seule. Il faut que ça cesse. Pas seulement pour toi, mais pour nous tous. Nous sommes là pour toi et, très franchement, on a besoin que tu aies besoin de nous.

Je compris subitement qu'elle avait eu raison depuis le début. J'avais besoin d'eux, de Marco, et, à l'instar de ma famille, lui aussi avait besoin que j'aie besoin de lui. Je le lui fis donc savoir.

Merci.

Il lut ce message silencieux dans mes prunelles et, en réponse, m'embrassa délicatement le front pour me réconforter. Je fermai les paupières, posai la main sur son épaule et écoutai le pasteur souhaiter à Jarrod Fisher de reposer en paix.

27

L'appartement de Marco n'était pas du tout tel qu'il l'avait décrit.

Il s'agissait d'un trois-pièces relativement récent situé sur St Leonard's Hill, à l'est de la fac. Il était meublé de façon très masculine et contemporaine, incarnant parfaitement la notion de luxe à petit budget. Un grand écran plat était accroché au mur situé en face d'un canapé trois places dans la vaste pièce de vie. Une petite cuisine moderne était située au fond de celle-ci. Une porte dans le mur voisin devait mener aux chambres.

Marco m'avait assuré vivre dans un taudis. S'il m'avait servi ce mensonge, c'était pour éviter d'avoir à dissimuler les photos encadrées de Dylan, ainsi que le coffre à jouets dans un coin du salon et que les figurines disposées près des portes-fenêtres qui dominaient le parc.

Il n'aurait néanmoins pas pu démolir la deuxième chambre, sans conteste décorée selon les goûts d'un petit garçon.

Il me laissa me dépouiller de mon manteau et m'installer sur le cuir noir du canapé pour aller me préparer une tasse de thé. J'avais le visage gelé par le vent, mais le froid qui me parcourait le reste du corps était lié au fait que j'avais vu un gamin de quinze ans se faire enterrer lors d'une belle journée d'hiver assombrie par une confusion amère.

— Ce n'est pas juste, murmurai-je. Et je dois faire comme si de rien n'était. Ça ne te rendrait pas dingue, d'être obsédé par l'injustice de tout ça ?

Marco versa de l'eau presque bouillante dans deux tasses et redressa la tête vers moi.

— Mieux vaut effectivement l'accepter et continuer de vivre. Mais je suis d'accord, ça n'est pas juste.

Il me tendit mon thé et s'assit près de moi. Ses yeux magnifiques étaient pleins de compassion et d'inquiétude.

— Je suis désolé, Hannah. Je sais que c'était un gentil garçon.

J'étreignis mon mug des deux mains pour en absorber la chaleur.

— C'est Ellie, qui t'a parlé de Jarrod ?

— Non, c'est Cole.

Je haussai un sourcil.

— Je n'aurais pas parié dessus.

Marco pivota dans ma direction et posa le bras gauche sur le dossier de manière à pouvoir me toucher l'épaule.

— Ce que je me demande, c'est pourquoi *tu* ne m'en as pas parlé.

Avoir cette conversation juste après les funérailles de Jarrod risquait d'être éprouvant, mais je savais qu'il était temps de mettre les choses au clair. Marco était là. Il était venu me soutenir quand j'avais besoin de lui, sans que j'aie à le lui demander.

— Je déteste me dire qu'il a fallu qu'un de mes élèves meure pour que je me réveille, marmonnai-je sans me détourner, même si j'avais presque honte de plusieurs des décisions que j'avais pu prendre au cours des derniers mois. *(Plutôt au cours des dernières années.)* Je voulais surmonter ça toute seule avant de venir te voir.

Il plissa le front, perplexe.

— Hannah, tu as rompu avec moi parce que je t'avais laissée gérer seule une fausse couche qui a failli te coûter la vie. Et maintenant, tu refuses que je t'aide à affronter les épreuves de la vie ? Je ne comprends pas.

— Non, je me disais juste qu'il fallait que je le fasse seule, qu'il ne serait pas juste de me reposer sur toi. Mais dès que je t'ai vu, j'ai compris que j'avais besoin de toi. (Je déglutis douloureusement avant d'admettre :) Et que j'aurai toujours besoin de toi.

Il posa sa tasse sur la table basse, puis se remit face à moi, les yeux brûlant férocement.

— Tu es sérieuse ? Car je ne sais pas si je m'en remettrais, si tu me repoussais une fois de plus.

— La fausse couche... Je ne sais pas comment t'expliquer ce que cela m'a fait. La pire chose qui m'était arrivée jusqu'alors était la tumeur d'Ellie. Quand on ne savait pas si elle était cancéreuse ou pas, qu'on était terrifiés de la voir dans cet état... J'avais treize ans, à l'époque, et j'ai soudain compris qu'on n'était pas éternels. Bien sûr, je savais que les gens mouraient, et je connaissais des gens qui avaient perdu des êtres chers, mais je n'avais encore jamais rien connu de tel. Et il avait fallu que ça tombe sur Ellie, qui occupait une place prépondérante dans mon existence, qui me rendait heureuse comme personne. Le plus terrible était peut-être d'être témoin des souffrances de mes parents. J'avais l'impression qu'ils ne pourraient respirer normalement qu'en apprenant qu'elle s'en remettrait.

Ma poitrine se comprima à l'évocation de ces souvenirs.

— Quand j'ai commencé à me sentir mal après ton départ, j'ai essayé de me convaincre que je n'avais rien car, en mon for intérieur, j'étais terrorisée à l'idée qu'il puisse m'arriver un truc aussi grave qu'à Ellie. J'avais peur de faire de nouveau subir ça à tout le monde. Et cela a failli me coûter la vie. Et pourtant... pourtant je n'ai pas retenu la leçon. Je me suis mis des œillères pour affronter le monde seule, comme si cela pouvait me permettre d'oublier à quel point j'ai la trouille, derrière mes grands airs. Je ne voulais pas te faire de mal. Je... (Je secouai la tête, sachant que mes excuses ne suffiraient pas.) Je suis désolée, dis-je néanmoins. Mais je peux te promettre de ne plus jamais recommencer. Jamais.

Il tendit la main vers moi pour me réconforter, mais je l'arrêtai.

— Avant que tu dises quoi que ce soit, il faut que tu saches quelque chose.

Marco se figea, mais opina légèrement du chef pour m'encourager à poursuivre.

Je pris une inspiration tremblotante pour me donner du courage.

— J'aimerais être plus forte que je ne le suis. J'aimerais être redevenue la Hannah d'avant la fausse couche, mais elle s'est envolée après ça. Surtout la partie d'elle qui fonçait tête baissée vers ses objectifs, sans se soucier des conséquences. J'ai envie d'avoir des enfants, il faut que tu le saches, mais si on se remettait ensemble et que tu en voulais, toi aussi, je ne sais pas si je pourrais te les donner. (Son expression était indéchiffrable.) Ce que je veux te dire, c'est que je suis terrifiée à l'idée de retomber enceinte, et que je ne suis pas sûre que j'aurai le courage d'essayer.

Soudain, ses mains m'attirèrent à lui jusqu'à ce que nos nez se touchent presque.

— Est-ce que tu m'aimes ? demanda-t-il d'une voix rauque en me secouant légèrement.

Sa question me fit rire, tant la réponse était évidente - au moins pour moi. Je lui caressai la joue du revers de la main, éprouvant le frisson de possessivité que je ressentais toujours en sa présence. Car, au fond de moi, je savais dur comme fer que cet homme m'appartenait.

— Ce que je t'ai dit un jour était la pure vérité. Je suis amoureuse de toi depuis mes quatorze ans.

Il raffermit son étreinte.

— Alors c'est tout ce qui compte. On verra ce que le futur nous réserve. Je ne te promets pas que l'avenir sera rose, le passé ne l'a pas toujours été pour moi. Mais quand je réussissais à oublier mes malheurs, ou du moins à ne plus me laisser submerger par eux, c'était toujours quand tu étais là. Je sais que tu me fais rire, je sais que tu me donnes l'impression d'être important, d'être utile, et je sais que je te veux plus que je n'ai jamais voulu n'importe qui. Tout cela m'apparaît logique.

» Je n'ai jamais su expliquer comment tu faisais disparaître tous les aspects négatifs de mon existence, mais je n'ai pas besoin de le rationaliser. Le simple fait que tu y parviennes me suffit. Je suis amoureux de toi. Aucune autre femme n'a d'importance à mes yeux, et j'ignore comment je le sais, mais je suis convaincu qu'il n'y en aura jamais d'autre. Alors... (Il me prit le visage en coupe.) Laissons faire le temps.

Puis il m'embrassa délicatement sur les lèvres et me serra contre lui. Nous restâmes un long moment assis dans ce silence confortable.

Je finis par déclarer d'un ton pensif :

— Ça nous transforme. Le deuil.

Il m'étreignit plus fort.

— Ça t'a transformée, ma chérie. Mais pas autant que tu le penses.

— Et pourtant, c'est toujours là. Tu crois que c'est normal ?

— Qu'est-ce qui est toujours là ?

Je réfléchis un moment à la façon de le formuler.

— Quand on n'a pas directement subi la mort d'un proche, c'est comme si... eh bien, c'est comme quand on emprunte la même route chaque soir. On finit par la connaître comme sa poche. Et puis, un soir, on décide de changer de parcours. Mais rien ne change, sauf le décor.

» En revanche, quand on a perdu quelqu'un ou qu'on a failli mourir soi-même... lorsqu'on emprunte cet autre itinéraire, on se demande pendant une fraction de seconde si notre vie va changer de façon irrémédiable : on ne connaît plus les virages à venir, on s'inquiète des angles morts. Et on s'imagine un accident, une collision. Ça ne dure qu'un instant, jusqu'à ce qu'on se dise d'arrêter d'avoir des pensées aussi morbides. Et pourtant, même si on se sent ridicule, chaque fois qu'on emprunte un chemin différent, on ne peut pas s'empêcher de craindre que cette décision nous mène à notre perte.

Il étudia silencieusement mes paroles, puis m'embrassa dans les cheveux avant de me chuchoter :

— La vie est fragile, Hannah. Tu le sais, et c'est ce qui provoque ces instants de panique. Tu as le droit d'avoir peur, tant que tu me fais part de tes doutes.

Soulagée de savoir qu'il avait compris, je fermai les paupières et le serrai plus fort, lui faisant une promesse silencieuse.

Cette nuit-là, je dormis avec lui dans son lit pour la toute première fois. Il se colla à moi pour me tenir chaud et me protéger de ma tristesse.

Je commençais juste à m'assoupir quand j'entendis la voix de Jarrod dans ma tête, un souvenir vieux de quelques semaines.

C'était pour parler. C'est super qu'un mec aussi balèze veille sur vous.

Et sa voix m'apaisa.

28

— Je vous rendrai vos rédactions la semaine prochaine, promis-je à mes élèves du cours d'alphabétisation alors qu'ils commençaient à ranger leurs affaires.

— Passe un bon week-end, Hannah, me lança Duncan avec un sourire en se dirigeant vers la porte.

Les autres l'imitèrent. Ils avaient cruellement manqué d'entrain ce soir-là, et j'avais l'impression qu'ils savaient pourquoi je n'étais pas venue le jeudi précédent.

J'étais moi-même en train de plier bagage quand Lorraine s'approcha de moi. Tentant de dissimuler ma surprise de la voir se diriger vers mon bureau de son propre chef, je la regardai en attendant qu'elle dise quelque chose.

Elle bascula d'un pied sur l'autre d'un air gêné.

— Je, euh... J'ai appris pour l'p'tit gars d'ta classe. Suis désolée.

Je cillai rapidement, étonnée d'entendre ses condoléances.

— Merci.

— Ouais, eh ben, t'avais l'air triste, j'imagine qu'ça a pas dû êt' drôle pour toi.

J'acquiesçai silencieusement, ne sachant honnêtement que répondre.

Lorraine haussa les épaules, fuyant manifestement mon regard.

— Ouais, eh ben... p'têt t'aimerais savoir que, euh... qu'j'ai trouvé un job.

— C'est génial ! m'exclamai-je. Où ça ?

— Pour une chaîne de paris. (Elle me décocha un sourire qui me laissa pantoise tant cela lui arrivait rarement.) Ça paie pas trop mal.

— Lorraine, je suis sincèrement ravie pour toi.

Elle haussa de nouveau les épaules, se reculant légèrement, paraissant une fois encore extrêmement gênée.

— Ben, j'tenais à t'le dire, pasque j'l'aurais sans doute pas eu sans toi. Au revoir.

Et elle disparut de la salle sans que j'aie eu le temps d'ajouter quoi que ce soit.

J'observai longuement la porte béante. Lorraine était du genre brut de décoffrage et irritable comme pas deux. Elle ne m'aimait pas, ou du moins ne me comprenait pas, mais c'était la première élève depuis la mort de Jarrod qui me donnait l'impression de réellement servir à quelque chose.

Les chaussures de sécurité boueuses de Marco reposaient à l'intérieur de l'appartement, sur un journal plié. J'éprouvai quelque chose d'agréable à les voir ici, et après avoir refermé la porte, je tendis l'oreille pour l'écouter.

J'entendis la douche couler.

Pour lui prouver que je prenais notre relation très au sérieux, je lui avais confié la clé de mon appartement quelques jours plus tôt. Je savais, malgré sa détermination à faire de nous un couple soudé, que je pouvais le convaincre que je n'effectuerais plus de virage à cent quatre-vingts degrés en cherchant une nouvelle excuse pour tout faire capoter. Si je me doutais qu'il n'était pas encore sûr de moi à cent pour cent, c'était parce qu'il allait passer le week-end avec Dylan et ne m'avait pas proposé de me joindre à eux.

Je pouvais m'en accommoder.

Pour l'instant.

Je déposai mes clés dans la coupe sur le guéridon, ôtai mes chaussures et me rendis au salon. La tasse vide de Marco reposait sur la table basse, sa veste était posée sur le dossier du fauteuil. Je retirai mon manteau et le pliai sur l'un des accoudoirs avant de déboutonner mon chemisier pour le rejoindre à la salle de bains. Huit soirs de suite Marco était resté avec moi sans que nous ayons de rapports, car il tenait à me laisser le temps de digérer la mort de Jarrod et la réaction des autres élèves. Il ne voulait pas précipiter les choses, ce qui était à la fois gentil et attentionné, mais aussi, paradoxalement, diablement sexy.

Voilà pourquoi j'avais décidé de reprendre nos bonnes habitudes. Je cherchais désormais une autre sorte de réconfort. Sous la forme d'orgasmes.

J'abandonnai mon chemisier au sol, ouvris la porte de la pièce saturée de vapeur. Marco redressa brusquement la tête en m'apercevant à travers la vitre embuée, puis arbora un léger sourire qui me fit fondre.

J'abaissai la fermeture de ma jupe droite et la laissai choir sur le carrelage, dévorant des yeux ce petit ami trop canon pour être vrai. Le temps que je me dépouille de mes sous-vêtements, Marco était prêt à m'accueillir. Je montai dans le bac en lorgnant son érection avec un sentiment de puissance, puis je me mis gracieusement à genoux pour le tirer de la situation dans laquelle je l'avais plongé.

Allongée dans mon lit, un bras sur le ventre de Marco et la tête sur son torse, je m'autorisai soudain à verbaliser mes pensées.

— Tu as déjà envisagé de rechercher tes parents ?

Marco eut un hoquet de surprise.

— Ça sort d'où, ça ?

— Je pensais à Dylan et à toi, et au fait que tu sois un si bon père alors que tu n'as pas eu de modèle.

— Je suppose que je n'ai plus trop besoin d'eux aujourd'hui, tu comprends ? Autrefois, le fait qu'ils m'aient abandonné me rongeait de l'intérieur. Ça a duré longtemps. Mais quand Dylan est né, j'ai peu à peu compris que ce n'était pas ma faute s'ils ne voulaient pas de moi. Si tu tiens ton gamin dans tes bras mais que tu ne ressens pas un besoin impérieux de le protéger, c'est ta faute, pas la sienne.

Je me redressai légèrement afin de le regarder dans les yeux.

— Tu es l'une des personnes les plus fortes que je connaisse.

Ses prunelles se réchauffèrent.

— Je te retourne le compliment, ma chérie. (Il eut soudain une révélation.) Je dirai bientôt à Dylan que tu es ma petite amie. Promis.

Je plissai le nez et me rallongeai, troublée.

— Tu es télépathe, maintenant ?

Marco eut un petit sourire narquois que je voulus lui effacer d'une gifle.

— Je lis en toi comme dans un livre ouvert, et si je ne fais pas les présentations officielles ce week-end, c'est juste que je préfère lui expliquer d'abord les choses.

Soulagée, je répondis :
— Aucun problème. Je comprends. (Je lui déposai un baiser sur le torse et repris ma place initiale.) Fais ce qu'il y a de mieux pour lui.
— Tu le penses vraiment ?
— Bien sûr.
— Dans ce cas, je suis désolé, mais... tu ne l'emmèneras jamais faire du patin. Jamais.
Son rire retentit dans tout l'appartement quand il essaya d'esquiver mon coup de poing.

— J'en déduis que, cette fois, c'est la bonne ?
Je cessai de regarder Dylan, qui devisait doucement avec son père. Marco était accroupi et remontait la fermeture à glissière de la veste de son fils, que celui-ci avait fait mine d'ouvrir. Nous allions sortir, aujourd'hui, et je compris que c'était ce que Marco tentait de lui expliquer paisiblement, car Dylan n'arrêtait pas de me jeter des regards interrogateurs. Il était difficile de ne pas les observer, mais la question de Leah m'arracha à leur contemplation.
Deux semaines s'étaient écoulées depuis que Marco avait décrété que je ne pourrais pas emmener patiner Dylan. Il s'était depuis corrigé, en précisant que je ne pourrais pas l'emmener sans surveillance, ce que je pouvais comprendre étant donné la scène dont il avait été témoin la dernière fois que j'étais montée sur la glace.
Ça allait être mon premier week-end en compagnie de Dylan. Marco lui avait expliqué qui j'étais et ce que je signifiais pour lui, ajoutant que je serais souvent présente quand ils se verraient. J'ignorais quelle serait sa réaction. Même s'il avait l'habitude de partager Leah avec Graham, ce dernier ayant été présent depuis sa naissance, je n'étais pas

certaine qu'il accepte de gaieté de cœur de partager ce superhéros qu'était son père.

Leah venait de nous l'amener. Il était encore tôt en ce samedi matin, et mon ventre était tout noué d'appréhension. Je n'étais pas d'humeur à subir un interrogatoire, mais en remarquant l'air amusé dans les prunelles de Leah, je compris qu'elle me taquinait.

— Oh, je ne sais pas, répondis-je. Dès que je commencerai à me lasser, je me mettrai sans doute en quête d'un autre père célibataire.

Elle me dévisagea d'un air ébahi.

— C'est une blague, expliquai-je. Très mauvaise, apparemment. C'est encore trop tôt, peut-être ?

Leah haussa un sourcil.

— Tu crois ?

Bizarre. Je me retournai vers Marco, qui s'était redressé et nous écoutait avec amusement.

— Je l'aime bien. (Je serrai le poing et fis un mouvement victorieux.) Elle est bagarreuse.

Il fut pris d'un rire silencieux. Dylan observa son père, le vit ricaner et se mit à sourire.

Leah souriait également à son fils. Elle posa les yeux sur moi et, par bonheur, son sourire ne s'évanouit pas.

— Je suis contente que tout soit rentré dans l'ordre, Hannah.

— Moi aussi, lui répondis-je avec sincérité.

Elle s'adressa à son fils.

— Je te retrouve lundi après l'école, mon chou. Passe un super week-end avec papa.

Dylan courut alors vers elle pour la prendre dans ses bras. J'eus l'impression, à l'air surpris de Leah, qu'il n'était généralement pas si expansif quand elle le déposait chez Marco. Il avait sans doute besoin d'être rassuré et réconforté à cause de la grande blonde bizarre qui semblait décidée à rester plantée au milieu du salon de son père. Mon inquiétude dut se lire sur mon visage, car Leah lui caressa les cheveux en disant :

— Ça ira mieux quand vous aurez fait connaissance. Il est juste un peu timide. Pas vrai ? (Elle s'écarta un peu de lui pour le regarder dans les yeux.) Mais tu vas bien t'amuser avec Hannah. C'est l'autre meilleure amie de papa, et tu sais que papa n'aime que des gens cool.

Dylan loucha vers moi, légèrement dubitatif, puis il se retourna vers sa mère.

— D'accord, répondit-il doucement.

J'eus soudain envie de lui faire un gros câlin. Il était tellement mignon. Je dus toutefois me rappeler qu'il s'agissait d'un enfant, pas d'un chiot. Je n'étais pas certaine qu'il aime se faire dorloter et couvrir de baisers en s'entendant parler comme à un bébé.

— À bientôt, mon chou. (Elle l'embrassa sur le front et le poussa délicatement vers son père.) Prends bien soin de lui, ajouta-t-elle à l'intention de ce dernier.

— Comme toujours.

Elle sourit et nous adressa un dernier regard. Elle arborait une expression moqueuse, comme si elle savait quelque chose que nous ignorions tous.

Quand elle fut partie, je dis à Marco :

— Elle me plaît vraiment.

— C'est quelqu'un de bien.

Je baissai alors les yeux vers Dylan, qui scrutait tel un faucon la moindre de mes interactions avec son père.

— Il paraît que les petits garçons de trois ans adorent aller au zoo. Tu veux qu'on passe la journée là-bas, Dylan ?

— J'ai presque quatre ans, rétorqua-t-il en me brandissant quatre doigts sous le nez.

Ne. Pas. Câliner.

M'efforçant d'oublier sa bouille irrésistible, je répondis le plus sérieusement du monde :

— Eh bien, il paraît que les petits garçons de presque quatre ans adorent aller au zoo, eux aussi.

Il fronça les sourcils.

— Est-ce qu'il y a des lions ?

— Je crois qu'il y en a deux, et d'autres gros chats.

Dylan se rembrunit et alla se cacher dans les jambes de son père.

— Mais ils sont enfermés. Dans une grande cage. Ils ne peuvent pas te sauter dessus.

Il n'avait toujours pas l'air convaincu.

— Ton papa sera là, avec nous. Tu crois qu'il laisserait un lion s'approcher de toi ?

J'avais trouvé les mots. Il leva la tête vers Marco, considéra leur différence de taille, puis hocha lentement le chef.

Marco sourit et lui caressa affectueusement les cheveux.

— Dans ce cas, on y va, mon petit pote ?

Dylan acquiesça et saisit la main de son père. Marco me prit la mienne et, tandis que nous sortions, je demandai :

— Tu ne laisseras pas non plus les lions s'approcher de moi, hein ?

— C'est *très* tentant.

— Mauvaise réponse. (Je poussai un soupir faussement angoissé.) Il faut que j'arrête de chercher des petits copains superhéros sur Internet. Ils finissent toujours par me laisser dévorer par les lions.

Marco siffla entre ses dents.

— C'est un peu quitte ou double, quand tu cherches un garçon sur Internet.

— Et les pingouins ? Tu ne laisserais quand même pas les pingouins me sauter dessus ?

— Je ne sais pas... ça peut être drôle à voir.

Je m'arrêtai en haut de l'escalier, forçant Marco et Dylan à s'immobiliser quelques marches plus bas.

— Pas de protection contre les pingouins ? C'est quoi, ce superhéros en carton ?

— Tu es bizarre, me dit doucement Dylan.

Marco éclata de rire.

— Et encore, tu la connais à peine.

Comme Dylan lui sourit en réponse, je pris le terme « bizarre » comme un compliment et m'en accommodai.

Dylan et moi nous observions de part et d'autre de la table.

Marco m'avait laissée seule avec lui le temps d'aller commander notre repas au café du zoo. Tout s'était très bien passé tant qu'il avait été là pour faire office de tampon. Quand Dylan s'était rapproché de la cage aux lions et que l'un d'eux avait poussé ce qui, de mon point de vue, ressemblait davantage à un bâillement qu'à un grognement, je l'avais rassuré sans mal avant qu'il ne détale.

Mais seule avec lui ? Même pour quelques minutes ? J'avais tellement envie qu'il m'aime bien que j'en perdis tous mes moyens. Je ne trouvai aucun sujet de conversation pouvant plaire à un enfant de son âge.

— Tu as eu peur des serpents, déclara-t-il soudain en inclinant la tête d'un air inquisiteur.

Il n'avait pas tort.

Je frissonnai. Je m'étais éloignée du vivarium aussi vite que possible.

— Je ne les aime pas, admis-je.

— Pourquoi ?

C'était une question difficile.

— Parce qu'ils me font peur.

Il fronça les sourcils.

— Pourquoi ?

— Euh... parce qu'ils peuvent te mordre, et que leur morsure peut te rendre très, très malade.

— Tous ?

— Eh bien, non.

— Mais ils te font tous peur ?

— Oui.

Je n'aimais pas du tout le tour que prenait cette conversation.

— Pourquoi ?

Voilà précisément ce que je redoutais.

Il n'existait pas vraiment d'explication logique à une peur irrationnelle, et je n'étais pas certaine qu'un garçon de presque quatre ans soit armé pour comprendre l'irrationalité. Cependant, je ne voulais pas qu'il pense que je n'aimais pas certaines choses parce qu'elles étaient différentes, car je ne voulais pas lui mettre de mauvaises idées en tête. Je finis par répondre :

— C'est à cause de leur sifflement.

Dylan me considéra un instant avant de hocher lentement la tête. Je réprimai un soupir de soulagement avant d'embrayer sur un autre sujet.

— Quel est ton animal préféré ?

— Le panda géant, me répondit-il du tac au tac.

Je souris et retournai la situation.

— Pourquoi ?

Il haussa les épaules.

— J'aime bien ses yeux. Et celui qu'on a vu ne m'a pas fait peur. Il souriait.

Il ne nous avait pas réellement souri, évidemment, mais il nous avait effectivement contemplés avec ce qui m'avait semblé être une lueur d'amusement. Le fait que Dylan s'en soit rendu compte me rendit ridiculement fière de lui.

— Que des bonnes raisons.

— Tu vis avec papa, maintenant ?

Nous étions de nouveau en terrain glissant. Je secouai la tête.

— Non. Mais on se voit souvent.

— Tu seras là quand je viendrai dormir ?

— Parfois. Si ça ne te dérange pas ?

Il haussa une fois de plus les épaules.

— Papa rit souvent avec toi, alors ça va.

L'analyse qu'il fit de la situation et sa bénédiction de petit garçon me transportèrent de joie.

Ne. Pas. Câliner.

Quand Marco revint à notre table avec de quoi manger, j'avais un sourire jusqu'aux oreilles. Mon expression sembla le dérouter, et il s'assit avant de donner son sandwich et son jus de fruits à Dylan.

— Qu'est-ce qui t'arrive ?

Je haussai moi aussi les épaules.

— J'adore les pandas géants.

Marco fronça les sourcils et se tourna vers son fils, comme s'il espérait obtenir une explication de sa part. Il lui adressa un regard paraissant signifier *Quoi ? C'est logique*, et j'éclatai de rire.

J'avais été pris ces derniers mois dans un tel tourbillon d'émotions, entre le passé qui ressurgissait, la perte de Jarrod et le reste, que j'ignorais quand je pourrais de nouveau rire aussi fort.

La réponse était maintenant.

Marco souriait, mais il se pencha vers Dylan pour lui glisser :

— Tu avais raison. Elle est bizarre.

Dylan poussa un soupir blasé qui ne correspondait pas du tout à son jeune âge.

Peu m'importait qu'ils me taquinent jusqu'à la fin de mes jours. À cet instant, tout ce qui comptait était qu'ils seraient désormais toujours présents à mes côtés.

29

Juin

Le soleil de cette fin du mois de juin se déversait par les fenêtres de ma classe, inondant les bureaux vides de mes élèves. Ceux de mon dernier cours étaient déjà partis, mais j'étais paralysée. Je n'arrivais pas à détacher mon regard de la table de Jarrod. Elle était restée vacante tout le reste de l'année, chaque fois que ses camarades venaient en cours.

Je ne voulais pas l'oublier.

Ces derniers mois, j'avais eu du mal à me retrouver en tant que professeur. Une partie de moi tenait à ce que je reprenne mes vieilles habitudes en instaurant une distance certaine entre les gamins et moi. Il en faut, de toute façon, mais il était difficile de ne pas s'attacher à eux, et j'avais fini par me dire que si je cessais de m'intéresser à eux, je cesserais d'être une bonne prof.

L'année n'avait pas commencé de la meilleure manière, mais les mois écoulés avaient en partie redressé la barre. J'avais notamment reçu une offre ferme du département d'anglais ici, à Braemuir. À la rentrée, je reviendrais en tant que professeur titulaire. Un souci de moins.

Je m'étais dit que j'accueillerais les grandes vacances avec soulagement, que j'aurais tout l'été pour en profiter avant la reprise.

Pourtant, en me retrouvant là, dans ma salle de classe, en ce dernier jour, je ne pouvais m'empêcher de contempler le bureau de Jarrod.

Parfois, ma respiration se bloquait quand je me rappelais que je ne le reverrais pas l'année suivante, qu'il ne deviendrait jamais l'homme formidable qu'il aurait dû être.

Je ne m'étais pas imaginé que ce dernier jour serait si terrible à cet égard.

— Toc, toc.

J'écarquillai les yeux de soulagement et de plaisir en voyant Marco et Dylan entrer dans ma salle.

— Qu'est-ce que vous faites ici ? leur demandai-je.

J'eus un large sourire lorsque Dylan se mit à courir pour enrouler ses bras autour de mes jambes. Je le serrai contre moi alors que Marco se baissait pour m'embrasser tendrement sur les lèvres.

— Je me disais que tu aurais peut-être besoin d'un peu de compagnie. Ce n'est pas un jour facile pour toi, ma chérie.

Je secouai la tête, émerveillée. Comment l'avait-il deviné, alors que je n'en avais rien su moi-même, en partant ce matin-là ?

— Je t'aime, murmurai-je.

— Je t'aime aussi.

Je vis Dylan nous observer. Je plissai le nez.

— Devine quoi ?

— Quoi ? répliqua-t-il, curieux.

— Je t'aime, toi aussi.

Il me sourit timidement et baissa la tête.

Il était tellement mignon.

— Dylan, qu'est-ce qu'on dit ? demanda Marco en lui chatouillant le menton.

Il haussa les épaules.

— Hannah sait que jlaimaussi.

Ces derniers mots sortirent en un agglomérat presque incompréhensible, mais je saisis le fond de sa pensée.

Je lançai un regard amusé à son père.

— Il a à peine quatre ans et il a déjà du mal à dire « je t'aime ». Je plains ses futures petites copines.

Marco éclata de rire.

— C'est un homme, un vrai. Il a du mal à montrer ses sentiments.

— Toi, tu es un homme, un vrai, mais tu n'as aucun mal à me faire part des tiens.

— En public, si.

— Tu viens de me dire que tu m'aimais devant Dylan.

— Ce n'est que Dylan.

— Et donc, à notre mariage, tu ne me le diras même pas pendant tes vœux ?

— On ne dit pas « je t'aime » lors des vœux de mariage.

— Si c'est moi qui te les écris, si.

Je le torturais, et c'était un régal de voir son expression paniquée.

— Tu veux me les... écrire ?

Il raffermit sa prise sur les épaules de son fils.

— Mmm, hmm.

— Tu veux m'écrire mes propres vœux ?

J'eus une moue malheureuse et haussai les épaules.

— Eh bien, je pourrais réfléchir à la question si tu me demandais ma main un jour.

Ses prunelles s'embrasèrent.

— Espèce de sale...

Je récupérai mon sac à main sur ma chaise, prête à partir.

— Finis cette phrase, et je ne dirai sans doute pas oui.

— Je ne t'ai pas encore fait ma proposition, contra-t-il en entraînant Dylan à notre suite.

— Mais tu vas y venir. (Je me tournai vers le garçon.) Ton papa est long à la détente.

Marco implora silencieusement son soutien, mais Dylan lui retourna un air semblant signifier *Remue-toi, mon grand*, qui me fit l'aimer encore davantage.

— Tu es sûr qu'il n'est pas de moi ? plaisantai-je.

— Parfois, je me le demande, maugréa Marco.

Nous prîmes un taxi jusque chez moi, afin que je puisse me changer pour l'événement du soir. C'était le cinquième anniversaire de Lily, et Gio et Gabby avaient généreusement proposé de l'organiser au restaurant, nous réservant la salle du fond pour plus d'intimité.

Nous arrivâmes en même temps que Cole et sa nouvelle petite amie, Larissa, une étudiante en psychologie calme et jolie, avec de magnifiques cheveux auburn. Elle était à l'évidence cent fois plus amoureuse de Cole que l'inverse.

— P'tit D, lança Cole à Dylan.

Tous deux joignirent les poings pour se saluer, et seule la lueur dans les prunelles du garçon indiquait qu'il était heureux de voir Cole. Si Marco avait mis plusieurs mois à s'habituer à mon meilleur ami, son fils n'avait mis que quelques heures pour s'attacher à lui. Ils partageaient ce même sérieux qui les faisait paraître plus âgés, et ils semblaient se comprendre de façon naturelle.

— Qu'est-ce que tu as apporté ?

Dylan désigna le paquet emballé dans la main de Cole.

— Un truc de filles. Et toi ?

Il désigna notre cadeau commun. Dylan plissa le nez.

— Un truc de filles.

Cole lui tapota l'arrière de la tête et ouvrit la porte du restaurant.

— Je te comprends.

— Salut, Larissa, dis-je d'un ton enjôleur.

Elle me répondit d'un sourire pincé. Je n'arrivais pas à savoir si elle était timide ou si, à l'instar de la plupart des copines de Cole, elle me reprochait de compter tant pour son homme. J'avais cependant un penchant pour la seconde hypothèse.

Marco et moi nous effaçâmes pour les laisser entrer tous trois.

— Elle me déteste, grommelai-je.

— Tu es canon et Cole t'adore. Bien sûr, qu'elle te déteste.

Marco me tira par la main pour m'entraîner à l'intérieur.

— Eh bien, merci pour ce résumé concis et réconfortant de la situation.

Il eut un rictus empreint d'ironie tandis que nous traversions la première salle pour gagner l'arrière.

— Elle changera vite d'avis. C'est mieux, comme ça ?

— Non, parce que tu mens.

Il leva les yeux au ciel, comme pour s'adresser à Dieu.

— Je ne peux pas gagner.

— Il ne t'écoute pas.

Il me décocha un regard pince-sans-rire.

— Manifestement.

— Oh, arrête. Tu m'aimes et tu le sais.

— Ta tendresse me tue, ma chérie.

— Ah, vous voilà ! s'exclama Liv en se précipitant vers nous.

Des décorations roses et mauves avaient littéralement explosé dans toute la pièce. Il y avait des ballons, des rubans, des guirlandes de fleurs et des confettis brillants partout. Liv me prit dans ses bras et sourit à Marco.

— Ta tante et ton oncle sont trop sympas de faire ça. Mais je crois que je les ai déjà remerciés tant de fois qu'ils veulent me tuer.

— Ça ne leur pose pas de problème. (Marco haussa les épaules.) Tu fais partie de la famille.

Elle me considéra, les yeux écarquillés, et murmura de façon comique :

— Je fais partie de la famille !

Je lui tapotai l'épaule.

— Ce n'est pas non plus la mafia, Liv. Calme-toi.

— Nanna !

Mon neveu William m'arriva dessus comme une balle, menaçant de perdre l'équilibre. Je l'attrapai juste avant qu'il percute mes jambes. Dès que je le pris dans mes bras, Beth, Lily et Luke se matérialisèrent à mes côtés. Je leur souris à tous avant de me pencher pour embrasser les cheveux soyeux de Lily.

— Joyeux anniversaire, ma puce.

Elle me sourit timidement et m'étreignit la jambe.

Cernée d'enfants, je vis avec bonheur tous les adultes se rapprocher, comme attirés par mon magnétisme. Jo et Cam vinrent saluer, celui-ci tenant Belle contre son torse. Adam, qui portait Bray, arriva avec Ellie, qui me prit William des bras. Joss et Braden vinrent se joindre à la mêlée et nous fûmes bientôt entourés également des parents de Nate, ainsi que de maman, papa, Mick, Dee, Cole, Dylan, Larissa, Declan, Penny, Gio et Gabby.

Je m'appuyai contre l'épaule de Marco et la main sur la tête de Dylan, écoutant les conversations se multiplier sans pour autant me sentir submergée.

J'étais au contraire satisfaite.

En paix.

Je venais de prendre une énorme bouchée de gâteau d'anniversaire quand Gabby vint me trouver. Elle me sourit et je m'empressai d'avaler le mélange de génoise et de glaçage pour lui rendre la pareille.

— Marco m'a dit que c'était ton dernier jour, aujourd'hui. Tu es en vacances tout l'été ?

J'acquiesçai et posai ma cuillère, bien qu'à contrecœur, pour discuter avec elle. J'avais rencontré officiellement la tante et l'oncle de Marco une semaine après que nous avions emmené Dylan au zoo. J'avais eu du mal à me montrer agréable envers Gio, à cause de ce qu'il avait fait subir à Marco dans le passé. Cependant, mon amoureux avait réussi à tourner la page et je ne tenais pas à lui remémorer en permanence cette mauvaise expérience, j'avais donc pris sur moi pour lui pardonner également. Avec Gabby, c'était tout autre chose. Je l'avais aimée au premier coup d'œil. Elle avait un humour pince-sans-rire, un comportement chaleureux et une tendresse évidente pour Marco.

— Je suis surtout contente d'avoir un poste à la rentrée.

— Ah oui, j'ai entendu dire ça. (Gio apparut subitement, un grand sourire aux lèvres.) Félicitations pour ta titularisation.

Je lui adressai un sourire timide.

— Merci. Et merci encore d'accueillir la fête d'anniversaire de Lily. La décoration est magnifique et la nourriture délicieuse, comme d'habitude.

— Aucun problème. (Gio balaya mes remerciements d'un vaste geste de la main avant de passer le bras autour du cou de son épouse.) Lily est de ta famille, et donc de la nôtre.

— Elle est très belle, commenta Gabby en contemplant ma nièce.

Celle-ci était assise sur les genoux de Nate et buvait les paroles de Liv avec un immense sourire.

— Et très bien élevée, ajouta-t-elle.

— Oui, un vrai petit ange.

J'observai le reste de la pièce et vis Beth échouer à convaincre Dylan de lui piquer une nouvelle part de gâteau.

— Et certains sont de petits démons.

Comme Dylan ne paraissait pas convaincu, Beth se mit sur la pointe des pieds pour se servir elle-même. Elle venait de s'emparer du trésor tant convoité quand Joss apparut. Elle n'eut pas besoin de parler, se contentant de tendre la main, paume vers le haut. Beth plissa le nez d'agacement et déposa le gâteau dans la main de sa mère. Joss haussa les sourcils en inclinant la tête vers la droite. Beth suivit la direction indiquée, et ses épaules s'affaissèrent quand elle aperçut Braden. Il était assis avec Adam et Ellie, son neveu Bray dans les bras, mais son air de reproche était destiné à sa fille. Beth traversa alors la pièce, tête basse, et se dirigea vers son père comme si elle se rendait à l'échafaud.

Je vis Braden se mordre les joues pour ne pas rire.

Je reportai les yeux sur Dylan. Joss lui dit quelques mots en souriant. Il acquiesça à sa manière de petit garçon sérieux et s'éloigna. Je m'attendais à ce qu'il se dirige vers Marco, qui discutait un peu plus loin avec Cam, Cole et Mick, mais c'était vers nous qu'il venait.

Je supposais alors qu'il allait rejoindre Gabby et Gio, qui faisaient figure de grands-parents adorés, mais il se contenta de leur passer devant en les regardant avant de monter sur mes genoux pour poser la tête sur ma poitrine.

Il entendit sans doute mon cœur lui tambouriner à l'oreille.

Je déduisis de l'air amusé de Gabby et Gio que je devais arborer une expression de surprise et d'adoration absolue. En observant le haut de son crâne, je levai la main avec hésitation pour caresser ses boucles délicates.

— Tu es fatigué, mon chou ?

Il opina lentement du chef et se blottit un peu plus contre moi.

— Tu veux qu'on rentre à la maison et que je te lise *Max et les Maximonstres* avant de te dire bonne nuit ?

Il acquiesça derechef.

Ma poitrine se noua d'émotion, et je scrutai alors la pièce pour retrouver Marco. Sans surprise, il nous observait déjà, avec une intensité telle que j'en eus le souffle coupé.

Ma mère disait toujours que c'étaient les choses les plus simples qui nous émouvaient le plus.

Ma mère n'avait jamais rien dit de plus juste.

— « ... Où il trouva son dîner qui l'attendait – tout chaud. »

Je refermai l'album et considérai Dylan, dont les yeux se fermaient déjà. Je m'extirpai précautionneusement du lit, posai le livre sur sa table de chevet, lui déposai un baiser sur le front et lui souhaitai bonne nuit avant de sortir de la chambre.

Marco, qui m'attendait dans l'embrasure, m'adressa un regard chargé d'amour et alla à son tour embrasser son fils. Je les laissai profiter seuls de cet instant d'intimité, comme je m'étais maintes fois efforcée de le faire au cours des derniers mois. Je ne passais pas tous leurs jours en commun avec eux, car je supposais que la transition serait moins brutale pour Dylan s'il gardait parfois son père pour lui tout seul. C'était dur pour moi, non seulement parce que Marco me manquait, mais parce que ces week-ends illuminaient généralement mon mois. Je rêvais d'avoir Dylan plus souvent avec nous, et je savais que cela devait être mille fois pire pour Marco.

Cet été, en revanche, nous l'aurions quinze jours d'affilée pendant les vacances de Marco. Nous avions réservé dans un centre de vacances des Cornouailles et nous priions donc pour que le soleil qui faisait la réputation de la région soit au rendez-vous. J'avais hâte de passer deux semaines entières avec deux de mes hommes préférés au monde.

J'enfilais mes chaussures dans le salon quand deux bras puissants s'enroulèrent autour de ma taille. Je me retrouvai subitement plaquée contre le torse de Marco.

— Où est-ce que tu vas ? me souffla-t-il à l'oreille de sa voix râpeuse et sexy en diable.

Un frisson me dévala l'échine, mais j'avais appris à faire comme si de rien n'était.

— Il est temps que je rentre.

Je n'avais jamais passé la nuit chez Marco quand Dylan y était. Nous ne voulions pas précipiter les choses pour lui.

Marco m'embrassa dans le cou et sa main remonta le long de mon flanc jusqu'à emprisonner mon sein gauche.

Je poussai un soupir de plaisir et arquai le dos.

— Qu'est-ce que tu fais ?

— J'essaie de convaincre une fille d'enrouler ses longues jambes magnifiques autour de ma taille.

Je rompis notre étreinte à contrecœur et me tournai vers lui.

— Mais Dylan...

— On sera discrets, murmura-t-il avidement, tout contre ma bouche. Et je crois qu'il est temps que tu fasses partie intégrante de nos week-ends en commun.

Il effleura mes lèvres des siennes. Ma bouche fut soudain parcourue de picotements. Comme toujours.

— Tu crois qu'il sera d'accord ? haletai-je en caressant déjà son torse puissant.

— Si tu prépares ces pancakes dont tu as le secret au petit déjeuner, il ne dira pas non.

Il réclama un autre baiser, mais je me contentai de sourire, repoussant momentanément l'échéance.

— Les pancakes, ça, je sais faire.

— Tant mieux, grogna-t-il en me serrant contre lui. Maintenant, montre-moi tes autres talents.

Épilogue

Octobre

Respire, Hannah.

Respire.

J'avalai une grande goulée d'air et manquai m'étouffer.

Mon corps tout entier tremblait, et j'avais beau essayer de réprimer ma peur, elle n'arrêtait pas de ressurgir, tentant de refermer ses doigts crochus autour de ma gorge. J'avais le regard rivé sur la porte de mon appartement en attendant le retour de Marco.

Nous avions finalement décidé qu'il serait plus logique qu'il emménage chez moi, et par bonheur Dylan ne s'y était pas opposé, notamment parce qu'il avait pris beaucoup de plaisir à choisir ses affaires pour sa nouvelle chambre. Cela ne s'était passé que six semaines plus tôt, le week-end avant la rentrée.

C'était rapide. Nous le savions tous les deux. Nous étions ensemble depuis moins d'un an, mais étant donné notre histoire commune et le fait que nous nous aimions à mourir, cela nous avait paru naturel.

Ça ne donnait pas l'impression d'être rapide.

Mais ça... ça l'était.

Et c'était... c'était...

Terrifiant.

Je n'étais pas certaine d'en être capable.

La clé tourna dans la serrure.

Marco entra et dressa la tête. Dès qu'il me vit plantée là avec un air horrifié, il s'empressa de refermer la porte.

— Qu'est-ce qui ne va pas ? me demanda-t-il, plein d'inquiétude.

J'étais à deux doigts de vomir.

Blême, les joues parcourues de fourmillements, je parvins à recouvrer un semblant de maîtrise.

— Je suis très en retard.

Je brandis le test de grossesse d'une main tremblante.

Marco posa les yeux dessus et, en un instant, je me retrouvai dans ses bras. Il contracta ses muscles pour réprimer mes frissons.

— Ça va aller, m'assura-t-il d'une voix calme et assurée. Ma chérie, je veillerai à ce qu'il ne t'arrive rien.

Je ravalai les sanglots qui me brûlaient la gorge.

— Ça doit dater de quand j'ai laissé tomber la pilule pour prendre ces antibiotiques, pendant les vacances. Je savais qu'on n'aurait pas dû refaire l'amour si vite, murmurai-je distraitement.

— Mais on n'en sait encore rien, si ? (Il me regarda dans les yeux, et ce qu'il y lut l'inquiéta.) Hannah, ne fais pas cette tête. Tu me tues.

Mes lèvres tremblotèrent quand je voulus sourire. Je le fis néanmoins.

— J'ai peur. Malgré tous mes efforts.

Il posa ses mains sur mes joues.

— Je te comprends, mais je te promets qu'il ne t'arrivera rien. Je suis avec toi.

J'acquiesçai et l'étreignis plus fort.

— Je vais faire le test, qu'on en ait le cœur net.

— Hannah, qu'est-ce que tu fais ?

Marco tapa impatiemment à la porte de la salle de bains.

J'avais tiré la chasse quelques secondes avant de vomir, afin qu'il ne m'entende pas. Je la tirai de nouveau et me remis debout sur mes jambes flageolantes. Marco frappa encore tandis que je me brossais les dents en évitant le miroir où se reflétait ce visage pâle et tendu que je ne reconnaissais pas.

Quand j'eus enfin fait mon maximum pour limiter les dégâts, j'entrouvris la porte. Il la poussa carrément pour pouvoir me prendre dans ses bras.

— Alors ? m'interrogea-t-il d'une voix plus grave qu'à l'accoutumée.

Il repoussa une mèche tombée sur mon visage.

J'avais les lèvres tout engourdies.

— Apparemment, je suis enceinte, chuchotai-je.

Il ne cilla même pas.

— On ira voir le docteur dès demain pour en avoir confirmation et s'assurer que tout va bien.

Je me détournai, me sentant de nouveau au bord de la crise d'angoisse.

— Je ne sais pas si j'aurai le courage.

Il me secoua légèrement pour me forcer à le regarder.

— Mais si. Je ne connais personne d'aussi courageux que toi.

— Ça va trop vite.

Il m'adressa un sourire rassurant.

— Tu crois que ça n'était pas le cas pour Dylan ? Mais si Leah et moi avons géré, on y arrivera aussi tous les deux. Tu ne penses pas qu'on saura se débrouiller avec un deuxième enfant ? (Il m'étreignit la taille et, malgré mon angoisse, je perçus son excitation silencieuse.) Notre enfant, Hannah.

Je posai mes mains tremblantes sur son torse.

— S'il ne me tue pas, promets-moi de m'épouser.

Il se rembrunit.

— Tu as vraiment un sens de l'humour malsain.

— Soit j'en ris, sois j'en pleure.

Il y réfléchit un instant avant d'opiner sèchement du chef.

— Alors, rions-en.

Je fis de mon mieux pour lui adresser un sourire reconnaissant avant de me reculer.

— Tu veux un café ? J'ai besoin d'un thé.

J'entrepris très lentement de remonter le couloir.

Je venais d'arriver à la porte de la cuisine quand il me rappela.

— Ouais ?

Je me retournai, épuisée. Je me méfiai cependant bien vite de l'intensité subite dans les prunelles de Marco. Il m'observait souvent de la sorte quand nous faisions l'amour.

Il fit un pas vers moi.

— Enfant ou pas enfant… toi et moi, c'est pour la vie. Et tu as raison, on devrait l'officialiser. (Il approcha encore.) Épouse-moi.

La panique reflua.

— C'est une obligation ou une requête ? demandai-je, le souffle court, un léger rire dans la voix.

La bouche de Marco s'ourla aux commissures.

— Un peu des deux.

J'inclinai la tête de côté et l'observai d'un air malicieux. Si je l'aimais tant, c'était notamment parce qu'il arrivait à me faire ressentir des choses pareilles alors que j'étais si inquiète pour l'avenir.

— Si tu m'avais posé la question à dix-sept ans, mes deux parents auraient fait une crise cardiaque en apprenant que j'avais accepté.

— Et aujourd'hui ?

Je haussai les épaules et tournai les talons.

— Je vais y réfléchir.

Deux secondes plus tard, il me souleva de terre, et j'éclatai de rire quand il grogna :

— Tu vas y réfléchir ?

J'acquiesçai, enroulant les bras autour de son cou.

— Alors réfléchis vite, reprit-il en me mordillant la lèvre.

— D'accord, d'accord...

— Hannah... me menaça-t-il.

Quand il me reposa par terre, je me hissai sur la pointe des pieds, collai la bouche à son oreille et chuchotai :

— Je te dirai oui. C'est promis.

— Alors dis-le tout de suite, murmura-t-il en retour.

— Tu es mon meilleur ami.

— Hannah.

— Ça a toujours été le cas. Et ça le sera toujours.

Je pris son visage magnifique entre mes mains.

— Je prends ça pour un oui, répliqua-t-il, la voix étranglée par l'émotion.

Me laissant envahir par toute l'affection et tout l'amour que j'éprouvais à son égard, je souris de toutes mes dents.

— Tu as toujours été doué pour savoir ce que je pensais.

Il m'embrassa et plongea son regard dans le mien. Une compréhension mutuelle circula entre nous. Nous pouvions y arriver.

Le voyage n'avait pas été des plus tranquilles. Nous avions maintes fois tenté de l'effectuer ensemble depuis notre rencontre, et nous étions tombés plus de fois que nous l'aurions souhaité. Mais la vie est ainsi faite.

Il faut tomber pour se relever.

D'ici une semaine, nous pourrions bien tous nous retrouver à terre, mais nous étions malgré tout heureux car nous savions sans l'ombre d'un doute que si nous tombions ensemble... nous n'aurions aucun mal à nous relever pour réessayer.

Remerciements

Si l'histoire de Hannah et Marco est arrivée entre les mains de ses lecteurs, je le dois à une personne merveilleuse, déterminée et d'un soutien incroyable : mon agent, Lauren Abramo. Comme toujours, merci de faire ton boulot et tellement plus encore !

J'aimerais également remercier ma fantastique éditrice, Kerry Donovan, qui, non contente d'aimer autant que moi l'univers de *Dublin Street*, m'aide à le rendre infiniment meilleur que je ne l'aurais cru possible. Bosser avec toi sur cette série, Kerry, est un rêve éveillé.

Je dois aussi adresser un grand merci à Erin Galloway et à toute l'équipe de la New American Library pour leur remarquable travail sur ces ouvrages. Les gars, vous êtes phénoménaux !

Merci à Anna Boatman et à toute l'équipe de Piatkus d'avoir cru en ces titres et permis à Hannah et Marco de toucher les lecteurs du Royaume-Uni. Votre enthousiasme vaut tout l'or du monde.

Et merci à Georgia Cates, non seulement parce que tu es une super amie et que tu fais partie de l'incroyable groupe de soutien que nous nommons les Hellcats, mais parce que tu as partagé avec moi tes quinze ans d'expérience de sage-femme et m'as fourni de précieuses informations relatives à la condition de Hannah.

Shanine Christoffersen et Kate McJennett : merci d'avoir été de telles professeurs et de m'avoir tant inspirée. Vos élèves n'ont pas idée de la chance qu'ils ont de vous avoir et de l'importance du fait que vous aimiez tant votre travail. Kate, merci pour vos conseils en tant que prof d'anglais au lycée. La carrière de Hannah a pris forme à mesure que j'écrivais, et elle tient beaucoup de vous. Merci aussi de m'avoir laissée emprunter votre plan sur *The Dark Knight Rises*. Très sympa.

Enfin, un énorme merci à toi, mon lecteur.

Tu sais très bien pourquoi.

Composition
NORD COMPO

Achevé d'imprimer en Espagne
par CPI BOOKS IBERICA
le 6 juin 2016.

Dépôt légal : juin 2016.
EAN 9782290124994
OTP L21EDDN000835N001

ÉDITIONS J'AI LU
87, quai Panhard-et-Levassor, 75013 Paris

Diffusion France et étranger : Flammarion